普通高等学校"十四五"规划新闻传播类
专业交叉复合型人才培养实践指导示范教程

地方高等学校新闻学国家级一流专业建设与区域化服务创新成果

文化产业创意与策划

主编 ◇ 陈 欣 罗 政

华中科技大学出版社
http://press.hust.edu.cn
中国·武汉

内 容 提 要

"文化产业创意与策划"是网络与新媒体人才的专业课程之一。学生通过对本门课程的学习,能够较系统地掌握文化产业创意与策划的基本知识,并结合我国不同文化产业形态的特点进行创意和策划,从而提高实际操作能力和综合素质,为今后的工作打下坚实的基础。学习者在自学过程中应理论联系实际,带着实际问题进行思考、学习和实践。这有助于将所学文化产业相关知识转化为实际创意与策划技能,在现在和未来的文化产业相关活动中提高其创意与策划的水平和技能。

图书在版编目(CIP)数据

文化产业创意与策划/陈欣,罗政主编. —武汉:华中科技大学出版社,2023.4(2025.1重印)
ISBN 978-7-5680-9252-4

Ⅰ. ①文… Ⅱ. ①陈… ②罗… Ⅲ. ①文化产业-研究-中国 Ⅳ. ①G124

中国国家版本馆 CIP 数据核字(2023)第 058444 号

文化产业创意与策划　　　　　　　　　　　　　　　　陈欣　罗政　主编
Wenhua Chanye Chuangyi yu Cehua

策划编辑:周晓方　杨　玲	
责任编辑:林珍珍	
封面设计:原色设计	
责任校对:张汇娟	
责任监印:周治超	
出版发行:华中科技大学出版社(中国•武汉)	电话:(027)81321913
武汉市东湖新技术开发区华工科技园	邮编:430223
录　　排:华中科技大学出版社美编室	
印　　刷:武汉市籍缘印刷厂	
开　　本:787mm×1092mm　1/16	
印　　张:14.75	
字　　数:341千字	
版　　次:2025年1月第1版第2次印刷	
定　　价:39.90元	

本书若有印装质量问题,请向出版社营销中心调换
全国免费服务热线:400-6679-118　竭诚为您服务
版权所有　侵权必究

编委会

顾 问 张 昆

主 编 陈 瑛

副主编 陈 欣 徐 晓

编 委（以姓氏拼音排序）

方 艳　胡亚婷　江锦年　李媛媛　潘 君
沈文慧　王尉岚　吴 琪　吴尚哲　肖 南
杨 雯　张 炯　张国新　赵晓芳

作者简介

陈　欣　女，华中师范大学文学博士，湖北第二师范学院新闻与传播学院副院长、区域文化与传播创新研究中心副教授，硕士研究生导师；主讲省级线下一流课程"中国文化通览"和省级线上一流课程"电影中的悲剧美学"。出版专著《借鉴与传承：闻一多的文化阐释批评研究》，译著《唐诗三百名篇与佳句》，主编"中华传统文化正能量故事"丛书（1套10册），参编国家级、省级规划教材3部；主持及参与多项国家级、省部级课题；在《外国文学研究》《西北师大学报》《武汉理工大学学报》等专业刊物上发表学术论文三十余篇；多次荣获省部级各类竞赛一、二、三等奖。

罗　政　女，毕业于东安格利亚大学，获文学硕士学位。湖北第二师范学院新闻与传播学院专任教师，主要从事文化产业、文化传播等领域的教学与研究工作。在《亚洲新闻周刊》等期刊发表稿件及相关研究论文四篇，参与省市级课题两项。

总序
Introduction

近年来发布的《关于加快建设高水平本科教育 全面提高人才培养能力的意见》和《加快推进教育现代化实施方案（2018—2022年）》要求，推动高等学校全面实施"六卓越一拔尖"计划2.0，发展新工科、新医科、新农科、新文科，打赢全面振兴本科教育攻坚战。地方高等学校更要抢抓机遇，推动新文科专业建设，主动适应新时代新文科发展要求，突破传统文科的思维模式。为推动新闻学专业更新升级，做强一流本科专业、培养一流人才，新闻学专业发展正经历强基固本、重构知识体系，推进跨学科整体共建、跨学科课程群共建、跨学科培养方式共建的洗礼和调整，在学科对话和价值共创中实现新闻传播人才培养和科学研究，并从观念和模式上实现创新。

湖北第二师范学院2019年入选首批地方高等院校新闻学国家级一流本科专业建设点，正谋势而动积极筹划新闻学专业课程建设及其教材开发工作。湖北第二师范学院新闻与传播学院借助武汉中国光谷腹地的区域特色优势，因地制宜，充分挖掘各类资源，将新闻传播学科教育与传媒行业发展前沿深度融合，紧密结合教师教育特色、新闻传播教育本色，结合传媒行业技术，注重特色化、个性化发展，努力实现"知识＋技能"向"知识＋技能＋价值"引导的转变，持续激活服务地方经济文化创新区域发展的生长点和活力点。该院中青年博士教师团队积极研发了"普通高等学校'十四五'规划新闻传播类专业交叉复合型人才培养实践指导示范教程"教材，此套教材将作为湖北第二师范学院地方高等院校新闻学国家级一流本科专业建设与教学改革的部分成果。

地方高等院校新闻学国家级一流本科专业教育教学改革创新迫在眉睫，地方高等院校新闻传播学科发展与人才培养，需要高质量的课程开设及配套教材，然而，目前以大实验观指引的偏实践技术、实验实操、案例型的与地方高等院校新闻学本科专业人才培养匹配的系统化示范型教材甚少，有限的教材呈现的特点是：理论性多，实践指导不足；应用型少，优质案例指引匮乏；院校与行业交叉联合少，地方院校特色不突出；单品种少，且无系列规划。当前亟待设计编撰推出既区别于高职高专简单的操作性和知识型教材，又区别于综合型重点院校偏理论性和研究型教材，突出地方高校办学与人才培养特色，既注重服务地方发展的实践指导又不失学理基础支撑，同时调整原来一本纸质教材三五年才考虑修订，教材开发远远落后于新闻学专业发展形势的现状，开发以技术引领、实践操作和优质案例教学为主的系统性教材，并配套数字资源，在大大加快纸质教材更新换代频率的基础上不断更新丰富教材内容。

本系列教材编撰将以出版能够"引领核心价值，融合学科，融合行业，融合技术"的新闻传播融合型教材为目标，推行专业建设和改革，总体框架和基本思路为：核心价值观树立—融合实践内容建设—高水平课程打造—学界业界联合。

湖北第二师范学院为推动全国地方高等院校新闻学国家级一流本科专业建设与人才培养，立足省属特色师范院校实际，联手业界，产学合作，注重思想引领和价值塑造，加强服务湖北的媒体乃至区域化经济发展，优化专业人才培养方案的模块化课程群，采用案例式、现场式、任务型实践教学手段，为构建新闻学人才培养新范式和新闻传播学科育人体系，积极打造多维共建实践教学模式下融合实战指导系统化教程系列，即"普通高等学校'十四五'规划新闻传播类专业交叉复合型人才培养实践指导示范教程"。

本系列教材以湖北第二师范学院获批地方高等院校新闻学国家级一流本科专业建设点为起点，3年为一个规划时段，坚持需求导向、分类指导、多维共建、深度融合、服务区域的基本原则，遵循地方高等院校新闻学国家级一流本科专业建设统一性、梯度化和标杆化三个标准，参照教育部卓越人才2.0计划，对照专业定位和学校定位，传承教师教育特色，展现新闻传播应用转型底色，以新闻学为核心，辐射广告学和编辑出版学，形成一体两翼，以实践指导教程为主，立足本土化主流媒体优质案例，注重校企合作协同育人，学界业界优势互补，理论实践深度融合，凸显地方化、特色化和示范性。

本系列教材在编写过程中获得了湖北日报社、长江日报社及华中科技大学出版社大力支持，我们组建编委会并遴选推荐经验丰富、学院或业界有副高及以上职称专家担任每种图书的主编，拟定编写体例、编写样章，同时参与审定大纲、样章，总体把控书稿的编写进度。基于省属院校特色，培养融合学科、融合行业、融合技术的新闻传播专业交叉复合型人才，推动信息技术与教研深度融合，以助力专业建设和改革为己任，注重激发学生内驱力，打造传媒大数据和新闻可视化制作等课程教学"全媒体＋区域化＋交叉融合"体系，为订单式、嵌入式教学和合作式发展新机制驱动下跨学科融合型、区域化、社会服务型新闻传播人才培养输送力量。

新闻传播学科与媒体行业关系密切，新时代的纸质教材通过配套数字资源的不断更新换代，在较大程度上消除了传统纸质教材更新换代缓慢、周期长、效率低的弊端。在编写体例上，本系列教材在寻求创新与突破基础上，加强配套数字资源建设，注重纸质教材与配套数字化教学研究资源的深度融合，不断丰富PPT课件、案例库、习题库、视频库、图片库等资源，实现纸质教材配套资源数字化。

"普通高等学校'十四五'规划新闻传播类专业交叉复合型人才培养实践指导示范教程"第一批收录了四种教材，包括《视觉新闻报道实训教程》（陈瑛、肖南 编著），《融合新闻编辑实训教程》（方艳、胡亚婷 主编），《文化产业创意与策划》（陈欣、罗政 主编），《短视频编导与制作》（张国新 主编）。

"普通高等学校'十四五'规划新闻传播类专业交叉复合型人才培养实践指导示范教程"的出版，要特别感谢湖北第二师范学院专项建设资金的支持，我们期待这批成果的问世能为培养和输送"讲政治、懂国情、有本领、接地气"的跨媒体复合型人才探寻新路。

2022年12月21日

前言
Preface

《文化产业创意与策划》是综合了文学、艺术学、传播学、管理学等学科内容的特色教材。本书对文化产业基本运作流程展开分析与讨论,探讨文化产业创意与策划的概念、方法及之间的关系;研究文化产品、文化品牌、文化活动创意与策划的特色及具体操作方式,以培养传播与策划、网络与新媒体人才为目标,着重培养创意设计与开发、文案写作与策划的能力。

创意与策划既是一门学问,也是一门技术。对于文化产业从业者来说,不仅要知行合一,更要真知力行。文化产业创意与策划是文化产业生产过程中的核心环节,本书立足于文化产业从业者能力的培养,从创意的思维到策划的方法,对影视产业、出版产业、广告产业、动漫产业、文化旅游产业五大文化产业进行理论和实践的分析。理论篇从文化产业创意和策划的内涵入手,介绍文化产业创意与策划的概况、特征,分析进行文化产业创意的要素、思维方式,强调文化产业策划的原则,对文化产业的生产经营管理、消费等环节的创意与策划进行理论和方法阐释。实训篇结合具体案例从文化产业策划的实施步骤展开,对策划案的程序进行梳理,并从语言表达的角度,对策划案的演讲能力进行训练,尤其注重实践性和可操作性。

本书在编写过程中,参阅、引用了大量文献著作和网络资源,在此特向所有的原作者表示衷心的感谢!书中难免存在疏漏和不妥之处,敬请读者海涵,同时希望读者能够将意见反馈给我们,帮助我们不断改进。

《文化产业创意与策划》编写组

2022 年 12 月

目录
Contents

理论篇

第一章　文化产业创意与策划概述 /3
　　第一节　文化与文化产业 /3
　　第二节　文化产业创意 /6
　　第三节　文化产业策划的原则和路径 /9

第二章　影视产业创意与策划 /21
　　第一节　影视产业概况 /21
　　第二节　影视产业的创意 /27
　　第三节　影视产业的策划 /29
　　第四节　电视产业创意与策划 /34
　　第五节　电影产业创意与策划 /39

第三章　出版产业创意与策划 /47
　　第一节　出版产业的概况 /47
　　第二节　出版产业创意 /55
　　第三节　出版产业的策划 /61

第四章　广告产业创意与策划　/68

第一节　广告产业概况　/68
第二节　广告产业的创意　/72
第三节　广告产业的策划　/78

第五章　动漫产业创意与策划　/86

第一节　动漫产业概况　/86
第二节　动漫产业的创意　/94
第三节　动漫产业的策划　/98

第六章　文化旅游产业创意与策划　/103

第一节　文化旅游产业概况　/103
第二节　文化旅游产业创意　/107
第三节　文化旅游产业策划　/112

实训篇

第七章　文化产业创意与策划实训　/117

第一节　文化产业创意与策划的实施步骤　/117
第二节　文化产业创意与策划案的演讲　/124

第八章　影视产业创意与策划实训　/135

第一节　影视产业案例分析　/135
第二节　影视制作流程　/144

第九章　出版产业创意与策划实训　/147

　　第一节　出版产业案例分析　/147
　　第二节　出版选题策划方案格式与写作　/155

第十章　广告产业创意与策划实训　/160

　　第一节　广告产业案例分析　/160
　　第二节　广告策划书格式与写作　/170

第十一章　动漫产业创意与策划实训　/182

　　第一节　动漫产业案例分析　/182
　　第二节　动漫产业衍生品营销策划书　/193

第十二章　文化旅游产业创意与策划实训　/198

　　第一节　文化旅游产业案例分析　/198
　　第二节　文化旅游项目策划方案格式与写作　/212

参考文献　/218

后记　/219

理论篇

LILUNPIAN

文化产业创意与策划概述　第一章

学习目标

通过本章内容的学习,了解文化与文化产业的基本概念,文化产业创意的要素,文化产业创意与大众文化的关系,文化产业策划的原则及路径;具体掌握文化产业策划项目的框架搭建方法,从而培养和提高文化产业从业人员的策划实践能力。

知识点

1. 文化与文化产业;
2. 文化产业创意的要素;
3. 文化产业创意与大众文化;
4. 文化产业创意要避免"庸俗化创新";
5. 文化产业策划的原则和路径。

二维码1-1　概述

第一节　文化与文化产业

一、文化的概念

文化是人类的知识、记忆、经验、能力、规则与成果的总和,有相对应的物质与精神产物,既包括人类劳动创造的生产和生活资料,也包括人类社会中的制度、组织、规则与规范,还包括价值体系、思维模式、伦理观念、语言文字、生活习俗、审美情趣等。文化包括人类社会所有的存在,渗透到人类社会所有的领域,既有物质因素,也有精神因素。如,中华民族的华表,形态上是物质的,是中国古代做装饰用的巨大石柱,是一种传统建筑形式;但其象征意蕴、风俗和审美都在制作华表的过程中发挥作用,华表具有丰富的中国传统文化内涵,散发出中国传统文化的精神、气质、神韵。文化就是在物质因素和精神因素总和的基础上形成的全民共享和认同的价值观与精神力量。

中国的文化概念有历史源流,在殷商甲骨文中,发现了"文"和"化"两个字;在《周易》中有"观乎人文,以化成天下"的记载。西汉的刘向在《说苑·指武》中使用了"文化"一词:"圣人之治天下也,先文德而后武力。凡武之兴为不服也。文化不改,然后加诛。"其中已经有了以文化人,即以礼仪、知识对人施以教化的内涵。

文化是多种成分共生的,每一种文化都不是单一和独立的存在,往往呈现出多种文化成分相融合的状态。每一种社会都显示了独特的文化,每一种文化也代表了某种特有的社会结构。生活在相似地理环境中的民族拥有类似的文化,其产生的特定文化具有一定的共性,人们的整体生活方式和价值体系都比较接近。文化是整个社会成员共同分享的,所以个人行为不仅能得到社会其他成员的认同,还有着特殊的文化意义。文化是适应社会而产生的,不分高低优劣。不同类型的社会中,有着不同的文化习俗;了解各个民族的生存状态,找到其中的共性和差异,就能改变人们看待世界的方式,让人们更真切地了解自己的文化和社会的真实状态。研究文化与社会,归根结底是为了更好地了解作为文化创造者的人类自身。

19世纪末,文化人类学家泰勒首先提出明确的现代的文化概念:"文化,或文明,就其广泛的民族学意义来说,是包括全部的知识、信仰、艺术、道德、法律、风俗以及作为社会成员的人所掌握和接受的任何其他的才能和习惯的复合体。"[①]在泰勒对文化进行定义之后,更多的学者尝试给文化下定义。我们认为,广义的文化是上层建筑的组成部分,是人类在社会历史发展过程中所创造的物质财富与精神财富的总和;狭义的文化特指精神财富,包括但不限于自然科学、技术科学、社会意识形态等,有时又专指教育、科学、艺术等方面的知识与设施。当下,"文化"一词已经成为一个重要的发展脉络和指向。党的十九届五中全会通过的《中共中央关于制定国民经济和社会发展第十四个五年规划和二〇三五年远景目标的建议》提出,到2035年基本实现社会主义现代化远景目标,其中有"建成文化强国",实现"国民素质和社会文明程度达到新高度,国家文化软实力显著增强"的目标要求。而在国家软文化实力中,文化产业占有醒目的位置,在今天格外受到重视。从二者关系上看,文化产业依托文化而存在,文化通过文化产业实现新时代的更新、发展甚至飞跃,是当下文化表现的现实写照。

二、文化产业的概念

作为文化的有机组成部分,"文化产业"这一术语产生于20世纪初。最初见于霍克海默、阿多诺合著的《启蒙辩证法》,在该书中文化产业的英文名称为 culture industry,其译法多样,但国内主要用"文化产业"一词。

---

① 爱德华·泰勒. 原始文化[M]. 连树声,译. 上海:上海文艺出版社,1992:1.

在国际上,"文化产业"的概念也并没有得到严格的界定。联合国教科文组织定义的"文化产业"概念内涵是:按照工业标准,生产、再生产、储存以及分配文化产品和服务的一系列活动。当然,这只是从文化产品的生产、流通、分配、消费的工业标准化视角来界定的。而放眼各国,关于文化产业的概念界定和评价方法有不少区别,称呼也是五花八门,如"文化工业""大众文化""通俗文化""内容产业""版权产业"等。这些称呼的立足点是不一样的,有从工业视角看待的,有从大众流行视角出发的,有从具体的知识体系或知识内容来定义的,等等。这说明文化产业是结合了文化属性但同时兼具丰富性和不确定性特征的"所指"。简而言之,文化产业以设计、生产和提供文化(精神)附加值为重要内涵进行产品活动,其载体是具体的物质产品或抽象的精神产品,用以满足人的文化、心理与精神需求。从覆盖领域来看,它涵盖文学艺术创作、音乐创作、摄影、舞蹈、工业设计与建筑设计等各行各业。

党的十八大以来,围绕举旗帜、聚民心、育新人、兴文化、展形象使命任务,文化产业不断从高速增长迈向高质量发展,推动满足人民文化需求和增强人民精神力量相统一。《"十四五"文化产业发展规划》提出:"人民美好生活需要日益广泛,对精神文化产品供给提出更高要求,文化产业将成为增强人民群众获得感、幸福感的重要途径。与此同时,当今世界正经历百年未有之大变局,国际环境日趋复杂,新冠肺炎疫情影响广泛深远,我国发展不平衡不充分问题仍然突出,也给文化产业发展带来了风险和挑战。文化产业自身发展的质量效益还不够高,产业结构还需优化,城乡区域不平衡问题仍然突出,文化产业和旅游产业融合不够深入,文化企业整体实力偏弱,创新创意能力和国际竞争力还不强,文化经济政策有待完善落实。"[1]这说明,当下文化产业面临着优化调整产业结构,缩小城乡差距,融合旅游产业,提升企业综合实力、创新创意能力和国际竞争力等现实问题。而文化产业发展的关键,就是在文化产业的创意和策划上下功夫。

我国文化产业已经进入经济建设的主战场,成为经济增长的新动能、新引擎。"文旅中国"公众号数据显示,2021年,全国规模以上文化及相关产业企业实现营业收入119064亿元,比上年增长16%;可穿戴智能文化设备制造、互联网搜索服务、数字出版、动漫、游戏数字内容服务等数字文化新业态特征较为明显的16个行业小类实现营业收入39623亿元,比上年增长18.9%;新闻服务、出版发行与版权服务等九大文化行业营业收入与上年相比均实现两位数增长;产业投融资体系不断完善,对外贸易成效显著。产业投资主体日益多元,投资规模持续扩大,政策性、开发性金融支持力度持续加大。政府与社会资本合作模式、地方政府专项债券等政策工具在文化和旅游领域得到了有效推广和应用。文化产品进出口连续多年保持顺差,出入境旅游取得大幅跨越。2021年,我国对外文化贸易额首次突破2000亿美元。[2]

---

[1] "十四五"文化产业发展规划(全文)[EB/OL].(2021-06-07).[2022-10-01]. https://baijiahao.baidu.com/s? id=1701896741346717029&wfr=spider&for=pc.

[2] "推进文化和旅游业从高速增长迈向高质量发展"[EB/OL].(2022-10-29).[2023-02-02]. https://mp.weixin. qq.com/s/sVXHuEWxSDdOBUG2Ygx2dQ.

第二节　文化产业创意

一、文化产业创意的历史背景

文化产业创意这个概念的出现有着一定的历史背景。第一，欧美发达国家从工业向服务业、高附加值的制造业转变。它们把某些粗加工工业、重工业生产转移到低成本的发展中国家，实现经济转型。第二，与产业转移和经济转型相关。从 20 世纪 60 年代开始，欧洲和美国流行的众多亚文化、大众文化、社会思潮等意识形态领域的文化表现，综合导致了后现代多元文化的流行。20 世纪 70 年代是后现代文化正式开启的时期，艺术与设计领域从"少即是多"的认知，逐渐过渡到"多并不是少"的口号，这直接引发了多元化表现时代的到来。一直持续到今天，后现代多元化、多视角的思潮，为个人创造力提供了发挥的氛围和基础。第三，仍同产业转移和经济转型相关的是，伴随着服务业的兴起，消费和服务的核心逐渐转向"头脑的创作"——为物质产品或精神产品赋予更多的精神或文化的审美态度或审美要求，这极大地促进了创意产业的发展。近年来西方国家文化产业创意比重逐年提升。例如在美国，文化创意相关产业不叫"文化产业创意"或"文化创意产业"，而被称为"版权产业"。约翰·霍金斯在《创意经济》一书中提到的数据有：全世界创意经济每天创造 220 亿美元，并以 5% 的速度递增。一些国家增长的速度更快，美国达 14%，英国为 12%。可以说，文化产业创意是国家经济发展到一定程度的必然产物。而对中国而言，随着国家经济实力的增强，文化产业创意也逐渐提到日程上来。

二、文化产业创意的要素

(一)技术开发与艺术设计

文化产业创意需要个人(团队)针对某一种或多种类型的文化，通过技术开发、艺术设计、特色整合、创意策划的方式，谋求以产业化的规模来开发和销售产品，或营销知识产权；文化产业创意的手法和途径多样，主要诉求或呈现为听觉、视觉艺术和各种媒体(包括自媒体和新媒体)，也经常需要结合软件、计算机服务等进行跨领域技术合作。

(二)特色整合与创意策划

在当今世界，文化产业创意已不再仅仅是一个理念，而是有着巨大经济效益的直接现实。中国有悠久的历史、丰富的文化资源，但是在以产业形式进行文化推广方面，仍需要特色整合与创意策划。其一，我们所说的文化"软实力"不仅仅是对电影、书籍等文化产品的营销,其最核心的是有吸引力的价值观,即软实力背后的价值观念。其二,当今文化创新热潮下,我们处于文化产品井喷的时代。因为"超量供给",消费者的口味变得挑剔。从购买需求看,消费者已经不满足于审美附加值、文化附加值低的商品或产品。在2019年的全国两会上,国家文物局局长刘玉珠指出,最近3年,每年博物馆参观人数增量都在1亿人次左右,2018年达到了4.08亿人次。随着博物馆文化、非遗文化的普及,消费者的文化和审美需求不断提升,这对文化商品的设计品质提出了新要求。

三、文化产业创意与大众文化

文化产业创意要发展,必须注重人民的需求,即大众文化。需要强调的是,文化产业创意面对的主要和重要群体是社会大众,大众文化是文化产业的重要基础和来源。从文化的消费者和使用者来看,存在精英文化和大众文化之分。这也是文化生态的一种具体体现。

精英文化通常是指知识分子阶层中有较大影响力的一部分人所创造、传播和分享的文化,承担着诠释和引导文化方针,向社会指引精神文化方向的任务,承担着形成文化潮流、指引文化进程,在文化上向民众"传道、授业、解惑"的重要使命。

大众文化相对精英文化而言,更具多样性,它的"用者"是社会大众,大众的需求具有多样复杂的特性,按时间的远和近,可以简单地划分为以下几种:当下数十年内流行的文化;社会长久传承、约定俗成的文化;国家承认或允许宗教参与或以宗教信仰、宗教风俗为依托的文化。这三种文化既互相独立又彼此联系,共同的特点是贴近民众、深入生活、受众广泛。当下,毋庸置疑,相比精英文化,大众文化影响力更为广泛,是推动文化产业发展的重要力量。改革开放以来,大众文化的表现一直非常活跃,它以鲜明的商业化、通俗化、形象化和平民化等特征,形式多样而接地气,广受大众欢迎。

随着国家综合实力的提升,对复兴中华传统文化、提升文化自信的强调,加之现代传媒和高科技手段的扶持,许多民间戏剧、民间曲艺、民间工艺、民间舞蹈、民间音乐、民风民俗纷纷登上"大雅之堂",获得了较大的社会效益和经济效益。从这个层面上讲,大众文化是文化产业的重要基础和来源。

政府主导、社会参与、共建共享的公共文化服务体系日趋完善,公共文化服务覆盖面和适用性不断扩大,切实保障人民群众基本文化权益;各类文化市场主体发展壮大,新型文化业态不断涌现,现代文化产业体系和市场体系逐渐完善,以高质量文化产品供给满足人民群众多样化、多层次、多方面的精神文化需求,完成从国家到村(社区)的六级公共文化服务网络构建。"文旅中国"公众号数据显示,截至2021年底,全国共有公共图书馆3215个、文化馆3316个、文化站4.02万个、村级综合性文化服务中心57.54万个。所有公共图书馆、文化馆(站)、美术馆和91%的博物馆实行免费开放。文化产业发展势头强劲,创新创造活力竞相迸发。[①]

---

① 推进文化和旅游业从高速增长迈向高质量发展[EB/OL].(2022-10-29).[2023-02-08]. https://mp.weixin.qq.com/s/sVXHuEWxSDdOBUG2Ygx2dQ.

四、文化产业创意要避免"庸俗化创新"

文化产业创意以大众文化为重要基础和来源,但要注意避免出于迎合心理而形成刻意营造的"庸俗"创意。然而,当下超量供给的文化产品,其设计不少面临着"庸俗化创新"的陷阱——这当然同大工业生产下的全面审美化(市场要求)相关。德国当代哲学家沃尔夫冈·韦尔施提出,当今审美化就趋势而言是失败的,"全面的审美化会导致它自身的反面"[①];虽然"传统的艺术态度被引入现实,日常生活被塞满了艺术品格",但"我们不能忽略这个事实,这就是迄今为止我们只是从艺术中抽取了最肤浅的成分,然后用一种粗滥的形式把它表征出来"[②]。这是对当代全球范围内,一部分贴近日常生活的产品设计陷入"庸俗化创新"怪圈的一个较为准确的判断。

当下国内文化产业创意的"庸俗化创新",主要表现为以下两点。一是市场上的变相"抄袭式创新"。以瓷都景德镇的日用瓷器中的青花瓷为例,其所谓的"创新"纹样或者俗套或者奇怪,在艺术气韵上远逊于古代。又如室内设计中,有一种复古的"新中式"家具设计,表面上似乎传承了"中式文化"韵味,若细察会发现所谓"新中式"主要取了传统中式家具的一部分设计加以改良,再借鉴北欧现代家具的一些简洁特色,起初确能让人耳目一新,但其表现手法十年来并无变化,形成程式化、框架化的特征,审美上时常予人以刻板、附庸风雅、不耐品味的感受。上述设计的"庸俗化创新"现象,容易造成"对美的渴望有时会过于轻易地在那些代用品身上获得满足,从而发展为尺寸的审美市侩气和误认为'美就是生活'的日常事务唯美主义"[③]。二是部分非遗产品仍裹着"传统"的"泥足"不能向前,或者说打着传承前提的"创新"产品,实际并非真正意义上的创新,而是"吃老本"。如 2017 年 10 月在武汉举办的以"长江文明,非遗风采"为主题的第二届长江非物质文化遗产大展,"黄梅挑花"这一非遗项目,虽然具有地方特色,是湖北有名的非物质文化遗产,但参展摊位上的挑花仍是不变的老图案、老载体,这样也就限制了其市场化的能力。我们发现,在 2019 年 7 月红安进行的绣活调研中,采访到的省级和国家级的非遗传承人,其主要作品仍不出鞋垫、小孩的马甲、虎头鞋等传统题材范围。2022 年 7 月进行的阳新布贴调研中,不论拿到的资料书籍,还是在阳新文化馆和乡村发现的布贴实样也都以马甲背心、围嘴(馋兜)为主,除了部分传承人新做了一些香包、小手包之外,没有太大的载体或形式改变,真实的市场化情况并不乐观。以上两种情况应是在日常产品文创或是非物质文化遗产设计中较容易发生的。

另外,还有设计量化后难以规避的审美同质化问题,以及非物质文化遗产的作品或文化创新商品受设计者以及规模化生产的制约,同时考虑价格,不能用太多的人工,不少产品存在不同程度的内涵短缺,等等。这些都是文化创新在超高速发展下的短板问题,它们反映在日常用品及人居的方方面面,结果造成"文化热,市场冷"的现状。这一现状的形成,值得研

---

① 沃尔夫冈·韦尔施.重构美学[M].陆扬,张岩冰,译.上海:上海译文出版社,2006:35.
② 沃尔夫冈·韦尔施.重构美学[M].陆扬,张岩冰,译.上海:上海译文出版社,2006:5.
③ 沃尔夫冈·韦尔施.重构美学[M].陆扬,张岩冰,译.上海:上海译文出版社,2006:5.

究者积极思考,人们需要正视它并寻觅合适的解决之道:解决之道或许存在于艺术设计的价值取向上。

康德曾说过:"审美趣味是一种不凭任何利害计较而单凭快感或不快感来对一个对象或一种形象显现方式进行判断的能力。这样一种快感的对象就是美的。"①康德的这种"审美无功利说"只适用于古典社会。从长远的审美历史来看,目前的审美泛化、审美在日常生活中的普及也只是人类阶段化审美的一个过程。但对比而言,审美泛化导致的对美的追求与对利益最大化的追求之间的矛盾,反而凸显了"审美无功利"这一认识的珍贵。每一个热爱真善美的艺术设计者,都在孜孜不倦地追寻着不为消费目的束缚的,独立、自在、自为的作品。而参与着日常生活的审美、站在消费个体立场的我们,在不排斥一些日用品带来的审美便利的同时,也要提防"虽然艳丽然则虚假的人造花朵",防止一些"庸俗化审美"或"庸俗化创新"的设计降低我们对真正的美的思考能力。为此,作为设计者需要构建审美和谐的愿景,坚持保有健康、个性的艺术趣味,重视从民间和传统文化里获得源头活水,逐渐从共性的量化审美向个性的审美实践转向,通过实践产出活跃、多元、生生不息的好作品,使文化创新真正实现"日新月异"。

第三节 文化产业策划的原则和路径

文化产业策划的顶层设计原则是"坚持正确导向、坚持以人民为中心、坚持创新驱动、坚持融合发展、坚持系统观念"。对文化产业的要求落实到具体路径上,应结合国内具体实际情况,进行具备可行性的开发。

一、文化产业策划的多样性

文化创新的载体或形式的创新应是多样的,其中一种方式是嫁接加培育。例如江西省新余市的夏布绣,在申请并获批国家非物质文化遗产之前,就已经活学活用地搬运了著名的国画,如傅抱石的《丽人行》等,将中国国画名画放入绣布中,以新的形式形成了自己的独特品格,并以此为前提创办了夏布绣博物馆,创立了国内唯一一家以民间绣活为特色的公司企业实体,成功地推上市场运营,并引发新余市内夏布绣市场对其载体形式的争相效仿,对新余市夏布绣的产业支持起到了举足轻重的作用。这是文化创新的一种成功模式。

二、文化产业策划的创新性

文化产业策划需要克服一些非遗传承模式的缺陷。非遗产品设计开发者部分是传承人,多为世代传承,即不少国家或省级非物质文化遗产的指定传承人,对于自己代表的非物

---

① 康德.判断力批判[M].彭笑远,译.北京:北京出版社,2008:33.

质文化遗产，在自身的能力范围内，基本采取了血缘或师徒的传承模式；即使收有徒弟，仍存在传承技艺的亲疏问题；传承人大部分年龄偏大，对于非物质文化遗产的文化创新，多数力不从心；选定接班人的传承人，其主要目的是希望接班人尽快接替自己的"衣钵"，对于提升接班人设计和文化素质的重视程度有待提高。

如何克服上述非遗传承人和接班人传承模式的缺陷，既培养百年以上家族传承或师徒传承的非遗，又能把非物质文化遗产有效转变为具有国家、民族文化象征意义并赚取外汇或利于经济的文化财产，使其成为国家、民族、地理区域标志的象征，是值得研究者深思的问题。从当前情况看，需要增加部分传承人和传承接班人的文化储备，通过政策扶持和引导、学者主动参与，使非遗传承人打破血亲和师徒传承的旧壁垒，以此为前提产生的新设计才能彰显开放与多元的文化精神，拓宽产品的意义和价值，形成真正的民族和国家的文化财富。

三、"日常生活审美化"及"反批量设计"

面对"日常生活审美化"[①]推进过程中不可避免的审美疲劳反弹现象，近十年互联网及实体市场上做出了"反批量设计"的积极应对，这是今天的文化创新和非遗创意应该学习并思考的。"日常生活审美化"是1988年英国诺丁汉特伦特大学社会学与传播学教授迈克·费瑟斯通在新奥尔良"大众文化协会大会"的发言中[②]提出来的，它具体指在现代社会中，越来越多的人希望不但自己的生活大环境能艺术化和审美化，而且自己的生活方式包括身体、服饰、言谈、生活用具等也能显示品位、表现个性和自我风格。其结果是，一方面"艺术和审美进入日常生活，被日常生活化"；另一方面"日常生活中的一切，特别是大工业批量生产中的产品以及环境被审美化"。[③]

对于"日常生活审美化"的"变异"，我们不妨以日杂品牌无印良品为例。无印良品的产品类别以日用品为主，产品线覆盖了化妆品、文具、厨房用具、家具、衣物等各个品类。作为大型连锁杂货品牌，无印良品的批量化设计在过去甚受消费者欢迎。原因在于其产品注重"以人为本"的理念；在包装与产品设计上简洁、朴素，不显示品牌标志。其以往的任何一件产品都能同其他品牌的日用品随机搭配，在风格上不张扬、不夺目，显示出很强的适应性。但是，近几年无印良品在中国的销售状态不佳。2014年至今，无印良品为了提升中国市场销售业绩，进行了11次降价。[④] 除了品控等问题外，更重要的是，其过往的设计优势如今部分地引发了设计短板的问题——简洁、好搭配的设计理念，一旦习惯后就容易引发审美疲劳，无法满足消费群体求新、求变、多元化的心理预期。

在实体及互联网市场上，"反批量设计"在十年前就悄然而生，近几年来更是遍地开花。以植物染、蓝染市场为例，日本开拓的45R服装品牌，以小批量生产的蓝染织物、古布为基本素材进行品牌的建设和创意；在中国互联网市场上，出现了"时舟""市井蓝染"等小众植物染织、设计品牌。相关的柿染、泥染、蓝染织物及品牌用品的小工作坊近两年来如雨后春笋般

---

① 艾秀梅."日常生活审美化"争论述评[J].南京师范大学文学院学报，2006(2)：81-86.
② 迈克·费瑟斯通.消费文化与后现代主义[M].刘精明，译.南京：译林出版社，2000：94-120.
③ 凌继尧.对"日常生活审美化"研究的反思[J].东南大学学报(哲学社会科学版)，2007(6)：63-66.
④ 贾欣然.市场竞争加剧，无印良品面临挑战[N].中国商报，2023-01-18.

出现。许多原创品牌和原创工作室都推行小的量产,一件设计可能只有数量稀少的重复品,也有可能是孤品,这在一定程度上消弭了消费者对"批量设计"的审美不满足心态。小批量设计或者说"反批量设计"是基于"美是个别、感性、不能复制的"理念,合乎消费者想表现独特自我的愿望,它意味着高于"大批量设计"或"大工业生产批量设计"的时间成本和人工成本,因此它看起来好像很难成为"日常生活审美化"的主流。然而当代社会流行多元消费理念,消费者更加独立、完善的人格意识和塑造独特自我的意愿,促成了"反批量设计"的现实可行性。

四、文化产业策划的可持续性创新与发展

文化产业策划要充分从民间文化中汲取精华,实现可持续创新。当下,文化创意与设计要实现可持续性发展,一个重要的思路就是汲取民间文化中最活泼、最有生命力的部分,以此为基础进行设计创新。例如,艺术家从景德镇留存至今的碎老瓷片上、从汉川民居院墙堆垒的马口窑陶罐碎片上,发现了陶、瓷的残缺、朴素美,进而把它们表现在艺术创作中。前述当代所谓的"新中式"家具设计,如果能抛开狭窄的明式加北欧创作风的视野,完全可以向传统学习,汲取老家具如清代北方榆木家具的大气、南方榉木家具的秀美、民国海派家具的人性化设计等优势,设计出具有中国风范的、能令人领会国潮文化传承脉络的优秀家具作品。传统文化和民间文化有生命力而值得文创设计和非遗创意者学习的地方还有很多,例如,民间陶器和木雕纹饰的地方性、历史性特征,民间器物区别于文人审美的艺术性特征,工匠在器物制作上的个性化特征等,皆可随手拈来,不一而足。作为设计者和创意者需要注意的是不可忽视宝贵的民间文化财富,陷入画地为牢的创意僵局。

五、文化产业策划项目的框架搭建

【项目案例:今古传奇"中华好故事"有声资源库推广计划】

(一)项目简介

1. 项目内涵

"中华好故事"有声资源库推广计划,是将中华优秀传统文化故事和中国现当代的正能量故事收录入库,其中文字作品收录入"中华好故事"文字资源库,文字作品录制有声故事音频,收录入音频资源库,同时以网络平台、听书 App 终端、微信公众号等为阵地进行传播的融媒体综合项目,其宗旨是引导青少年传承优秀传统文化,弘扬社会正能量。

2. 项目建设规模

项目将在文字作品入库、故事音频录制、演播人员培养、公益活动演讲等方面达到以下规模。

① 入库版权作品 15000 部/篇（含公版作品故事）。
② 录制有声音频 10000 部/条，音频总时长 100000 分钟。
③ 培养明星演播 5 人、优秀演播者 20 人。
④ 建设 4 个面积为 20 平方米的录音室。
⑤ 举办"'中华好故事'进校园""'中华好故事'进社区"活动 100 场。

3. 项目建设条件

① 部分符合项目主旨的公版作品可以通过收集、整理入库；今古传奇传媒集团旗下杂志、图书、拥有数字版权的签约作品，其中符合项目主旨的作品可入选项目库；今古传奇有版权交流合作关系的版权方（如酷听听书）作品可以入库；部分较有影响的作品，可通过有声版权合作的方式引入项目。

② 今古传奇开发有传奇听书 App（安卓版和 IOS 版），并上线运营。传奇听书 App 前期已积累一定数量的音频库存以及用户。

③ 今古传奇与酷听听书等原创音频制作单位建立了良好的合作关系；公司前期与部分个人音频演播者拥有良好的合作关系；重点作品通过付酬的形式进行音频演播制作；与部分高校播音主持系建立了合作关系。

④ 从前期有良好合作关系的个人演播者和高校播音主持系大学生中，发现和培养项目所需的演播人才。

⑤ 以公司自有的房产或租用场地，建设一个面积为 120 平方米左右的演播间，配备专业录音设备。

⑥ 公司有图书出版部门，并已出版图书多部，在出版衍生图书产品方面有便利条件。

⑦ 今古传奇 2016—2018 年举办了两届全国性的少儿故事演讲大赛——"中国好故事"少儿演讲大赛，并举办三届全国性的老年才艺大赛，在活动策划和组织方面积累了丰富的经验。

4. 项目总投资及资金来源

项目拟总投资××万元。其中，自有资金投入××万元，申请资金扶持××万元。

5. 项目合作方式

① 与相关版权方签订版权使用协议或版权共同开发协议。
② 与酷听听书等音频制作机构签订战略合作协议，委托对方录制重点产品的音频。
③ 与个人演播者签订演播协议（付酬或版权收益分成），利用项目建成的录音室进行文本股市有声化录制。
④ 与喜马拉雅、酷听听书、传奇听书等平台签订项目推广协议。
⑤ 与学校、社区合作，举办故事演讲，宣讲公益活动。

(二)可行性研究报告

1. 项目论述

2014年的"两会"期间,习近平总书记在与贵州代表团一起审议《政府工作报告》时指出,体现一个国家综合实力最核心的、最高层的,还是文化软实力,这事关一个民族精气神的凝聚。我们要坚持道路自信、理论自信、制度自信,最根本的还有一个文化自信,要从弘扬优秀传统文化中寻找精气神。他还多次强调,要系统梳理传统文化资源,让收藏在禁宫里的文物、陈列在广阔大地上的遗产、书写在古籍里的文字都活起来。要综合运用大众传播、群体传播、人际传播等多种方式展示中华文化魅力。

"中华好故事"有声资源库的建立正相当于建立一座声音版的"传统文化故宫",将中华传统文化中的好故事和近现代的正能量故事进行梳理和归纳,形成体系,收纳成库,将浩如烟海的历史文化故事进行汇总和有声化处理,以方便人们查阅和使用。这些被收纳进来的"中华好故事"有声资源就像是"故宫"中的一件件文化瑰宝,凝聚着中华民族的传统文化精髓,不但可以收藏、保存,用以展示,供人收听,更可以起到宣传、推广和弘扬民族自豪感的功效。

随着"中华好故事"有声资源库推广计划的实施,将有越来越多的人从听故事中学习和感受传统文化的魅力和精神传承,使得中华优秀传统文化得以弘扬,经典得以传承。

2. 行业背景分析

2013年5月,国家旅游局在重庆首次发布《中国国民休闲状况调查报告》。该报告显示,中国国民工作日空闲时间约3小时,占全天的13.15%。远低于经济合作与发展组织(OECD)18个国家23.9%的平均值。[①] 休闲时间被压缩,能用于读书的时间也就所剩无几。当今社会,随着网络和电子科技的迅猛发展,很多人的阅读习惯和文化消费有了巨大改变,多媒介、多方式的阅读和文化消费模式已经颠覆了传统阅读的概念,单纯的纸质阅读已经难以满足人们的文化消费需求。而有声阅读(收听)则成了大众接受最广泛、最方便的新型"阅读"模式。

在这样的背景下,一大批听书App,如喜马拉雅、懒人听书、酷听、蜻蜓FM、荔枝FM、酷我听书、氧气听书等,凭借让人们随时随地充分利用碎片化时间进行听书的特质获得了大批用户的追捧,听书已成为当今社会的阅读新潮流。

音频市场发展迅猛、前景广阔,已成为业内人士的共识。2016年,全球仅有声书一项的产业估值就达到28亿美元。近几年有声书发布新品种类大幅增加,市场扩容迅速。2015年,4.3万种新品有声书发行上市,这一数据和2014年的3.6万种新品有声书相比,上涨了19.44%,而和2013年的2万种新品有声书相比,则大

---

① 中国国民休闲状况调查报告:空闲时间仅3小时[EB/OL].(2013-05-20)[2023-03-01]. http://finance.people.com.cn/money/n/2013/0520/c218900-21539515.html.

幅上涨了115%。①

速途研究院分析师团队通过抓取国内2017年第一季度有声阅读市场的相关数据,结合消费者调查,分析讨论了有声阅读市场发展现状及趋势。

自2012年起,我国有声阅读市场规模呈现倍数增长趋势,截至2016年,从7.5亿元增长至22.6亿元。公开数据显示,全球有声阅读市场的价值已超过28亿美元。

近年来,不少文化相关行业和平台都依托新的形式,进行文化传播,例如,《国家宝藏》节目正是邀请有影响力的公众人物作为"国宝守护人"讲述文物背后的故事,通过电视化语言的呈现让文物"活"起来,让文物不仅仅是一件博物馆中的陈列品,还是能够让观众感受到"生命"的文化传奇。节目立足于中华文化宝库资源,通过对一件件文物的梳理与总结,演绎文物背后的故事与历史,推动更多的观众走进博物馆,让观众在懂得如何欣赏文物之美的同时,也了解文物所承载的文明和中华文化延续的精神内核,并能重视文物保护、文明守护。

类似的电视节目还有《一本好书》《上新了·故宫》《我在故宫修文物》《中国诗词大会》《中华好诗词》《中华成语大会》等。

听书方面,"凯叔讲故事"作为听书领域内容生产的佼佼者,通过有声阅读的新形式,讲述《三国演义》和《西游记》等传统故事,传播传统文化,获得了2000多万用户的关注,被一些用户誉为"中国孩子的故事大全"。

以上相关行业的发展动态充分说明,音频市场在现在和未来都有着广大的受众市场。

3.社会效益分析

为了顺应当今如火如荼的有声阅读市场形势,我们拟打造"中华好故事"有声资源库推广计划。

"中华好故事"有声资源库像是一套以全新形式演绎的有声版"四库全书",丰富完备地收纳了优秀的中华传统文化,但形式是易于让人接受的"故事",传播方式是音频这种"有声阅读"模式。

"中华好故事"有声资源库推广计划,是在适应当代人文化消费潮流的基础上,对中华传统文化的创新演绎,不局限于音频产品本身,更会充分利用融媒体手段,集合听书类App、电视、电台、新媒体平台等多种平台和手段,共同运作,与全国各大电台、喜马拉雅、酷听、凯叔讲故事等App合作,传播优秀传统文化,甚至做到对外文化输出,获得良好的社会反响。

我们认为,"中华好故事"有声资源库推广计划的实施和开展,将会带来巨大的社会效益。

---

① 全球有声书产业市场现状及发展趋势前景分析[EB/OL].(2016-08-29)[2023-03-01].https://www.chyxx.com/industry/201608/442699.html.

首先,本项目具有传承中华优秀历史文化的巨大承载功能。中华历史文化源远流长,不但在科学、文化方面留下了无数珍贵成果,而且为全人类的文明史做出了卓越的贡献。以往中华文化保存和传承的主要载体是书籍,随着近现代科技的发展,具有内容承载功能的载体已发展为数码、电子产品、新型光电技术等。

"中华好故事"有声资源库推广计划,正是新技术下利用音频的形式,将中华文化进行收纳和保存。无论是从保存人类珍贵文化成果来说,还是从今后人类文化的发展来说,其意义无疑都是重大的。

其次,本项目具有巨大的包容性。历史上,书籍的编著、出版、印刷、保存,均是十分耗费人力、财力、物力的工程,而且在保存时效上具有一定的局限性。由于"中华好故事"有声资源库推广计划不同于纸质书,是将文字内容进行有声化录制,形成音频文件,理论上来说,其存储量是没有限制的,能够容纳传统书籍难以企及的容量,并且方便、环保,易于储存,便于检索,方便收听使用。

最后,本项目具有传播性。时下,人们生活节奏加快,读书几乎成为一件奢侈的事情。"听"则成了一种更易于接受的,也更易于推广的接收方式。利用听觉感官这样的形式,更适合当下人们的生活方式。而"故事"作为一种流传数千年被历史验证过的、容易让人接受的形式,比起枯燥的理论或者单纯的记叙更容易被人接受。

"中华好故事"有声资源库推广计划的最重要一环便是输出,将收纳的海量音频信息,以简单通俗便捷的方式,输出给受众,以此传承我国优秀的传统文化,提升全民的文化素质。

"中华好故事"有声资源库推广计划将社会传播功能从线上延伸到线下,依托项目进行公益性的宣传宣讲活动,在全国范围内举办"'中华好故事'进校园""'中华好故事'进社区"活动,在学生群体、社会人群中讲述"中华好故事",引领受众走进传统文化的殿堂,感受传统文化的博大精深。

4. 经济效益分析

1) 内容优势

在音频行业无论如何进行差异化竞争,仍将是"内容为王"的竞争。对于各家有声平台来说,优质内容和强大的版权采集能力,是移动音频平台运营方获取用户流量的关键因素。

而"中华好故事"有声资源库的核心优势便是内容。今古传奇集团自1984年创刊以来,旗下有《今古传奇》《今古传奇·纪实版》《今古传奇·故事版》《今古传奇·武侠版》等原创刊物(见表1-1)。经过30多年的积淀,它们已有海量的内容资源库,这些都是形成音频故事的内容基础。

表 1-1　今古传奇部分原创刊物

刊物名	周期	每年刊期	创刊时间
《今古传奇·故事版》	旬刊	36 期	2000 年
《今古传奇·武侠版》	月刊	12 期	2001 年
《今古传奇》	双月刊	6 期	1981 年
《今古传奇·纪实版》	半月刊	6 期	1995 年

今古传奇拥有海量的作者资源库，是内容提供的坚实基础。比如，《玉娇龙》被李安导演改编为电影《卧虎藏龙》；大陆新武侠的代表凤歌，其作品《昆仑》《沧海》的影视游戏版权被陆续卖出天价；蝉联作家富豪榜的江南，也曾是今古传奇的主力作者，其笔下的《龙族》已成为一代少年读者心中的梦；奇幻文学扛鼎作者沧月，其作品已被好莱坞斥巨资购买了版权；国内悬疑故事名家周浩晖、雷米的作品首发于《今古传奇·故事版》，并相继改编为网剧《暗黑者》《心理罪》等，引发观影热潮。

2) 音频产业发展趋势

中国拥有庞大的手机网民规模，而音频能够满足网民便捷获取内容的需求，随着音频类内容在中国普及程度的不断提升，中国音频市场拥有了巨大的发展空间。目前音频市场入局企业增多，行业竞争愈发激烈，同时，各平台重视有声 IP 开发和独家 IP 权属，以巩固竞争壁垒，建立竞争优势。

智研咨询发布的《2019—2025 年中国在线音频市场竞争格局及投资风险预测报告》数据显示，2018 年，中国在线音频市场用户规模达 4.25 亿人，并预计到 2020 年，中国在线音频用户规模将达 5.42 亿。

随着音频类内容在中国普及程度不断提升，中国有声书市场有了巨大的发展空间。

音频在 IP 营销、广告和品牌冠名等方面的营销有极大价值，针对过去营销存在受众有限、内容匮乏等方面的问题，现下各大音频平台纷纷创新营销方法。音频凭借其使用场景多元、伴随性、碎片化等优点获得受众欢迎，未来发展潜力无限。

3) 盈利模式分析

① 与音频工作室合作，做内容供应商。从 2014 年开始，中央人民广播电台文艺之声在全国众多广播媒体中首次尝试明星主持人工作室的制度，成立"海阳工作室""大铭工作室""杨晨工作室"。同年，北京人民广播电台启动节目团队建设，希望依托线上广播节目的资源和影响力，发展线下的多元化产业，通过市场化运作，使每一档节目都能衍生出一批成熟的产品项目。它先后打造了乐童工作室、喝玩乐大搜索等七个创收型节目团队，运转良好。

这些工作室大多拥有团队组建权、经费支配权、收益奖励权、创意自主权等，跨界广播、电视以及网络，打造声音、视频和文字等多种节目，并将节目内容产品化、市场化,打造全新的传媒运营模式,成为节目生产、项目运营、媒体融合、市场化运营的创新平台。

本项目可以和这些电台合作,并为这些文艺类项目提供长足的内容支撑。

② 故事音频运营收益。项目库录制的音频成品将针对有声平台 App 应用、运营商平台听书频道、听书网站、车载电台、故事机生产商渠道进行版权推广运营。

项目挑选精品公版作品和优秀的传统文化故事内容,进行高品质演播录制,制作故事音频成品。后期制作完成后,每一部音频都自带 IP:一是在相关有声平台上线,进行付费阅读运营;二是提供给有声平台方,进行版权交易。

③ 制作音频课程。项目将针对青少年,制作符合其年龄段的音频课程,比如名著课堂、古文讲座、传统文化朗诵培训等。

④ 运营微信公众号。同步运营相对应的公众号,将优质的故事音频库做成一张业内名片,从而引流粉丝,在粉丝达到一定数量的基础上,进行相关的广告招商和衍生品运营。

⑤ 衍生图书出版。将优秀的原创故事衍生开发,出版"中华好故事"青少年故事图书,将"看"和"听"结合起来,线上线下同时销售。同时,衍生的版权可以进行二次开发和利用。

⑥ 周边产品运营。除了有声书市场,音频内容还可在相关产业营销生态中大有可为。近年来我国广播机构在打造服务性、娱乐性 IP 产业链方面颇具新意。比如"凯叔讲故事"的"三国演义"项目,在取得了巨大的社会效益和经济效益之后,进行了一系列的周边开发:三国人物人偶、三国玩具等。本项目可以对取得良好推广效应的故事音频进行全方位的开发,衍生出玩具和文化用品等周边产品开发。

(三)项目进展情况

① 《今古传奇·故事版》出刊近 600 期,文字作品近 6000 万字,其中符合项目主旨的故事约有 20%,部分作品已筛选整理,并录制成高品质音频产品。

② 今古传奇旗下数种杂志的内容,以及今古传奇出版的关于中华传统文化故事的图书,部分已录制成有声作品。

③ 已筛选、整理部分公版故事的文字资料。

④ 已有部分故事音频在喜马拉雅、酷听听书、传奇听书等 App 平台上线。

⑤ 今古传奇开发有传奇听书 App,并在安卓各大应用市场和苹果应用商店上线,积累了一定音频库存和下载用户。

(四)项目推进的困难、问题

① 部分版权作品在联系作者方面存在一定难度,另外可能需要支付版权使用费,由此产生一定的制作成本。

② 由于前期今古传奇的房地产项目尚在建设之中,建设音频录音室前期须租用场地。

③ 项目将进行公益推广,举办"中华好故事进校园""中华好故事进社区"等公益宣讲活动,需要得到相关文化和教育主管部门审批和支持。

(五)项目总体规划

1. 项目整体构架

以"中华好故事"有声化为项目核心,集传统经典文化故事、原创故事、公版作品二次创作、故事演讲与宣讲为一体,打造一系列有声化资源库,延伸出包括音频知识付费、数字版权合作、图书出版的融媒体项目。

"中华好故事"有声资源库从文本筛选与分类入库、录音制作、后期处理、音频成品入库与投放,均由项目组完成,项目组拥有其全部权利。

项目成果可投放于各大型音频平台或电台等传统媒体,在有声故事中传递知识与智慧;项目成果可授权给有相应需求的网站、机构、电子产品制造商等,进行授权运营;项目成果可作为内置产品,与手机制造商合作,使合作方产品更具市场竞争力,提升其产品附加值。

2. 项目标准设定

计划至××年底完成文本作品筛选入库工作,入库版权作品 15000 部(含公版作品)。

计划至××年底完成音频收录与后期剪辑,制成有声文件 10000 个,音频总时长 100000 分钟;达成数字版权与运营商平台合作,将产品投放于喜马拉雅、蜻蜓 FM、酷听听书、传奇听书、广播电台、车载电台等平台。

计划在××年完成衍生图书出版,出版品种数量达到 50 种。将销售周期延续至 2022 年,以线上、线下结合的模式进行销售,最终实现平均发行 10000 册的目标。

3. 项目初步设计

① 年度(月度)工作计划。

××年 1—3 月,进行前期策划、项目论证、人员组建及部分筹备工作。

××年 4—6 月,确定"中华好故事"有声资源库工作组执行人员与具体分工。确定入库作品分类,确定故事作品引进模式。

××年 7—8 月,确定一批音频演播人员,签订演播创作协议,并邀请专业人士进行培训。

××年 9 月,进行"中华好故事"音频录制工作。

××年 10 月—××年 3 月,进行"中华好故事"衍生图书的文本编写工作。

××年 4 月,完成数字版权与运营商平台的签约工作。

××年 10 月—××年 3 月,"中华好故事"有声资源库上线,系列音频将投放在传奇听书、喜马拉雅、蜻蜓 FM、酷听听书、广播电台、车载电台等平台上。一部分音频故事免费收听,培养受众听读习惯;一部分有声伴读以图书为载体,共同打造融媒体、多方位的知识推广；一部分精品内容、音频课程采取付费模式,力求社会效益与经济效益的平衡。

××年4—10月,进行50种衍生图书的内容审定和制作工作。

××年11月,50种图书上市销售。

××年3—6月,携"中华好故事"有声资源知识库走进校园、走进图书馆、走进社区等地区,以线下与线上共同结合的形式进行知识推广。

××年8月之后,将进行产业链延伸,开发专用听读播放器等相关文化产品。

② 项目组成员分工。

总负责人:××

总协调人:××

项目组成员：

×× 具体负责有声化产业研发、融媒体业务统筹；

×× 具体负责版权交易业务；

×× 具体负责周边产品开发业务；

×× 具体负责图书出版项目。

(六)项目投资计划

1. 作品创作与版权引进方面

① 针对公版图书内容,培训一批文本编写人员,以有声化为目的进行二次创作,买断版权。

② 征集优秀"中华好故事",以稿酬或有声版权买断的形式,获得文本有声改编权。

③ 邀请名家、名师以"中华好故事"为主题,以青少年、少儿为受众群体,以传播文化知识为目的,编撰音频课程文本。

预计总投资约××万元。

2. 音频录制方面

① 租赁场地,建设4个20平方米的录音间,同时购置专业录音设备。

② 签约一批有一定知名度和粉丝量的演播者,培训一批配音人员并签订劳务合作协议,对故事作品进行演播。

③ 后期采编人员对音频进行加工、制作与上传等。

④ 硬件设备及维护成本。

预计总投资约××万元。

3. 图书出版方面

① 以有声故事为主体,衍生出版青少年图书50种,包括编绘费、设计费、印刷费与出版相关事务性费用。

② 图书推广宣传费。

预计总投资约××万元。

4. 产品运营方面

① 线上宣传推广,含美术设计、广告投放、数据监控等。

② 线下宣传推广,与学校、图书馆、社区、电台等社会组织机构、媒体合作。

③ 常规客户开发、维护、拉新与管理。

预计总投资××万元。

5. 其他方面

① 邀请名家、名师,举办文化故事宣讲活动,包括差旅费、课时费等。

② 组织培训与会务,包括组织费、会议场地租赁使用费等。

③ 线上、线下互动交流,包括交通费、差旅费等。

④ 周边产品开发费用。

预计总投资约××万元。

以上共投入资金约××万元。

思考练习

文化产业策划的可行性研究报告包含哪些要点?

影视产业创意与策划　第二章

学习目标

通过本章内容的学习,了解影视产业创意的特点、策划的原则和方法,以及电影产业和电视产业不同的特点和策划技巧,从而培养和提高影视产业策划人员的宏观分析和判断能力。

知识点

1. 影视产业的概念;
2. 影视产业的主要特征;
3. 影视产业创意的要素;
4. 影视产业创意的表达方式;
5. 影视产业策划的基本原则;
6. 影视产业策划的基本要求。

二维码 2-1　影视产业

第一节　影视产业概况

影视产业是当代年轻人乐于从事的媒体行业分支。随着视听语言的发展,影视凭借易于被理解和传播的特点,在文化产业中占据重要的地位。同时,影视作品作为一种可以传达创作者的思想、感受和意识的媒介,在精神形态上影响着观众。随着媒体的不断发展,影视作品的产生和发酵,不仅能产生巨大的经济效应,而且能在文化传播上产生良好的社会效应。

随着影视产业的快速发展,它已经融入人们生活的各个方面,成为人们生活的一部分。影视媒体承载了非常重要的文化传播功能,促进了社会的进步和发展;同时,社会的不断发展推动了影视传媒产业的进步。影视媒体作为文化传播媒介的功能越来越突出,逐渐成为人们生活和学习的重要渠道之一。

在社会不断进步的背景下,影视产业的发展也越来越快,它逐渐融入人们的生活和学习,成为文化交流的重要媒介。影视产业的文化传播功能也要随着科学技术的进步而创新发展。与此同时,要注重文化价值的传播,关注社会需求,打造具有地方特色的影视文化品牌,而不是漫无目的地进行传播。只有坚持一个明确的方向,才能坚定不移地前进。只有不断地努力和探索,中国影视产业才能在文化潮流中站稳脚跟、提高竞争力,走向国际舞台。①

基于以上原因,规范影视产业、筹备影视方向的教学,从影视产品的概念策划、剧本写作、拍摄制作到发行与宣传过程,甚至周边产品的开发,都应形成体系化、产业化。

一、影视产业的概念

影视产业,也称电影电视文化产业,它随着摄影摄像技术的发展应运而生,以电视机或电影院等一系列具备播放、传播属性的物质为载体,以影院或电视观众为目标收视群众,且随着科技发展和摄影摄像技术的不断进步,影视产业也在不断革新。

从狭义上理解,影视产业代表着客观存在的影视行业及相关产品;从广义上理解,影视产业包含影视文化作为意识形态的"文化"的精神层面的存在。另外,影视文化有着高商业附加值,在文化产业中具有很强的经济效应。

要理解影视产业的覆盖方面,首先要分别理解"影"和"视"两个方面。作为影视产业的文化载体,"电影"和"电视"在理论学上有着不同的定义。

(一)什么是"电影"

《电影艺术词典》中将"电影"定义为:"根据视觉暂留原理,运用照相(以及录音)手段,把外界事物的影像(以及声音),在银幕上造成活动影像(以及声音),以表现一定内容的技术。"②

21世纪初,学者王志敏在《对未来电影的展望》一文中探讨了"电影"的概念,提出了当电影的传统制作方法被取代,电影还能否叫电影,是不是到了改写电影定义的时候等问题。他认为,如果从电影的"制作方法"出发,那么电影需要被重新定义;如果从电影作品的"存在形式"出发,情况就更加复杂了。如果使用"纯媒体定义",那么"具有声音效果和画面的运动图像"就是电影,但这个定义的结果是让电影里包括了电视节目和新闻。如果使用"非纯媒体定义",如"带有声音效果和画面的叙事移动图像",那么电影里将包括电视剧和网络剧。

(二)什么是"电视"

有学者把电视提升到艺术的高度,提出"电视是一门艺术"的观点。而反对者则认为,电

---

① 袁佳琦.基于影视传媒的文化传播功能研究[J].大观(论坛),2021(6):69-70.
② 许南明,富澜,崔君衍.电影艺术词典[M].北京:中国电影出版社,1986.

视只是一种传播媒介和大众文化的重要组成部分,并不是艺术。学术界就电视是不是艺术展开了争论。最后大家的共识是,电视可以是一门艺术,但并不是所有的电视都是艺术。以中国传媒大学高鑫教授的《电视艺术学——多元与重构》①一书为例,他认为电视艺术包括电视文学、电视艺术片、电视剧、电视综艺、电视纪录片艺术等。②

在技术飞速发展的现代社会,影视是现代科学技术与艺术相结合的产物。影视通过不同媒介传播的形式,可以更好地满足广大人民群众多层次、多元化、专业化、个性化的需求。

中国影视产业的核心内容由电影产业和电视产业共同组成,它利用文化市场和文化媒介影响社会文化传播和国民经济的发展。

与西方国家的影视产业相比,我国影视产业起步相对较晚。改革开放后,中国影视产业初步建立了制作体系。到20世纪80年代,我国的电影产业逐渐发展壮大。在这一时期,为了适应市场需求,大量影视作品问世。为了满足大众的需求,电视行业和电影行业开始呈现分拆合作的局面。

二、影视产业的主要特征

(一)内容的创新性

创意是影视产业最重要的特征,它要求从业者提供独特的、有特色的创意点。影视产业的创新既要满足节目的需要,又要在现有产品中独树一帜,还要能让观众眼前一亮,满足观众在娱乐或感知上的需求,为其带来清新爽快的感受。这种创新可以说是"卖点",是产品最独特、最吸引人的特点,也能使产品在市场上更具竞争力,产生更大的经济效益。

中国影视作品崇尚"内容为王"的原则。一个影视项目成功与否,最重要的是能否得到观众的认可。近年来,视频网站在投入巨资购买节目版权后开始回归理性,试图开辟一条能够抢占主动权的发展道路,高质量的自制内容成为发展趋势。2014年,各大视频网站纷纷尝试自行制作节目,逐步加大对自制内容硬件建设的投入,完善节目制作团队,试图在"内容为王"的时代占据一席之地。视频网站不断发力,原创内容汹涌澎湃。③

这里举一个例子——2020年爆款网剧《传闻中的陈芊芊》。该网剧没有从实力演员或流量明星中选择演员角色,而是注重对剧本的精心雕琢,以及对主题和立意的选择,做到既有创意又有对女性的关怀:它选择了一个架空的"女尊"世界,在这个"女尊男卑"的世界中,用幽默搞笑的方式反映了女性在现实社会中可能遇到的就业和婚恋问题,具有现实意义。同时,作为一个甜宠剧,《传闻中的陈芊芊》力图打破观众对此类剧种无脑、低龄化的刻板印象,融合了"性别倒置"和"穿越梗"两个强设定,多处反转、不按套路出牌。女主穿越后附身在恶毒女配身上,由于已知自己穿越后的命运,女主试图摆脱。而男主人设也和寻常霸道男

---

① 高鑫.电视艺术学——多元与重构[M].北京:北京师范大学出版社,2006.
② 孙英莉.电视节目分类新思路——从电视是什么谈起[J].电视时代,2010(4):36-37.
③ 刘亚男.内容为王——视频网站原创内容风起云涌[J].西部广播电视,2015(2):7-8.

主人设不同,是个寄人篱下、傲娇自恋的腹黑男主,"倒插门"来到女主所在的女尊国家,为了寻求和利用这个国家的宝物治病,原本计划杀掉女主夺宝,结果因为误会女主喜欢自己,从而产生不同心态,最后爱上女主。

这个成本不算高、演员阵容也不够强大的网剧项目,由于从人物关系到剧本结构、节奏和喜剧强度等诸多方面新奇有趣,以其优质的内容,很快成为"黑马"。该剧演员也在出演此项目后,晋升成为新流量演员,这充分体现了"内容为王"的力量。好的剧本和精良的制作不仅会受到"粉丝"的追捧,自带宣传效果,还能推动影视的参与者迈上新的台阶。

(二)产品的联动性

作为一个具备完整产业链条的行业,影视产业存在前期内容策划、剧本创作、拍摄制作、宣传发行等环节。影视作为可轻资产运作的产业,不需要大量固定资产的投入,由此吸引了越来越多投资人的目光。

影视产业在逐步发展中生成完整的产业链,创造了很好的经济效益。除却产品本身之外,还有一部分产品周边包括衍生品所产生的效应。

2015年,由蓝色星空影业有限公司、安乐影片有限公司、北京数字印象文化传播有限公司等联合出品的奇幻电影《捉妖记》获得了不俗的票房成绩。自上映起,它创造了200多项票房纪录。在长达两个月的时间里,《捉妖记》累计票房24.38亿元,观影人次高达6542.56万,打破了《速度与激情7》30天内创下的票房纪录和内地观影人次纪录。在第20届华鼎奖组委会公布的香港电影50强名单里,《捉妖记》位列第五。

《捉妖记》的制作方表示,他们没有大规模销售"胡巴"玩偶和相关电影衍生品,网上流行的造型古怪的"胡巴"是盗版。对于这种情况,许诚毅导演也坦言,由于忙于电影制作和重拍,没有太多精力去打理电影衍生品。

《大圣归来》的电影衍生品开发原本会成为负面案例,但淘宝天猫的及时介入,以及电影衍生众筹项目在淘宝众筹平台的上线,扭转了颓势。此次生产的电影衍生品包括娃娃、树脂挂件、玩具U形枕头、手绘T恤、雨伞、主题笔记本、家纺产品等。合作伙伴均为知名品牌,如天堂、晨光、梦洁、大公豹、漫综等。强强联合下,这批产品在设计、外观和质感上都有了很大的提升,消费目标人群更精准地定位于20多岁的时尚青年。《大圣归来》系列电影的众筹项目获得了巨大成功。原本14个众筹项目的众筹周期设置为一个月,目标金额为99.6万元,但实际上仅一天就筹到了1181.6万元,创下了中国动画及中国电影衍生品历史上单日销量的最高纪录。

在电影衍生品的发展中,《捉妖记》和《大圣归来》体现出两种截然不同的策略,从而获得了迥然不同的收益。然而,这两部现象级的电影均反映了中国电影衍生产业的不足,如市场意识薄弱,版权保护不力,消费目标定位不准确,衍生品制作粗劣,传统呆板等。综上所述,中国电影衍生产业的主要问题在于缺乏生产和创意。①

---

① 曾严彬."互联网+"背景下中国电影衍生品的生产与创意探析——以《捉妖记》和《大圣归来》为例[J].现代视听,2016(10):38-40.

(三)制作的工业性

现代社会,电影技术以其易于理解和代入的视听感受、画面叙事的方式,广受人们欢迎。而随着科技尤其是摄影、音像技术的发展,影院在技术层面不断革新,如 3D 技术的发展、杜比音效、4K 画面等,让观众感受到更为极致的视听效果,增强了观影的氛围和代入感。

我国也在电影技术方面不断革新,追求电影在制作工艺方面的工业性,力求和好莱坞大片的视听效果齐头并进。如电影《鬼吹灯之寻龙诀》作为中国电影制作迈向工业化的标杆之作,在制作和特效方面达到了国际一流水平,由此获得了不俗的票房成绩。

随着《捉妖记》《九层妖塔》《鬼吹灯之寻龙诀》《流浪地球》等的上映,中国进入了"新大片"时代。万达文化集团叶宁表示,这些作品令电影从业者兴奋,因为这些作品为中国电影的工业化树立了大工业品的典范。对于市场而言,被观众认可的,才是最重要的。这样具有挑战性的产品不仅有未来,而且能获得较高的市场回报和观众认同。更重要的是,它们还具有促进整个行业发展的意义,因为它们在电影的逻辑、语言、表演、技术、运作等方面都有整体性、系统性的突破。在我们培育上述生态系统之后,中国电影产业的爆发式增长必须依靠这些项目。以前也有过一个项目把整个国家的电影工业提高一个层次的案例,就像《霍比特人》为新西兰所带来的那样。这种项目也必须是集群运作的,因为一个人或者一个项目的力量是有限的,必须依靠多个团队和公司的合作。当然,在突破的过程中会有很多不足之处,但也会有一些有价值的想法和方法得以实践。以后做这种大片的时候,会有更多的经验,能够达到更高的目标,这对中国电影来说是最宝贵的经验。[1]

(四)卖点的传播性

在这个互联网高度发达的时代,优秀的影视作品更具传播属性,这就要求从业者在产品的卖点方面多下功夫,把互联网和传播思维融入产品本身,这样不仅有利于产品本身的宣传,还可能在观众群中形成二次传播。

除了传统电视剧、电影,互联网市场更诞生了网剧、网络大电影、短剧之类的在手机、平板上播放的视频作品。这种作品更需要考虑是否具备更大传播的可能性。网络平台和各公司面对这种以网络端为主要播放平台的趋势,都会更注重"网感""漫画感"或"年轻化"的风格塑造。

比如爆款网剧《太子妃升职记》凭借穿越题材和性别转换的新颖性,彻底打开了网剧市场,同时改变了人们对网剧偏劣质的传统印象,初步感受到网剧的趣味和"上头"。彼时,网剧由于市场小、平台发展不成熟,所以基本是小成本、差制作,而《太子妃升职记》让观众意识

---

[1] 石小溪.走向工业化的中国电影——专访万达文化集团副总裁、《寻龙诀》出品人叶宁[J].当代电影,2016(2):10-14.

到,只要内容情节有趣,哪怕成本不高,也能做出好的作品。而《太子妃升职记》剧组,在此片受到大量关注之后,也开始以"小成本"为宣发点,比如用窗帘做全组服装、皇上妃子穿拖鞋等都变成了可以调侃的点,制造出"太子妃剧组太穷了"的话题。这样带着自嘲和调侃意味的宣传,让观众在感慨作品内容不错的同时,也容易产生对剧组的同情,很快就被二次传播,吸引更多人关注这个网剧项目。

(五)行业的更迭性

我国每年产出大量影视项目,并且随着影视技术的不断更新,更前沿的技术、更贴近观众的内容,注定得到更多青睐。

由于互联网的发展,不同性质、体量的影视项目不断诞生,如网络大电影、网剧,再如在平台播放的十分钟横屏短剧和在手机端播放的三分钟竖屏短剧,这些都可以算是影视行业的新发展。

从内容方面看,由于影视项目的互联网化和观众年龄层逐渐降低,开始出现互联网化和年轻化的台词和内容,如前几年流行的穿越题材、性别逆转题材等,其内容策划更贴近年轻观众市场。

2021年11月,国家电影局发布的《"十四五"中国电影发展规划》强调,聚焦电影强国建设目标,电影行业努力把握导向,服务大局,应对疫情,克服困难,推出一批深受观众喜爱的影片。全国生产故事片565部,电影总票房达到472.58亿元(含在线售票服务费),城市院线观影人次达到11.67亿,新增银幕6667块,银幕总数达到82248块。

近几年,电影行业深受疫情影响,项目停拍、投资回报周期拉长等不利因素导致全国乃至全球的电影公司运营艰难,一些公司歇业或倒闭。在这种形势下,2021年全国电影剧本(梗概)备案、立项公示项目基本与2020年持平(见图2-1),电影总产量明显回升。

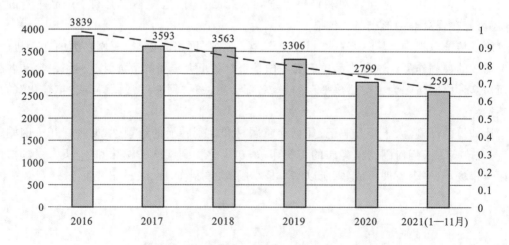

图2-1 2021年全国电影剧本(梗概)备案、立项公示项目数量

分析 2021 年前 11 个月备案的电影项目(见图 2-2)可以发现,故事片备案总数占比最大,为 2326 部。纪录片、动画片、科教片也有一定的立项量。特种片和合拍片的备案数量较少。①

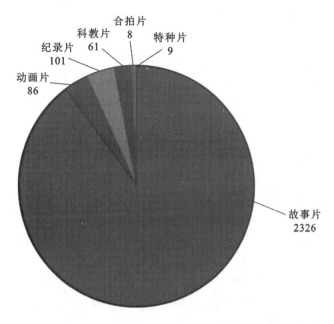

图 2-2　2021 年前 11 个月备案的电影项目分析

第二节　影视产业的创意

一、影视产业创意的要素

影视文化满足了人们的艺术享受和娱乐需求。自 14 世纪以来,影视文化逐渐形成了创意、艺术、技术和产业四大创作要素。其中,创意是动力,是影视产业内容创意的核心;艺术是表现力,是影视产业创意的具体表现形式;技术是支撑力量,是影视产业创意的具体保障;产业是整合力量,是影视产业创意的环境。

文化创意产业价值链大致包括创意内容生成、投资开发生产、推广销售、消费体验、衍生品五个阶段。从产业价值链的角度分析,创意和艺术的关系更为紧密,自由发挥的程度较高。技术和产业主要涉及影视产业中的包装制作、推广销售和衍生品,其技术含量高,相比艺术,更加需要结合高新技术的发展和应用。

---

① 刘汉文.2021 年中国电影产业发展分析报告[J].当代电影,2022(2):17-26.

近几年爆火的现实主义题材电视剧《人世间》，改编自梁晓声的获茅盾文学奖的同名小说，不仅创下了高收视、高口碑的双项成就，还被国外观众喜爱，为现实主义题材电视剧迈入国际创造了新的可能。该剧运用家庭叙事手法，通过对平凡人物的塑造，与观众共通情感，用"小人物""小视角"展现我国几十年发展的历史大变迁，摒弃了传奇主义色彩的叙事模式，着重强调真实的叙事方式。剧中人物都是"有血有肉"的普通人，平凡且真实。

《人世间》在央视一经上映，便引发了"全民追剧"的热潮。收视率位列黄金时段电视剧的第一名，且呈上升趋势。豆瓣评分达 8.1 分。据中国视听大数据（CVB）统计，《人世间》在央视一套播出的第四周，每集平均到达率超过 4%，观众忠实度近 72.2%，收视率达到 2.887%。[①]

二、影视产业创意的表达方式

文化是一个国家民族性和普遍性的高度统一。文化普遍性的核心是普遍价值、普遍观念和普遍规范。文化普遍性又称文化价值的普遍性。文化作为一种社会产物，因其相似性和共同性而具有普遍的特征。历史上，"善与美""求真与务实"等价值成为文化发挥作用、产生影响的共同要素，成为人们不断进步的价值取向和动力。

作为弘扬核心文化价值观的重要途径，文化创意一直影响着文化传播。文化创意在推动中华文化走向世界，实现区域全球化，增强民族文化自信，提升国家文化软实力，全面展示国家形象等方面发挥着关键性的作用。

创意是文学的本质，是贯穿文学创作及其产业化过程的基本要素。文学创作在内容和形式上富有原创性、新颖性、独特性。文学创作的目标是实现其文化价值和经济价值。

在当今这个注重创意的时代，原创性和新颖性日益凸显其宝贵的精神价值和社会效应。文学思想是文化创意产业的重要支撑和核心范畴，充分体现文学的文化价值和经济价值，它以大视角强化文学的穿透力和时空表现力，多维度探索人类内在情感世界和审美理想，促进创新文学与其他艺术在形式和肌理上的交融。以文学创作为支撑的文化创意产业的意义已经超越了纯粹的文学意义。从文学的创意表达到跨文化媒介传播是一次创意向二次创意的转化，文学创作与消费市场的双向融合使文学从原始创意向更高层次、更高质量的产业创意发展。文学创作是在形式上进行的，文学创作是在内容上实现的。

文化普遍性促进了文学的创造性表达和跨文化媒介传播。文学创作的跨文化媒介传播，使文学创作进入文化生产、流通和消费的过程，成为能够引发公众消费兴趣、符合公众消费习惯的文化产品。在文化创作的新时代，创造性表达和跨文化媒介传播的互动与融合，既是文学创作的重要活动，也是文学创作实现的重要内容。文学创意作为文化创意产业的核心，通过与跨文化媒介传播的结合，成功地实现了双赢。[②]

---

① 李易珊.现实主义题材年代剧《人世间》的创新与突破[J].视听，2022(10):114-116.
② 石卉.文化普适性视角下的文学创意表达和跨文化融媒传播——以西方影视文学作品创作为例[J].传媒论坛，2022(4):69-71.

第三节　影视产业的策划

一、影视产业策划的基本原则

(一)内容创新性原则

创新性作为影视产业策划的灵魂,促进着影视产业的发展。创新作为影视产业策划的内核,影响着具有创造性的影视产业策划的实践活动。

由于影视产业项目周期短,项目数量众多,几乎每个影视产业策划的从业者都会接触大量的作品。我们在策划时,虽不能把每一个项目策划都做到最好,但应追求每一个策划的独特性,创造出新的东西——思维模式新、理念诉求新、方式方法新。创新是策划的生命。要想进行优秀的策划,就要具有突破性。

如电视剧《风声》,是根据原有的 IP 进行创作的。电影《风声》珠玉在前,同时原作主题深刻但篇幅不长,给篇幅较长、体量较大的电视剧剧本增加了难度。该项目的编剧贾东岩、武瑶等人选择性地提炼了原作的精髓,注重把握人物关系、营造悬疑氛围等,在维持麦家老师作品的原汁原味基础上,增添了一些人物和事件。在保持原作风格的基础上注重创新精神,用原创的思路去丰富内容,使这个作品在一定程度上获得了成功,总编剧凭借该剧在 2021 年提名白玉兰奖。

策划要让创新贯穿影视产业策划活动的全过程,就要做到三个"新":新思路、新理念、新方法。一个优秀的策划,始终致力于追寻指明未来发展方向的新思路。纵观国内外众多作品,我们不难发现,多数优秀作品都在创新方面让人耳目一新,如韩剧《来自星星的你》已经不再满足于霸道总裁的人设,在传统偶像剧基础上,增加了外星人的元素,男主的设定唯一的弱点就是不能和女主太过亲近,而男主的新型设定不仅没有削弱男主的魅力,反而能够达到出人意料的效果。这部作品爆火之后,市场随即出现大量超完美男主和增加奇幻元素的偶像剧结合。

过去影视产品的生产方式是先生产后销售,即以产量决定销量。而在发达的影视产业中,影视产品越来越注重先管理、先策划、后制作。所以创造力很重要。要想确定受众和市场,首先要有新思路,这样才有机会做好产业链。

(二)信息有效性原则

信息是人类社会的一种软资源,拥有信息优势的人在资源战的竞争中掌握着主动权。虽然我们强调信息的重要性,但这并不代表拥有了信息这一条件就赢得了一切。在当今社会,信息爆炸已经成为主要趋势,一个优秀策划的优势并不在于信息数量,而在于信息的有效性。所以一个优秀的策划产出,不仅要做好前期的市场调研、产品受众分析工作,还要做好后期的市场反馈工作。

在影视产业策划中,信息有效性原则是指收集和处理信息的时效性和准确性。信息的收集和处理是影视产业策划的起步阶段,影视策划者需要以多类型、多角度、多层次、多渠道的方式建立信息网络。影视产业策划应该包含以下一些信息元素:一是环境信息,比如历史文化、政治经济等外部信息,以及影片的项目定位、受众人群、管理等内部信息;二是市场信息,包括信息服务类、文化类、广告类等方面的信息;三是受众人群信息;四是竞争对手态势信息。为确保所收集信息的系统性与连续性,策划者在收集信息的过程中要确保信息的准确性、时效性以及全面性。

一个具备创新元素的作品出炉之后,由于其在流量和投资回报上的吸引力,不少投资者、公司和制片人相继涌入,在一段时间内会出现大量跟风作品,它们在各种设定和风格上与该优秀作品类似。在这种情况下,同质化的作品同时间大量出现,也会削弱观众的好奇和兴趣,不仅难以超越原作、推陈出新,而且可能得到差口碑和不理想的收视率。所以,了解日新月异的观众口味,了解市场上其他竞争对手的作品和风格尤为重要,只有这样才能审时度势,做出正确的审美判断,制作赢得市场口碑的优秀作品。

例如,我们在制作一档电视节目时,要先了解受众群体的整体信息、特定的受众特点、受众收看需求及收看心理等。再如,我们拍摄一部电影前,要先对电影题材进行分析,确定该作品是否具有吸引观众注意力的因素,可以从故事情节、演员的知名度、是否迎合当下热点等几个方面进行分析。在充分了解并掌握这些信息内容后,我们便可以有针对性地来完成电影的后期宣传和营销,合理有效地规划影片放映及推广工作。信息影响着资源,决定着竞争力,因此影视产业策划要重视信息有效性。

(三)计划性原则

计划性是影视产业策划的基本要求。一般来说,在进行影视产业策划之前,就要制定一个规划目标,该目标一旦确定就不应轻易改动,之后所有的策划设计理念和实施方法都要紧紧贴合这个目标加以开展和实行。

市场上之所以有很多失败的策划案例,主要原因就是策划内容不够全面、目标不够准确。当然,对于任何一个策划来说,计划和目标并非完全固定的,在推进计划的同时,目标也并非只有一个,而是有侧重点地选择,策划时需要明确一个主要的目标。

(四)执行性原则

执行性是指策划做好之后的可执行以及执行的结果分析与预估。前边我们讲过,创新是影视产业策划的核心,也就是说,我们进行创作的时候,想法和创意点需要另辟蹊径、独树一帜。但是,新奇的想法和创意点是否具有现实可行性、策划能否执行,还需要进一步研究和讨论。

大型的影视产业策划就好比一项投入多、影响大的大型项目,更需要策划人员进行严谨缜密的可行性分析。比如在早几年,某地市级电视台为了在市场竞争中抢先一步,决定在全国地市级台中率先设立早间节目,方案虽然相当新颖,但没有仔细进行可行性分析,结果由于电视资源的短缺和配置不当,节目质量和收视率不高,最终只好被迫放弃。这充分说明,在选择方案之前,对目标实施的可能性、可靠性、价值和效益进行初步分析是相当重要的。

影视产业策划的执行原则要点在于对事物进行精准分析。当然,影视产业策划中有很多执行力的分析内容,如决策目标的可行性研究、目标实现的内外部条件的可行性研究、实施方案整体与局部、各环节的合作协调的可行性研究、社会效益和经济效益的可行性研究等。举个简单的例子,当我们做节目的时候,需要了解受众的喜好,努力让受众喜欢。对受众观看需求的研究,主要是为了解决节目策划的执行问题。

(五)系统性原则

规划方案的系统化可以方便我们实现目标决策的优化,从而获得更实质性的社会效益和经济效益。研究对象被理解为一个系统,研究过程被理解为一个整体。例如,电影营销可以看作一个系统,它的策划应该从以下几个方面入手进行设计:一是电影市场调研,即通过对市场现状的调查、预测和分析来进行电影制作;二是电影市场的差异化,即根据电影市场调查的结果,对电影观众的年龄、性别和知识水平进行统计,在此基础上确定电影制作的内容和主题;三是电影市场的定位,即根据电影市场调研的结果,结合电影公司的营销目标和电影市场的竞争情况来确定目标市场、定位,这样才能保证为特定的电影观众群体提供最适合的电影产品;四是在分析的基础上设计营销策略,选择合适的媒体平台,如报纸、杂志、电视、网络、电影预告片等进行推广。[1]

我们也可以将电视策划的对象视为主题电视媒体和目标受众,以及两者之间的信息流等基本要素构成的有机整体。或者直接将策划的对象——电视作为一个系统,然后对该系统的结构组织、目标决策、节目实施、信息反馈等功能进行全面系统的分析。

在影视产业策划中强调系统性原则,就是强调影视产业策划活动的整体性、全面性和综合性,从而保证策划的整体质量。[2]

任何一个项目的策划都有开始和结束,但对于整个影视产业来说,策划是无止境的。一个策划的结束往往预示着另一个策划的开始。[3] 重视总结实践经验,对于丰富策划内容,完善策划体系有着重要的影响。

---

[1] 周本存.文化与市场营销[M].合肥:合肥工业大学出版社,2005:276.
[2] 谭天,王甫.电视策划学[M].北京:中国国际广播出版社,2001:97.
[3] 盘剑.影视艺术学[M].杭州:浙江大学出版社,2004:173-174.

二、影视产业策划的基本要求

(一)紧跟市场导向,了解观众需求

任何生产都是为了满足市场需求,而任何市场都是由需求引起的消费和分配形成的。没有需求,就没有生产;没有需求,就没有市场。需求在生产和市场之间发挥着桥梁和纽带的作用。根据社会需求来组织生产和市场,是现代市场经济、物质经济与文化经济条件下商品运行的一般规律。

因此,在影视产业中,观众的需求是策划者首先考虑的因素之一,实际上也是策划的驱动因素。毕竟,需求和供给是相互制约的。对于影视制作者来说,要考虑市场的定位,要从"消费者想要什么,观众想看什么"的角度来定位产品,形成影视作品独特的卖点。

在大规模引进国外版权节目的大背景下,能够越来越有中国特色,逐渐输出到国外,是我国综艺节目最大的成功。比如《奔跑吧兄弟》,它是浙江卫视引入韩国 SBS 电视台综艺节目 *Running Man* 的一档大型户外竞技真人秀节目。第一季由浙江卫视和韩国 SBS 联合制作。该节目在浙江卫视首播后,一炮而红。第二、三、四季由浙江卫视节目中心制作。第五季后更名为《奔跑吧》,由浙江卫视节目中心独立制作。在进行真人秀节目本土化改造时,节目延续了之前的风格,结合了中国文化,从主题设计、策划等方面寻求突破,融入更多的人文元素,比如汉服、汉字、古代木制推车等元素出现在节目中,展现了浓厚的中国传统文化情怀。同时节目注重融入中国特色,比如广场舞、陕西民歌、黄河大合唱等。

(二)注重信息分析,判断产品可行性

影视产业策划工作不能蛮干,要讲究方式方法,要随时洞察各方面的信息,分析并采集,再针对性地做出相应对策,这样才能使自己的策划作品在激烈的市场竞争中处于有利的地位。影视产业策划所需要的信息大致包括以下方面:一是影视内容自身内部信息;二是市场环境信息;三是受众人群信息;四是竞争对手的态势信息。为确保所收集信息的系统性与连续性,我们在采集信息的过程中要确保信息的准确性、时效性以及全面性。

我们在策划时,创意点固然重要,但切不可异想天开,而要考虑内容的可行性和可操作性,同时充分考虑人力、物力、财力等各方面的安排和运作。比如近年来比较受欢迎的户外真人秀节目在策划时,就要考虑交通、场地、住宿、餐饮、工作人员安排等问题。

这里还是以《奔跑吧》节目为例进行说明。该节目经常融入中华民族特色,融入中华传统文化元素,例如,在杭州西湖拍摄的主题是"白蛇传说",同时注重对中华文化细节的呈现。再如,在青海拍摄黄河篇第一期。这些都是根据中国的文化历史特色做出的策划,拍摄地与主题相契合。节目组在前期做了充分的准备工作,确认了策划内容的可行性。

(三)内容主旨明确,产品定位清晰

一个好的节目在整体和细节上都会有明确的定位。以中国的喜剧节目为例,从一开始的《铿锵三人行》《今夜百乐门》,到现在的《奇葩说》《脱口秀大会》等,脱口秀始终以幽默的叙

事风格,抓住热点关键词,通过新颖的形式让观众体验脱口秀的乐趣,缓解人们在工作生活中的疲劳和压力,同时通过巧妙的言语修辞,引起观众对价值观的思考。作为一种新型的脱口秀节目形式,《脱口秀大会》以其独特的节目形式和内容获得了前所未有的成功。它主要是以脱口秀演员单口戏剧表演形式,突出演员的个人特点和魅力,其表演内容也很有互动性,能引发观众共鸣。演员发挥独创性的剧本是其在节目中脱颖而出的关键,演员的剧本经过反复打磨研究,认真考虑观众心理,构建丰富生活和表演主题,从不同的角度、不同的观点,结合演员的经历和每个演员的表演特点来引导观众参与、引发观众共鸣。[①]

2021年由爱奇艺和米未传媒制作的喜剧综艺《一年一度喜剧大赛》在同类型节目中脱颖而出,豆瓣开分8.0,刚播出时就频频因为恰好踩上了微博热搜的笑点和痛点,轻松登上了爱奇艺综艺的热搜榜第一。这一被称为"为新喜剧人办的大赛"的节目凭借其新颖的制作方式和多样化的传播手段,最终以8.5分的豆瓣评分领跑了同时期的同类节目。它为观众带来了一场互联网狂欢,赢得了观众、喜剧界乃至影视界的一致好评。

《一年一度喜剧大赛》能够在如今足够拥挤、观众已经产生审美疲劳的喜剧综艺节目中脱颖而出,离不开它在节目创作之初、中期演播、后期收官的过程中,依托数字技术和多媒体传播平台,始终与观众保持接近"零距离"的互动。[②]

(四)明确目标,有建立和维护品牌特色的意识

目标是影视产业策划的方向,也是动力,影视产业策划要明确确定目标的重要性。在中国大陆电影史上,由韩三平、黄建新、李少红、陆川、沈东等几位知名导演执导,刘烨、陈坤、张嘉益、冯远征等多达108位明星联袂出演的革命历史题材的影片"建国三部曲"(《建党伟业》《建军大业》《建国大业》)留下了浓墨重彩的一笔。以《建军大业》为例,在2019年上映71天票房破4亿元。该片宏观全景式地再现了中国人民解放军的成立史,聚焦热血激昂的革命年代,人物形象丰满,战争场面宏大,主创人员凭借严谨苛刻的创作态度,携手再现了那段峥嵘革命岁月。《建军大业》延续了《建国大业》《建党伟业》鸿篇巨制、磅礴大气的风格,并用演员中的"新鲜血液"去贴近那些历史人物青年时代的风采,展现出正能量、正青春的整体气质。总的来说,在电影产业化的时代,"建国三部曲"的出现有利地弘扬了社会主流意识形态,也推动了主旋律作品的艺术创新。

(五)有规划、有系统地策划和宣传

在影视产业的规划中,从影视制作到发行的整个过程,都要注意对市场进行系统的分析,然后制定目标、确定方案、反馈信息。有规划、有系统地策划和宣传的目的是连接所有相关产业链,形成该产业链密集高效的运作模式。要将这一模式应用到影视产业中,就需要将制作、发行、放映等相关产业整合起来。这一部分对于电影产业来说,更为重要。在电影的制作和发行过程中,要建立多支点的盈利模式和资金回收渠道。

---

① 王振娜.《脱口秀大会》的成功因素探究[J].采写编,2022(3):152-154.
② 刘聪慧.喜剧类综艺节目如何满足新媒体时代的受众需求——以《一年一度喜剧大赛》为例[J].科技传播,2022(14):145-147.

第四节 电视产业创意与策划

一、内容创意与策划

与其他国家相比,中国的电视事业起步相对较早。从1958年北京电视台(现中央电视台)播出第一部电视剧开始,中国电视产业前后经历了四个变革阶段,从计划经济逐渐过渡到市场经济。第一阶段(1958—1978年),在计划经济的大环境下,整体处于非盈利性质的事业单位,经费全部由国家提供,而电视产业也只承担了讲演和教育的作用;第二阶段(1979—1991年),随着改革开放的浪潮,经财政部批准,各级新闻单位实施"事业编制、企业化运作",各级电视台开始播出商业广告,中国的电视产业开始由单纯的宣传工具向经营性的媒体转型;第三阶段(1992—2000年),以党的十四大提出发展社会主义市场经济内容为标志性政策转变,中国电视产业的广告收入首次超过了政府财政的拨款,也就是说,各级电视台已经在经济上实现了独立市场化运作;第四阶段(2001年至今)国家广播电视总局整合电视产业资源,采取规模化、产业化经营的措施,同时引进外资进入中国媒体,开放市场多元化发展,形成电视产业融合与竞争并行的市场结构。整体来说,中国的电视产业在改革开放后随着电视技术和设备的不断丰富、更新以及传播方式的优化逐渐形成。

电视观众是电视的另一种产品。在当今媒介整合的大环境下,互联网的兴起无疑为电视产业提供了更好的发展机会和丰富的资源。电视产业的创新与发展使电视与网络形成了并驱争先、相辅相成的关系。随着数字技术的进步,电视凭借专业的内容和精湛的技术,互联网凭借方便快捷的互动,共同为内容产业建言献策,实现互利共赢,这将成为未来电视产业的发展趋势。

国家近几年对电视行业政策上的支持,使更多的电视剧和节目展现在大众面前,吸引着大众的目光。电视产业要在发展的过程中,及时地、清晰地看到问题的所在,并且做出针对性的分析,进行优胜劣汰的选择。

将传统媒体与新媒体相结合,是电视产业未来发展的必然趋势。电视产业发展的核心竞争力是内容。有效提升电视产业的竞争力需要我们不断提升电视内容的品质。

(一)电视内容的创新

"内容为王"永不过时,电视内容也可以分为两种:一种是指以电视受众为服务对象,主要依据数字网络技术,电视产业的内容生产体系与分发渠道传播新闻内容、新闻纪录片等信息;另一种涉及节目内容研发、制作、置换、销售、传播、节目衍生品的开发和相关服务,可以分为节目的研发方、内容的制作方、集成方、运营方、营销方以及衍生品的开发方。在传统意义上,电视内容常常会局限于一个封闭的内部系统里,只能在内部资源中相互转合。而在当今时代,新媒体的趋势带来了机遇,也带来了挑战。一个电视节目要想获得大众青睐,必须以优质内容为核心,为广大受众提供深度、权威、专业、多元化的内容。创新在其中发挥着尤为重要的作用。显然,电视产业的相关人士也发现了其重要性,并致力于以创新提升质量、提高水平、促进电视产业的健康发展。

(二)电视剧故事情节的特色及主题定位

电视剧的故事情节要求具有鲜明的特色和主题。这里以电视剧《人世间》为例进行说明。《人世间》以东北老工业基地一个普通的劳动家庭周氏三代为视角,讲述了周氏三代人在中国社会巨变中跌宕起伏的生活境遇。它运用家庭叙事的手法,从"小历史"的视角出发,刻画平凡的人物,连接大众的共同情感。毫无疑问,它从多个维度和方向展现了时代变迁下中国社会和普通民众生活的不断发展。

该剧一开始,在三个孩子"谁去下乡"的冲突性情节中,父母面对三个孩子,表现出内心纠结与痛苦抉择。三个孩子相互理解,愿意为其他家庭成员牺牲自己。这展现了他们对家庭的责任感,他们对家庭的理解,以及他们在家庭遇到困难时彼此的支持。全家福的情节在剧中多次出现。全家福可以表达他们对家的向往,反映出中国人对家庭的朴实情感和期待。本剧的经典情节是周父去世后,周母为周父守候一夜之后也去世了,周家三兄妹见证了父母的感情,同时失去了心爱的父母。他们痛苦地追忆着一家人在一起的幸福时光,唤起了观众深深的家的感觉。

家庭叙事手法的运用,不仅连接了普通人最真挚的情感,也探索出引起不同受众共鸣的"沟通密码"。从"小历史"的角度出发,该剧摒弃了传奇的叙事方式,塑造了平凡的人物,展示了中国几十年来国家发展和社会变革的"大历史"。[①]

(三)电视剧人物形象表现鲜明

人物是电视剧的灵魂所在,一部成功的电视剧中人物形象的塑造也起着重要的作用。这里以《人民的名义》为例进行介绍。

《人民的名义》最大的亮点是对复杂人物的精准刻画。在此之前,反腐剧中的正面英雄大多被贴上完美主义的标签,正反形象是完全对立的概念。而《人民的名义》作为反腐题材电视剧的代表,改变了"二元 vs 垂直"的人物塑造方式,开启了对"人"的分析与塑造多元化发展的趋势。与其说它是一部反腐剧,不如说它是一部反映现实生活的全景式社会剧。主人公侯亮平、沙瑞金和李达康是主要的正面人物,他们公正、刚毅,充满理想的英雄主义精神。

而反派祁同伟的人物形象塑造,则抛开了传统的"平淡化"的人物塑造模式,向全方位、多角度的"个性化"模式转变。通过各种人物向观众传达祁同伟糟糕的背景需要花费大量的时间。正是因为祁同伟如此不同寻常的坎坷经历,他渴望权力,不惜一切代价捍卫自己的地

---

① 李易珊.现实主义题材年代剧《人世间》的创新与突破[J].视听,2022(10):114-116.

位,使得反面的人物造型带着一丝悲情色彩,所以在最后创作者让祁同伟回归了人性,用一首对他意义非凡的童谣唤醒了他最初的人性,从侧面巩固了孟子人格美学的理论基础,也跟我们这个时代的主题相契合。①

(四)电视产业营销创意与策划

1. 企业与电视产业的合作关系

当今时代,让人眼花缭乱的影视、传媒产品频出,影响着大众对媒体以及企业的忠诚度,想让大众长期喜欢同一款产品或电视频道不是一件容易的事情。因此,为了让自己的"品牌"深入人心,企业和电视产业不断由传统营销模式向整合模式转变。在转变的过程中,企业通过商业赞助的模式与电视节目合作,与电视产业形成互惠互利的双赢模式。

2. 与新媒体合作,进行融合和转型

随着信息技术手段的不断发展,电视产业想要与时俱进就不能单纯依靠传统媒体,而是要注重传统媒体与新媒体的结合。数字电视和网络电视等以数字技术为主的新的电视传播模式也日渐成熟。

在新媒体的配合下,电视的应用手段更加丰富,人们可以随时随地观看电视剧、电影等视频。同时,电视也为新媒体提供传播设备,使新媒体技术能够发挥应有的作用,并反过来推动新媒体技术进步。

此外,传统电视与新媒体的有效结合,重点在于内容和质量的整合与提升。数字技术为信息传播提供了高质量的平台,增加了传统媒体与新媒体的互动。不同媒体可以根据各自的方向和受众需求,及时共享信息,拆分重组信息,为媒体市场带来更丰富、更多样化的信息。这些变化将突破传统媒体的局限,整合媒体结构、传播渠道等方面,实现电视产业新的发展。②

3. 整合营销电视剧

2023年,中央电视台电视剧频道首播、爱奇艺网络视听独播的电视剧《狂飙》,一经上映,就引发了全网高度热议。该剧讲述了以一线刑警安欣为代表的正义力量,与黑恶势力展开的长达20年的生死搏斗。通过群像叙事,展现扫黑行动中的黑白较量和复杂人性,展现出政法队伍教育与整顿黑恶势力的毅力和决心,还原了20年时间维度内,不同阶段的扫黑除恶活动的特点和成果,借由扫黑除恶20年的历程映射中国20年的社会发展与时代变迁,与观众一起回看人生的成长之路、社会的发展印记。

爱奇艺平台数据显示,《狂飙》开播仅38小时,内容热度就突破9000,爱奇艺站内热度突破11000,豆瓣评分升至9.1分,超过20万观众给予好评,是2023年第一季度评分最高的作品。

由此可见,在题材越来越趋于雷同的当下,差异化是影视剧走向市场并成功"出圈"的突破口。近年来《人民的名义》《巡回检察组》等政法类题材的影视剧相继播出,打破了大众对

---

① 李欣. 论正反人物在影视剧中的角色塑造——以《人民的名义》为例[J]. 戏剧之家,2020(26):158-159.
② 马茜. 探析电视与新媒体的竞争与合作[J]. 传媒论坛,2020(2):21-22.

于传统政法题材剧集的刻板印象,同时也引发了观众对政法题材剧集如何体现现实主义的思考和探索。然而,《狂飙》的快速"出圈",除了得益于讲好故事和进行差异化塑造外,更离不开营销层面的创新。以线上首播平台爱奇艺为例,爱奇艺一改常态,在 App 首屏的 6 个 banner 位分别列出了《狂飙》值得观看的 6 个理由,如 20 年扫黑、初心不改、戏骨阵容、王炸出击等。同时,张译、张颂文、李一桐、吴刚、倪大红等主创演员正气硬朗的海报配上令人热血沸腾的文字,给人留下深刻印象。

除爱奇艺站内资源的宣发之外,官媒集体发声,为《狂飙》高调背书。《人民日报》、新华社、《北京青年报》等高权重媒体纷纷发文报道。在南京新街口、成都春熙路、长沙五一广场等重点城市地标中,《狂飙》户外大屏广告同频曝光。

为了吸引该地区的主流观众目标群体,展现出不同于一般电视剧的品位和竞争力,独播剧通常会配合主题和品牌的定制特色,为整体包装和宣传打造一些观看噱头。此外,地方电视台为了吸引受众注意力,在拍摄时基本采用偶像制的选角原则。而且,这些俊男靓女多为电视台签约的年轻演员,可以在以后的剧集中重复使用,既合理利用了资源,又节约了演员的成本。例如,上海卫视的《网球王子》就使用了热门选秀节目《加油!好男儿》中的种子选手作为演员。通过比赛积累的人气正好弥补新演员的人气不足,增添了电视台自己的明星储备。这同样适用于导演、编剧等制作人员,甚至在未来可能发展成以团队为单位的形式,即固定的团队成员签订合同进行操作和拍摄。这样不仅最大限度地降低了拍摄成本,还把整个电视剧的控制权牢牢地握回电视台的手中,省去了排期、版权等诸多麻烦。①

2022 年 3 月 6 日,单元探案剧《猎罪图鉴》在爱奇艺、腾讯视频上线。它在爱奇艺站人气值破 8926,腾讯视频播放量破 5 亿次,获得了豆瓣评分 7 分、知乎评分 9 分、猫眼网络热榜第一、灯塔舆论热榜第一等优秀的成绩。

该剧以"模拟画像师"这一新职业为突破口,改变了传统刑侦剧中警察、法医、记者、侦探、心理治疗师等较为传统的搭配习惯,向大众普及"模拟画像师"这一陌生的行业。通过"短平快的探案结构+对社会问题的深度解构",开辟了单元侦探剧的新玩法,让观众在观看的过程中思考人性与善恶。

该剧的成功与创作者在人物塑造、女性视角、叙事手法、社会性等诸多方面的独特性密不可分。首先是角色的身份。本剧首次关注公安系统中的模拟画像师,全方位展现了这一特殊职业的日常。檀健次饰演的沈毅,通过天才的绘画能力和光影想象力,展示了残影修复、三岁画老、整容还原的神奇技能,帮助警方破案,既满足了观众的猎奇心理,又普及了模拟画像的相关知识,给观众带来了前所未有的新奇体验。

同时,《猎罪图鉴》主要从女性视角切入案例,再次展现了女性议题的强大生命力。一方面,它以女性的视角,讲述女性在现实社会中的经历和诉求;另一方面,它展现了女性独立自由,在深渊面前互相帮助、互相救赎的深刻主题。

---

① 康婕.中国电视剧市场迎来自制剧的"第二春"——浅析现阶段中国地方电视台的定制独播剧现象[J].电影评介,2011(14):25-26.

《猎罪图鉴》中有许多紧凑而快速的情节和叙事线索,模拟画像师和警察发挥各自优势,一起侦查案件。他们有冲突也有默契,这种爱恨交织、跌宕起伏的人物关系,对观众来说也是一大吸引力。

《猎罪图鉴》的成功还在于它对社会问题的深刻解构。该剧聚焦于当前的热点问题——家庭暴力、电信诈骗、信息安全等。这种现实与艺术的结合揭示了社会的阴暗面。以真实案例为原型,更能勾起观众内心的不忍与惋惜,引发观众的思考。

《猎罪图鉴》中很多罪犯都不能被简单定义为"非善即恶",这是对传统善恶观的颠覆。它从罪与恶两个维度分析了人性的复杂性和黑暗性。该剧在破案过程中,充满人文关怀精神,让观众在观看过程中思考人性与善恶。[①]

二、电视产业营销创意与策划

随着中国影视市场的繁荣,影视营销的发展逐渐受到关注,电视产业营销的形式和渠道也在不断丰富,朝着专业化、多元化的方向发展。

早期的电视产业营销包括媒体新闻发布、户外广告、传统主流媒体报道等。这一时期的营销基本属于单向传播,其传播效果主要取决于营销方掌握传播渠道和制造话题新闻的能力。而后来,互联网的兴起打破了这种传统的营销模式,营销的重心逐渐转移到网络。从最初通过新兴门户、视频网站发布新闻稿或预告片,到通过微博、直播等形式发布信息,再到豆瓣电影等评分网站的出现,用户参与已经成为电视产业营销的重要组成部分。

新媒体平台的迅速崛起,为电视产业营销带来了新的发展机遇。越来越多的电视剧将营销宣传的重点放在短视频平台上,尝试了各种营销手段,取得了出人意料的效果。

病毒式营销是短视频话题发酵最常见、最有效的方式。它通过发起"话题"或"挑战"来调动用户的积极性,以该"话题"或"挑战"为中心向外辐射,形成场景营销,让用户自发地从观看到参与,成为营销的一部分,帮助制作方打造口碑。

在短视频平台上设立影视项目公众号,主制片人入驻短视频平台,可以取得更显著的宣传效果。比如,在电视剧《扶摇》播出期间,两位主演参加了抖音的"戏精大赛",获得了50多万点赞和2亿多话题播放量。

许多影视作品采用情感营销模式,目的是与用户建立情感联系,同时推动互动和病毒式传播。《三体》自2015年成为首部斩获雨果奖的亚洲科幻作品后,瞬间开辟出了惊人的IP营销通路和变现价值能力。根据其改编的电视剧《三体》自2023年1月15日首播以来引爆全网,微博上该剧的热度也是居高不下,各大品牌以敏锐的商业视角用广告贴片、口播植入、场景植入等方式跻身剧中。可见,《三体》不仅备受观众的追捧与喜爱,还拥有强大的话题制造与流量收割的能力。

早在2020年8月13日,ThinkPad就在微博官宣与《三体》进行合作,共同开启"思考新纪元"。二者合作的成功"出圈"在于所拥有的相同的"有趣的灵魂"。《三体》讲述的是智慧文明与科技文明在无数个平行纪元中不断探索的故事,而科技和科幻,虽然有现实和理想的

---

① 徐珂. 网剧《猎罪图鉴》的三重维度探究[J]. 文学教育(下),2022(9):53-55.

鸿沟,却也有着紧密的联系。一方面,科技文明的探索离不开智慧科技的设备加持,在人类文明的科技高地中,电脑无疑是领先技术的集大成者,而 ThinkPad 正好是一众电子科技品牌中的佼佼者;另一方面,ThinkPad 也和故事剧情一样,30 年一路走来致力于在电脑科技技术中不断开拓探索,突破技术壁垒,成就产品的好品质。一个是让大众打开科幻世界的想象之门,另一个是让现实科技生活变得更加便捷和美好,因此两大灵魂相互碰撞,达成了"1＋1＞2"的"出圈"效果。总的来说,ThinkPad 精准锚定目标圈层人群以及《三体》顶流科幻 IP 的影响力,用年轻消费者喜爱的方式融入消费者文化,打通年轻一代消费者的品牌价值链接,不但在营销维度上推陈出新持续发力,而且在产品维度上着力提升品牌价值,以安全、高效、专业的高品质帮助各类消费者以科技力为工作赋能。

第五节 电影产业创意与策划

电影产业是指以电影制作为核心,涉及电影的生产、发行和放映,电影音像产品、电影衍生品的开发,电影院和放映场所的建设等相关产业经济形态的综合产业。

纵观全球的电影产业发达国家,对电影内容没有最好只有更好的追求,是影片成功的关键。所以一部影片产业化运营的基础是抓住内容质量,内容质量的创意是影响电影产业创意与策划的重要因素。

一、电影产业的营销方式

(一)注重高品质的创作内容,提升故事情节

中国的电影在国际发展史上处于相对落后的地位,在长久的发展过程中,中国电影注重向西方电影借鉴和学习思想和传播方式,却似乎逐渐淡化了中国电影传统中的一些思想与理念,许多中国式的叙述模式也无意间被忽略,甚至被遗忘。

电影不仅是一种商品,它的文化和艺术属性也决定了电影具有文化和思想功能,可以高度集中国家形象和意识形态,可以有效传播国家的文化、政治、经济信息和社会理想信息。实现电影艺术传播的目标,需要在叙事的基础上构建具有中国特色的框架,将国家发展各个阶段的社会环境、文化氛围、精神面貌和人们的形象等理想价值内容以多样化的视角呈现给世界,使中国的软实力中具有吸引力的内容进入国际观众视野。

在我国当代电影创作和制作中,重大历史事件一直是电影主题中突出的系列。2020 年意义重大的历史电影表现不俗,许多优秀的演员、编剧联合起来打造了《八佰》《夺冠》等众多高票房和社会反响强烈的优秀作品,电影制作还原过去的历史,展现了未曾改变的坚韧不拔的中华民族精神。

随着经济的发展和社会的进步,电影中出现了更多与日常文化相关的题材,让普通人产生更多的主人翁认同感。2020年上映的《我和我的家乡》《秀美人生》等诸多优秀电影就在普通人现实生活的基础上,融入爱情、戏剧、冒险、犯罪或其他元素,让电影在拥有现实性可能的基础上,更具艺术趣味性和观赏性,同时在引发观众真实生活共鸣的基础上,为其提供鉴赏电影艺术中所蕴含的民族故事与国家样貌的途径与方法。

中国有着五千年的文化内涵,也流传着无数的神话故事,它们成为中国奇幻风格电影的重要素材来源。2020年上映的动画电影《姜子牙》改编自明代小说《封神演义》,但影片聚焦于姜子牙对真理和自我的探索。在立体人物创作中,影片展现了对中国精神更为深刻和全面的想象。影片中的姜子牙不再是传统的世道高手形象,他在探索真理的道路上,克服困难,坚持自我,不忘初心,被赋予了不屈不挠、永不退缩的中国精神。

第五代、第六代和新一代导演都在积极地通过镜头展现人、社会、自然、家庭和国家的内容。不同年代的导演在视角上的有效互补兼顾了社会各个维度的表达,边缘人物、小人物等个体的多元生活也得以通过多重叙事的视角呈现出来。观众可以将自己的生活投射到电影中,让电影叙事背后的情感和精神力量找到现实的立足点,有效地展现中国故事内涵的深度和广度。

从全球的角度看,中国电影进入了一个挑战与机遇并存的新阶段。当资本泡沫破灭时,优胜劣汰的电影市场将会把更多优秀的作品呈现给观众。[①]

(二)改变传统思维,创新电影类型的创作与生产

对于电影产业的创意与策划而言,要创作出不同类型的影视作品,以迎合不同观众群体的观看需求。在多媒体竞争时代,电影作品必须打造自己的优势,要突破固有的思想,积极尝试不同的题材,将电影产业变为商业化的营销模式。

以动画电影为例。进入21世纪,国产动画电影一度呈现出过分关注和呵护低龄化观众的倾向,情节直接,画风简洁可爱,主要观众面向儿童或青少年。而"合家欢"的盈利模式,虽基本保证了实现利润,甚至可以取得较高的票房,但从世界动画电影水平来看仍缺乏竞争力,盈利空间有限。而同为动画电影的好莱坞作品,如《疯狂动物城》《寻梦环游记》《神偷奶爸》等在票房上更具竞争力,这对中国动画电影的发展具有重要的启示意义,促使中国动画电影在叙事上积极尝试创新。

我国动画电影近些年正在积极转型。《熊出没·变形记》《魁拔》《小门神》等优秀动画电影开始涌现,它们不再采用早期低龄化的叙事风格,而是采用成人化和产业化的叙事方式,影片虚拟世界观逻辑也寓意深刻,有着刺激动人的情节和主题,采用最新技术保证画面和声音的精美,同时善于把握中国故事的千年文化底蕴和观众的文化认同的优势。

优秀的动画电影如《妙先生》《姜子牙》在故事内涵、情节逻辑和冲突、人物关系等方面都实现了产业化。它们也有很强的实力与其他类型的电影竞争,甚至一度在电影市场占据主导地位。

---

① 魏亮亮.2020年国产电影盘点:中国故事与中国叙事[J].电影文学,2021(9):43-47.

这些尝试也得益于近年来受众日益丰富的观影需求，对民族文化的认知度不断提高，以及对文艺作品中振兴中华文化的期待。中国电影正在逐步走向流程清晰、责任明确、分工细致的产业化经营，以期准确把握市场叙事偏好，响应观众对讲好中国故事的高质量电影的呼唤。

(三)提升拍摄和制作水平，注重影片的特效与创意

随着科技水平的不断提高，电子、数字、网络技术在电影产业中得到越来越多的应用，电影产业之间的竞争力越来越激烈，电影从业者想要抢占电影市场的高位，就需要在电影的创意与策划中提高影片的拍摄和制作水平，做出高质量的特效来吸引观众。

毫无疑问，现场影院的最大吸引力在于为观众提供一种现场或近乎现场的体验。中国的现场影院是伴随着高清数字技术影院的建设和网络技术的进步与发展而来的。2010年《阿凡达》在中国的大热上映，刺激了中国3D影院的建设。

2021年上映的奇幻电影《刺客小说家》，除了完美呈现常见特效场景外，还实现了特效行业中极为困难的数字角色的创作——黑甲和赤发鬼。黑甲演员郭京飞在拍摄中穿着布满动作捕捉跟踪点的绿色服装，在导演的指导和特效的指导下，在绿布棚里用想象的所谓"场景"，精确完成电影情节和特效都可以实现的双重要求的动作。特效组在后期特效制作过程中，将郭京飞饰演的角色全部替换为虚拟数字人物，使动作匹配度和材料真实性与真实人物、真假场景融为一体。这是电影产业中最为困难的工作之一，需要特技人员极其细致地控制和制作。《刺杀小说家》中相对成熟的数字人物创作技术，拓展了未来华语特效电影制作的边界。

(四)善于利用共同价值观与普遍情怀

在电影产业的创意与策划过程中，策划者要考虑如何将中国的文化价值观融入电影题材、故事脉络和人物设定里，弘扬并传承价值理念，利用同理心来勾起观众观看的欲望。

《流浪地球》可以说是中国电影史上具有里程碑意义的硬核科幻电影，它将中国传统的亲情关系、对家乡故土的热爱等细腻情感投射在宏大的主题思想里，用宏大的叙事来描述人类小个体的自我拯救，电影中贯穿微观个体的感受和拯救世界的意识。影片通过对人性的深入挖掘和对家庭观念的强调，充分展现了中国人一直以来所重视的家庭和亲情观念。影片巧妙地将家庭情感融入残酷的故事中，以客观真实的家庭生活、家庭情感关系，触发观众内心的情感。总而言之，《流浪地球》通过寻找人类新家园的故事，体现了中华优秀传统文化中的家国情怀，展现了对人类前途命运的中国式诠释。

二、中国电影的营销模式

随着中国电影市场日渐壮大，优质的国产电影层出不穷，观众的观影水平和观影需求也在逐渐提高。在这样的情况下，仍有不少优质的影片票房低于大家口中的"烂片"，究其原因，主要在于电影营销模式的差异。

电影产业营销表现在两个方面：一是企业对影片进行赞助，将自己的广告融入电影之中来开展营销活动；二是电影自身的营销策略，即电影在拍摄和制作过程中通过自身的定位，结合营销思想来进行运作。接下来我们主要来讲解电影自身的营销策略。

（一）确定品牌的市场定位

确定品牌的市场定位从某种意义上来讲就是建立品牌被识别的过程。创建一个电影品牌的首要条件就是整个创作团队确定作品想要表达的内涵与思想，然后在品牌被识别的过程中，根据这个思想内涵创作出符合要求的电影作品。

确定品牌的市场定位可以提前了解影视市场格局，分析市场对标产品以及受众群体，明确自身定位，以在影视市场中脱颖而出。

据品牌专家欧阳友泉介绍，"冯小刚品牌"成功的秘诀是"冯小刚电影"在市场上树立的品牌消费意识，就像007电影的品牌以及央视春晚，冯小刚的贺岁电影在观众的消费心理中获得了一个定位，一种消费期待，一种可以预计的消费效果。现代性的通俗、幽默的宣泄、喜剧明星＋美女的固定组合、大社会背景下的荒诞小段子、悲情剧温情的元素对喜剧风格的适度注入、媒体的立体化推广、贺岁档的推出等，共同构成了"冯小刚电影"的品牌元素。

1997年，冯小刚拍摄的第一部贺岁片《甲方乙方》，投资600万元，票房3600万元。电影市场被贺岁片的魅力震撼，"贺岁片"一词正式形成。在"冯小刚电影"中，主角都是生活中的小人物，往往可爱又带有无伤大雅的缺点。他们的性格是多样化的，要么世故，要么抱怨现实生活。他们有人性中非常自私的一面，但在关键时刻又能回到人性中善良的一面。

冯小刚在一个好的故事的基础上，寻找故事和明星的贴合点，把葛优作为固定的男主角，把美女作为固定的搭配。冯小刚的幽默是通过葛优来表达的，葛优形象的亲民性让观众形成了一种期待。贺岁片里有葛优的各种身影：《甲方乙方》里有姚远，《不见不散》里有刘元，《没完没了》里有韩东……这是在电影市场竞争下发展起来的一种新的明星制。葛优的幽默，与贺岁档中小人物的平凡乐趣是一致的，他的形象也是贺岁档的最佳人选之一。冯小刚和葛优的黄金组合，彼此成就，总的来说，也成就了中国特色的明星体系。

（二）品牌形象的营销模式

品牌形象主要体现在消费群体对产品的认知和评价上。随着品牌形象的逐渐确定，大规模的宣传对提高知名度起到了关键作用。很多制片人在电影开机前就开始搭建宣传体系。在宣传中，经常需要线上和线下营销进行组合，有效地引起消费者的注意，达到最佳的营销效果。

从2014年的《心花路放》开始，点映已经成为电影宣传营销的"新常态"。促成大规模点映的决定性因素是媒介环境的变化和电影突出的社会属性。移动互联网深度介入受众生活，社交媒体的普及形成了点映的口碑传播渠道，同时第三方在线票务平台的崛起改变了观众的消费模式，实现了点映、预售、路演、观影群体等形式的线上线下联动营销模式。在《我不是药神》和《哪吒》的成功推动下，这种大规模的点映宣传和营销模式，产生了前所未有的正面口碑和票房增量。

在互联网深度介入电影宣传营销领域之前,路演是最有效的线下营销方式,与点映绑定时间最长。路演提供了制片方与影院上下游对话的机会:既通过点映传递制片方的资源优势和诚意,又让电影演员、幕后工作人员与观众近距离接触,满足观众互动参与的需求。《战狼》系列、《夏洛特烦恼》和《羞羞的铁拳》的成功,很大程度上得益于大规模点映和路演临场感形成的魅力。

如今,大规模点映已经成为趋势,路演也成为宣传营销的"标配"。路演的场地原本是电影观众聚集的一线城市。随着一线城市总票房逐渐饱和,三四线城市成为票房的增量,大型点映、路演的场地也向三四线城市转移。电影《煎饼侠》的成功就得益于点映和路演对观众的精准定位。

观影团是当下大规模点映的重要受众,是伴随点映出现的重要的线下宣传营销手段,是点映口碑发酵的"风向标"。目前,观影团大多是由网络平台、影评人或意见领袖组织起来的资深影迷。一般来说,电影制作方会优先选择可控的观影团,或者推荐特定的观影者参与点映,通过观影团对点映的口碑进行"控制和评价",从而有效地产生对电影的正面预期。

在互联网发声频率较高的今天,观影团成员可以通过在社交媒体上的评论有效地触动普通观众,建立期待。近年来,由于猫眼、淘票票对普通观众观影预期和观影决策的影响越来越大,观影团不仅在朋友圈、微博等个人空间发表,在豆瓣、时光网等专业影评网站转发,还在猫眼、淘票票等互联网票务平台的讨论区进行讨论。

而预售则通过互联网票务平台票补和团购等机制与点映形成线上线下联动效应。预售的好处是通过票补和团购的形式吸引更多的观众,降低排片和票房回收的风险。优秀的预售可以让影片获得更多的期待和安排,间接挤压其他影片未来的安排空间,从而占据更大的市场份额。2010年,《阿凡达》的预售推动了包括格瓦拉在内的许多第三方票务平台的崛起。预售返利机制为电影公司和发行方提供了自掏腰包购买发行点预售票的灵活空间,为电影创造了一种"虚假繁荣",从而增加了上映第一天的排片数量。

档期竞争是中国电影市场不可避免的情况。如果未来不能形成制片方之间的协商机制,不能改变档期竞争,点映仍将是中国院线电影的重要宣传和营销手段。此外,中国传统电影市场正面临着网络流媒体等娱乐形式的观众分流的挑战,竞争日趋激烈。随着"Z世代"观众分层导致的审美代沟和审美焦点的加剧,无论是档期的竞争,还是渠道的竞争,都会给电影的宣传和营销带来新的变数。未来电影营销将在与其他变量的融合中不断探索新的发展方向。

(三)整合营销广告植入的营销理念

20世纪80年代,市场上开始出现针对影视剧植入式广告的专业代理机构,它们专门对接广告主与影视制片方,并将品牌及产品的有效信息在影视作品中展现出来。尔后,植入式广告越来越受到重视。

植入式广告不仅让电影制片方能够提前收回成本,也使品牌商获得了巨大利好。这种互利共赢的合作模式就是植入式广告行业能够长青的法则。

在电影产业营销创意与策划的过程中,这种营销手段有广告植入、活动赞助、贴片广告等,具体又可以将它们分为影视广告植入、影视形象授权、影片定制、电影全国贴片、首映及其他商务服务、影院活动等。这些营销手段都可以为影片增加收益。

一般的广告商和影片方的合作是在影片的制作期或发行期,是为了推动影片和企业宣传进行的联合传播活动,其中影片发行期的合作占大多数,包含两种合作方式:一是企业将自身广告植入影片中,借助后期联合活动赞助获取利益;二是企业宣传活动与电影宣传相结合,企业品牌以此来借助电影的高关注度,进行不同类型的整合营销手段,例如品牌新品上市、促销活动、形象授权、活动赞助等。电影与企业合作的模式也有两种:一种是向企业支付费用;另一种是资源合作的置换。

在《小时代》系列的第一部电影中,电影结尾列出了多达70个赞助品牌,这表明大型IP有吸引商业广告的潜力。

需要注意的是,电影的植入式广告不能与故事无关,如果品牌植入数量过多,植入方法僵硬,会破坏电影的艺术性。比如,在《杜拉拉升职记》中,106分钟的影片植入了40个品牌,平均不到3分钟就出现一个广告。甚至有观众对此批评道:"不清楚是广告插入了电影,还是电影插入了广告","数品牌logo成了看这部电影最大的乐趣"。

电影《小小的愿望》中虽也有很多植入,却自然很多。三位人气小生的参与带来了年轻的消费者,带动了"90后""00后"的消费欲望,从而吸引了消费群体定位为年轻一代的品牌参与,比如,"可口可乐"品牌标志和商品频频出现在影片中,影片中的礼物是"可口可乐",店铺、运输的货物都是"可口可乐",男主角的衣服上也布满了"可口可乐"的品牌商标,通过植入、道具和场景将与男主角身份性格相称、个性鲜明的广告信息融入其中,让品牌获得流量演员的加持是一种自然而高效的广告宣传方式。

2020年扶贫电视剧《一点就到家》通过"盒马生鲜""网银""聚划算""淘宝"电商和快递品牌咖啡等农产品的销售促销广告植入,既丰富了商业电影展现的形式的主题内容,也展现了乡村和乡镇在时间和空间上发展的商品文化,以及其巨大的广告植入潜力。这些尝试给具有历史服饰和乡村背景的商业电影带来了新的思路:一方面,我们要顺应时代潮流,创新合作方式和机遇;另一方面,我们要警惕商业广告内容和电影内容的粗劣结合,不能因为植入广告而损害电影的艺术性和价值,降低观众对广告品牌的好感度,影响商业电影的口碑和票房。

(四)衍生品的营销手段

电影上映后,市面上会出现很多衍生品,而这种电影的衍生品是为了开发影片的附加价值而进行的营销手段。国外很多电影公司在影片开机前,就提前做好了衍生品的制作和销售计划,为的就是在影片上映后确保与其同步销售。但在中国,电影产业化还在发展过程中,产业链并未搭建完善,衍生品的收入并不多,这也是因为影片方对市场上的影片衍生品需求的认识不够充分。

《大鱼海棠》不仅采用了整合营销策略,还在淘宝众筹平台开启专题,光线传媒电影正式入驻天猫,赋予阿里鱼42种衍生品的全部权力,涵盖珠宝、美妆、餐饮、零食、家居用品等12个品类,合作天堂伞、叶子面膜、京润珠宝、三只松鼠等32个品牌。

从产品营销策略的角度来看,产品的品种并不是越多越好。授权产品的品种和类型过多,容易对消费者的认知造成干扰,无法形成统一的品牌形象,从而降低消费者的购买兴趣。电影《大鱼海棠》上映后,除了官方众筹渠道,电商平台上出现了大量假冒、仿造的衍生品,甚至超出了行业授权产品的范围。大量的劣质产品进入市场,它们对授权方的产品、形象造成了更大的冲击,最终削弱了消费者的购买欲望。由于国内衍生品市场发展不成熟,很多动画电影制作方并不将衍生品销售作为主要收入来源,无论是出品方还是品牌授权方,都缺乏战略营销意识,电影制片方一般只通过众筹的方式推广衍生品,将衍生品的销售风险降到最低,但同时也限制了衍生品在一定程度上获得更好的销售业绩。

三、营销创意与策划

20世纪90年代以来,国外电影特别是好莱坞电影的引入,使得国内电影从业者开始关注"电影营销"领域。电影是一种兼具艺术价值和商业价值的产品。电影营销是电影的经营和销售,是运用以客户为中心的电影营销理念、实现良好营销效果的途径,是电影产业链的重要组成部分。

自2003年电影产业全面改革以来,电影营销逐渐展示出其魅力和价值。这一时期,我国的电影营销推动市场从平面到互联网,电影开始在网上推广,如QQ、论坛、博客、门户等,进入组织营销和产品营销阶段。2010年至今,随着新媒体技术的进步,我国的电影营销也进入全面发展期,营销的重心从电脑客户端转向移动端,开启了更多的营销方法和手段,电影营销成为影响票房高低的重要因素。

在新媒体环境下,电影营销应充分利用各大网络新媒体平台,开展多渠道、多元化的互动营销。首先,电影主创团队可以在抖音、微博、哔哩哔哩(又称B站)等新媒体平台上上传电影预告片、音乐片段、电影集锦等内容,并不定期发布一些实时的电影动态、幕后片段和演员访谈,来宣传电影,吸引用户关注。其次,在新媒体平台上充分与观众互动,如设置微博超聊、抖音、快手挑战话题,制作与电影相关的表情包,进行演员与观众的直播互动等,充分激发观众对电影的观影兴趣。最后,在电影上映后邀请意见领袖对电影进行评论,通过电影营销号推荐、微信公众号电影分析等方式,引发对电影的讨论。这种多渠道互动的营销策略可以通过信息交换有效地吸引观众,电影团队也可以更好地了解公众对电影的评价。

比如电影《我和我的父辈》,既延续了《我和我的祖国》《我和我的家乡》的优良制作传统,又在宣传和知名度上进行了创新。电影《我和我的父辈》官方微博拥有完整的宣传和发行流程,包括上映前的预演、上映前的售票、放映后的影评反馈。它不仅与观众互动,还推出抽奖转发活动,试图起到引流的作用。影片的主要制作团队也积极参与推广,如吴京在新浪电影的军事直播中与观众互动,吴磊工作室发布的主题为"我和我的父辈——乘风vlog";制作方还组织了一场抖音直播活动,直播电影中的演员和前两部电影的主创,通过连麦、抽奖与观众互动。此外,利用主流媒体进行宣传也是必不可少的,如《人民日报》"我和父辈合张影"全网互动征集"活动的微信文章阅读量超过10万次,微博阅读话题为7691.5万次,抖音话题量超过155万次。《我和我的父辈》的电影营销是非常成功的,电影团队和观众之间的良好互动使得电影取得了很好的票房成绩。

除了线上营销，线下营销也要同步进行。电影营销应该通过多元化的线上线下联合营销手段渗透到观众的生活中，这是激发公众观影兴趣的重要途径。线下营销包括举办首映礼、联合院线推广、创意团队路演、制作电影周边产品等方式。比如，在电影《你好，李焕英》正式上映前，贾玲导演借助北京电视台春晚直播、微博平台、抖音短视频平台等网络营销平台为电影做宣传，电影票房达到35亿元后，贾玲带领主创团队前往三亚、武汉、杭州等城市进行线下路演，与大家面对面分享电影中的故事。最终，通过线上线下联合营销，《你好，李焕英》上映58天，票房达到54亿元，成为2021年度票房冠军，贾玲也成为当时全球票房最高的女导演。由此可见，优秀的电影票房与有效的电影营销策略是分不开的。

电影营销是电影票房的重要保障，是电影产业发展的必要措施，对电影产业的发展有着非常重要的推动作用。在新媒体环境下，电影企业在进行电影营销的过程中需要重视并合理利用新媒体平台，有效提高电影票房。

在新媒体环境下，场景营销已成为一种新的营销方式。人们在不同的场景有不同的需求。电影营销团队通过新媒体平台的营销和宣传，利用场景赋予电影真实生动的意义，使电影的主题与当下的场景联系起来，引起大众的观影兴趣，让大众愿意为电影付费。这就需要电影宣传发行团队在营销中更加注重满足观众对场景价值的需求，用场景化思维定制营销内容，再通过具体的传播方式进行宣传。

2021年国庆期间热播的《长津湖》是新媒体环境下场景营销成功的典型案例。首先，不同于以往的抗日爱国史题材电影，《长津湖》以抗美援朝第二次战役为背景，引起了广泛的社会讨论，不仅让中国人回顾了革命历史，具有深刻的教育和启发作用，更凸显了中国人强烈的自信心和民族自豪感。其次，这部电影是在国庆期间放映的。电影宣传团队将国庆假期与电影联系起来进行宣传。在国庆节这一特殊的时刻，人们的爱国情绪高涨。许多观众观看《长津湖》，不仅是因为需要一种节日仪式感，也是因为内心的爱国主义。《长津湖》通过场景营销将电影与具体场景融为一体，实现了爱国主义教育与电影营销的双赢。

> 思考练习

除了场景营销外，《长津湖》还可以进行哪些方式的营销？

出版产业创意与策划 第三章

学习目标

通过本章内容的学习,了解出版产业创意的特点、策划的原则和方法,以及出版业和数字出版业的具体策划方法,从而培养和提高出版产业从业人员的策划实践能力。

知识点

1. 出版产业的概念;
2. 出版产业的主要特征;
3. 出版产业创意的要素;
4. 出版产业创意的表达方式;
5. 出版产业策划的基本原则;
6. 出版产业策划的基本要求。

二维码 3-1　出版产业

第一节　出版产业的概况

出版是一种将作品向社会大众公布的传播行为。世界上很多国家的相关政策与法律法规规定,作品的生产工作一经完成,无论是否出版,即享有著作权。因此,作品是出版的前提,大规模的复制与编辑是出版的内容生产手段,而向社会大众发行是出版的目的。出版和出版业历史悠久,在进行出版产业的创意与策划学习之前,我们有必要对出版概念的形成、产业的发展进行了解。据考证,中国出版最早可以追溯到五代十国时期,而出版的产业概念在近代才由日本传播到我国。今天的出版,通常是图书、报纸、期刊、音像、软件等的生产与传播的统称。随着互联网的发展与数字技术的普及,数字出版成为这个时代出版业的主要发展方向。例如,网络图书、网络期刊、手机阅读等新形式、新业态在我国大量出现。在了解出版概况之后,进一步学习出版产业创意要素、创意与策划的原则与要求成为本章学习的重中之重。

一、出版的概念与性质

(一)出版的概念形成与发展

1. 出版概念的形成

何为"出版"？按照今天人们的观念,出版主要指将作品向社会大众公布的一种传播行为。出版有着数千年的历史,也有很多种方式。其与唐代的雕版印刷技术有着极为密切的联系。

据考证,当前学术界已达成"先有雕版印刷术,而后有出版"的共识。所谓"版"(古语同"板"),主要指刻有图形或文字的木板。而古时候的"雕板"则指使用雕板来印刷的文本资料或书籍。雕版的历史沿革非常丰富,在五代十国时期有刻印版、镂版等技术,后经过技术改良,在宋代出现了开版、刻版、雕版等技术。这些技术的迭代升级与推广普及,也使得当时的社会政治、经济、文化等领域呈现空前繁荣的景象。隋唐时期,科举制度的建立与推行,进一步推动了社会繁荣、诗文勃兴。两宋时期,印刷技术得到进一步改良,社会信息流通速度与效率进一步提升,使得中国手工业和商业进入空前繁荣期。有了出版物,知识就可以获得大面积传播,寻常百姓也可以通过读书获得以前王公贵族才能享有的知识经验。

但是,这些技术的出现只是说明了印刷业的发展情况或印刷发行活动,并没有在同时期出现"出版"这一概念,因而有些学者认为,"出版"一词源于19世纪末20世纪初的日本新闻传播事业。1912年,在日本出版的《德川幕府时代书籍考》资料中显示,"出版"即"出板"。1957年,由日本平凡社出版的《世界大百科事典》中,对"出板"的解释为:在木版印刷时代,人们使用板木进行印刷活动。后来,西方的活字印刷术在日本推行后,"出版"逐渐取代了"出板",再次传入近代中国。

由此可见,出版不仅指具体的印刷行为或印刷活动,现在通常还以这种技术为前提,指代整个图书出版活动。但必须注意的是,印刷是从事出版活动所必需的技术性前提条件。

2. 印刷与出版的关系

印刷技术的使用成为印刷时代到来的标志。在这种技术出现之前,人们只能通过手写文字的方式进行信息传播,这种方式既费时又费力,还容易出错,并且信息传播的速度和效率非常有限。印刷技术的出现不仅使信息的大规模复制成为可能,也为大众传播时代的到来奠定了基础。

最早出现的印刷技术,即雕版印刷术,它主要指人们通过在木板上排版、刻字,制作成固定的板式,然后进行涂墨、附纸和印刷。通过这种方式印刷出来的资料,不仅和原版式一模一样,也让文字信息获得批量复制、生产与传播的能力。之后出现的活字印刷术,让印刷生产过程中省去了最复杂的雕版制作工序,极大地提升了信息生产与传播的效率,它不仅降低了信息复制的人力成本、时间成本与物力成本,也让信息大规模、高速度的传播成为现实,这也就解释了为什么说印刷术是"文明之母"。

正因为批量印刷、规模化复制生产与传播满足了信息传播的需要,也满足了出版活动的需要,当前,出版活动的边界得到极大的延伸,它的范围早已不再局限于文字资料,还包括音像制品、数字产品出版等领域;而出版技术也不再局限于印刷技术。但值得注意的是,信息的复制、生产与传播依然是出版活动的核心环节。

3. 出版的概念界定

时至今日,对于"出版"的概念界定,学界与业界仍未达成共识。但"信息的复制特性"和"公开化传播"依然是二者对出版达成的核心共识。1971 年修订的由联合国教科文组织公布的《世界版权公约》中,第 6 条明确说明"本公约所用'出版'一词,系指对某一作品以一定的形式进行复制,并在公众中发行,以供阅览或观赏"。1971 年《保护文学和艺术作品伯尔尼公约》(简称《伯尔尼公约》)规定"出版是指得到作者的同意,将作品的复制件以能够满足公众合理需要的方式发行"。1991 年,我国颁布的《著作权法实施条例》第 5 条第 6 款规定,出版即"将作品编辑加工后,经过复制向公众发行"。2020 年最新修正的《著作权法》附则第六十三条指出,本法所称的出版,"指作品的复制、发行"。

综上所述,本书将"出版"定义为:将信息通过特定技术进行复制并向公众传播的信息生产与传播行为。从这个定义上看,信息、复制和大众传播是出版活动的三个基本要素,它们将出版与其他信息生产活动区别开来。例如,广播、电视同样是向大众传播的活动,但是其信息并没有进行"大规模复制",而是进行了"大规模传播",因此不能将其看作出版活动。而将电视、广播节目进行录制、保存,再对底片进行大量复制,以书刊、磁带和光盘、电子文件的形式传播,就可以定义为出版行为。

同时,从这个定义中,也可以看到出版有两层含义:从宏观来看,出版泛指将书册、图画等资料进行编辑、印刷、发行的整个业务体系;从微观来看,出版是一种信息生产行为,即把文字、图画等材料编印出来。

所以,出版产业的策划人员要深刻地认识到:出版的本质是向大众进行信息传播活动或信息传播行为,因此策划一定要以大众需求为出发点,尽力满足大众对各类信息的需求,同时要遵循信息传播的一般规律。

(二)出版的性质

1. 工具性:一种出版者进行出版活动的传播行为

前面讲到,出版是将信息通过特定技术进行复制并向公众传播的信息生产与传播行为。从微观来看,它是一种信息生产与传播行为;从宏观来看,它是一整套编发业务体系。从传播的视角来看,出版的目的就是将生产出来的信息传播给目标用户群体,即完成信息流动的过程。为了完成这种流动的过程,就必须借助信息传播必要的媒介渠道。

那什么是媒介渠道呢？口语传播借助的信息传播渠道是空气和人际关系，广播电视利用电波为媒介进行信息传播，而出版则以各类出版物为载体向目标用户传播信息。

将出版视为一种传播行为，点明了出版与生俱来的工具性。美国著名传播学家卡尔·霍夫兰认为，一般情况下，传播者（或信息的生产者）向受众（信息的接收者）传递信息的目的，主要是改变受众的行为。从该言论中可以发现，传播者能够利用信息传播达到某种目的，因而出版者也可以选择性地利用自身生产资料和生产工具，表达自身思想观点，影响社会舆论，获取经济利润，满足用户信息需求，所以出版的传播属性也决定了出版活动具备传播式的工具性。这一切都是出版者通过出版活动进行的一种传播行为。

2. 文化性：一种用出版物表达思想的传播行为

出版活动具有文化性。这种文化性表现在出版者在出版物中所蕴含的一种意识形态，包括既定观念、信念、理想、价值观、世界观等。

出版者著书立说的直接目的，就是表达自己的思想观念，阐述自身对于外界事物的认知，继而影响读者，即通过出版物影响读者的意识形态，使读者阅读著作，接受出版者思想，并形成思想上的共识。例如影响世界的三大宗教（基督教、伊斯兰教和佛教）的经典著作《圣经》《古兰经》《佛经》，这些著作编撰出版的主要目的是宣传宗教的思想观念，让教徒以自己宣传的宗教思想为认知导向，构建一套新的世界观生态。由此可见，出版作为传播活动而言，具有强烈的目的性、工具性和文化性。

从另一个层面来讲，这种思想观念的传播是一种社会意识形态（狭义上的意识形态），其主要指在社会现实生活中社会意识的表现和表述形式。社会与社会意识形态具有多样性与多元化特征，现实社会中不同社会群体对世界、对社会有着不同的理解与看法，但对于一个民族或一个国家而言，总有一种思想观念处于主导地位，它是大多数人共有的意识形态，即主流意识形态。而统治集团通过控制社会主流意识形态，使其符合自身的利益，从而达到控制社会、维持统治的目的。大众传播媒介则是统治集团控制社会主流意识的主要工具，出版活动作为主要的大众传播媒介活动自然也在其中。在这样的规则下，统治集团通过制定并执行各类法律、法规、审查制度等手段，控制社会各类出版活动，出版有利于本集团利益的出版物，限制不利于本集团利益的出版物的出版，传播有利于本集团利益的知识信息，从而达到控制社会主流意识形态的目的。

所以，我们说出版活动具有文化性，主要是由于出版所传播的知识、思想、信念、理想、观点使出版物具有意识形态的性质，而出版者用此来传播特定的意识形态，从而实现控制意识形态的目的。

3. 产业性：一种用产品承载信息的文化产业

产业是社会分工和生产力不断发展的产物。自20世纪50年代以来，随着服务业等其他非物质生产行业的发展，产业在内涵上得到更广的延伸，因而出现了第一产业、第二产业和第三产业。从政治经济学的角度解读，本节所讲的"出版产业"，主要是从事物质性产品生产的行业，属于第三产业的范畴。虽然出版活动的生产属于物质产品的生产，但是其产品价值并不体现在作为承载物的物质形态，而是在于物质产品所承载的文化信息内容，所以出版产业是一种文化产业。

我国出版产业发展迅速,早在1998年,出版业利税总额便超过了烟草行业,成为国家第四大经济支柱产业。2014年,我国出版、印刷和发行服务实现营业收入19967.1亿元[①],在国民经济中占有重要地位。中国新闻出版研究院发布的《2020—2021中国数字出版产业年度报告》显示,2020年,我国数字出版产业面对突发疫情,逆势上扬,保持了良好的发展势头,全年产业收入达到11781.67亿元,比上年增加19.23%,为"十三五"圆满收官交出了一份合格答卷。这些数据有力地证明了出版业所具有的巨大的盈利功能,也充分体现了出版的产业性。

同时,近年来的数字出版成为出版产业发展的新风向,具体表现为以下三个方面。[②]

第一,整体收入规模持续增长。2020年,全年数字出版产业整体收入规模超过万亿元。其中,互联网期刊收入24.53亿元,电子书62亿元,数字报纸(不含手机报)7.5亿元,博客类应用116.3亿元,网络动漫238.7亿元,移动出版(移动阅读、移动游戏等)2448.36亿元,网络游戏635.28亿元,在线教育2573亿元,互联网广告4966亿元,数字音乐710亿元。

第二,数字化书报刊收入增幅上扬。2020年互联网期刊、电子图书、数字报纸的总收入为94.03亿元,相较于2019年的89.08亿元,增长了5.56%,高于2019年4%的增长幅度,更高于2018年3.6%的增长幅度。

第三,以在线教育、网络动漫等为主的新兴板块继续保持良好的发展势头。2020年,在线教育收入规模为2573亿元,网络动漫收入规模为238.7亿元,从数据来看,两者均有较大幅度的增长。2020年在线教育抓住了疫情带来的教育信息化普及、升级和用户消费习惯线上迁移的巨大契机,实现了快速发展。疫情带来的"宅经济"为网络动漫发展创造了有利环境,多年来优质动漫内容的生产、储备与积累,奠定了产业快速发展的基础,付费用户规模化形成了产业发展的强大助力。

二、出版产业的主要特征

(一)本质特征:满足读者需求

从本质上看,出版商品是一种文化商品,兼具文化属性和商品属性。出版者进行出版活动的目的是满足读者的信息需求,并且以这种信息资料作为商品进行市场交换,从而获得经济利润。出版商品只有通过读者购买并阅读,才能实现出版商品文化属性和商品属性的双重价值。

如今,出版产业的竞争异常激烈。以书册领域为例,该领域不仅内部市场竞争处于白热化阶段,在外部市场与报纸、杂志、电视、网络的竞争也并未缓和,因此,如何让消费者自己选择并消费书册,是每个出版者都要考虑的问题。如果出版者提供了一本正好符合消费者信

---

① 2014年我国数字出版高速增长 报刊业持续下滑[EB/OL].(2015-07-15)[2022-11-10]. http://www.gov.cn/xinwen/2015-07/15/content_2897781.htm.

② 2014年我国数字出版高速增长 报刊业持续下滑[EB/OL].(2015-07-15)[2022-11-10]. http://www.gov.cn/xinwen/2015-07/15/content_2897781.htm.

息需求的书，那么对于消费者来说，其消费需求就得到了满足。

英国著名传播学者丹尼斯·麦奎尔认为，受众有主观选择的能动性，他的任何行为动机都可以从其自身的需求和兴趣进行解读。也就是说，消费者对书册的选择，往往是基于其个人的信息需求进行的。

而传播学者卡茨、格里维奇和赫斯则基于受众的使用与满足观点，进一步将受众对媒介的信息需求分为五个层面。他们认为，受众接触媒介获取信息，主要源于认知、情感、个人整合、社会整合和缓解压力的需求。通过满足这五个层面的需求，受众可以获取知识、得到情感体验、提升社会地位、巩固人际关系和实现情绪解压。

所以，我们应该认识到，满足消费者的信息需求，是出版策划的第一原则，也是出版商品成功的关键因素。那么，如何了解并确定消费者的信息需求呢？

这并不是一件简单的事情。就一般情况而言，首先，我们需要了解用户的消费数据，即绘制用户画像。在数字出版时代，用户画像是基于大数据技术的一种新型实践手段，它主要将网络空间的用户信息收集起来，根据用户的使用特征和效果反馈，以标签的形式将用户归类，从而得到不同细分用户群体的心理特征、使用特征或消费偏好，针对性地为用户提供差异化服务。

其次，我们要关注出版市场的变动情况。以书册领域为例，出版策划人员要了解商品市场中的图书发行、销售、走势等各类情况，合理安排图书发行策划与活动。一般有以下几种方法：一是了解各类书店（包括线上书店）的销售情况和读者关注情况；二是及时获取行业最新报告，了解业界最新动态和变化特征、供需情况等信息；三是准确掌握图书的销售数据，比如《出版人》杂志根据北京王府井书店等多家书城的销售数据和媒体、网络的书评数据发布的"全国图书阅读指数"就是一个对图书市场进行反应的衡量标准。

从执行层面来看，满足读者需求具有相当大的难度，而且容易成为一个"空洞无用"的口号。要真正践行"满足读者需求"这一标准，需要把握业务流程的各个维度，尤其是在业务中的第一环节——策划——上下足功夫。

(二)关键环节：整体出版策划

出版策划是出版业务的第一环节、起点环节，也是出版商的核心业务活动之一，是一个出版项目业务的源头。出版策划的产出与效能对出版商来说有着举足轻重的作用。

出版商的出版策划活动，需要不同生产部门人员进行业务协作，包括作者写作、责任编辑对内容进行审核与修改、美术编辑对内容进行排版设计、印刷人员对内容版式进行印制、市场部人员通过媒体进行宣传、销售人员在书店进行发行工作等。而策划工作的主要目的就是将多个部门的资源进行整合，使出版流程和出版商品按照既定方针和目标推进，并尽可能获取更多的经济收益。如果将出版活动比作人体的运动，那么策划就是大脑，统一指挥着人体的每一个细微运动。

总的来说，出版策划有两层含义：从宏观上看，出版策划是对图书出版流程的整体设计，包括对整个出版机构出版活动的设计；从微观上看，出版策划是对某本图书出版的微观设计。

对于具体的图书出版而言,整体策划是指对图书整个出版流程的一体化策划,包括图书的选题、作者、写作、编辑、校对、审核、排版、装帧、印刷、发行、宣传等所有活动。从策划的视角来看,整体策划具备"集大成"和"总把关"的业务特征。要胜任这样的工作,出版策划者必须以宏观管理视角,从整体的出版设计与规划出发,统筹图书的出版活动。

例如,在系列读本中,出版策划者需要从最开始的选题到最终的发行宣传这一系列业务环节中考虑如何利用相关要素或者力量进行业务对接和资源整合,如何利用企业内外资源对图书生产进行统一性规划与设计,如何站在整体视角上将出版商出版的各学科、各门类图书的出版整合为一体,这实际考验着出版策划者的专业能力、统筹能力、领导能力和协调能力。甚至在当今数字出版领域中,这种整体策划的能力也为出版商管理者所重视。

(三)双重属性:实现经济利益和社会责任的统一

在图书的出版策划过程中,出版商和策划工作人员不能只追求商业活动带来的经济效益或过度追求满足读者的信息需求,特别是低俗、媚俗、庸俗的信息需求。

在 2017 年 10 月举办的法兰克福书展上,全球最大的出版公司之一——企鹅兰登书屋(Penguin Random House)的 CEO 杜勒盟提出,作为出版商,需要和整个行业担负起应该承担的社会责任,将社会责任与经济效益视为一个整体,只有这样才能完成出版商的历史使命,而经济效益也会随之而来。

我们从中可以看到,出版产业的经济属性与社会属性是相互依存、相辅相成的,我们需要实现社会效益和经济效益的有机统一。两者的区别主要在于:经济属性决定出版事业具有的价值,可通过市场交换获取经济利益、实现再生产;社会属性则要求出版物履行为一定经济基础服务的社会功能。

由于双重属性的存在,出版产业在生产和经营过程中会表现出相应的社会效益和经济效益。任何忽视经济效益而束缚发展,或是片面追求经济效益而损害社会效益的做法都是错误的。这些行为都扭曲了双重属性、两个效益的内在关系,违背弘扬社会主义核心价值观所应遵循的客观规律。作为出版活动,出版事业必然会涉及社会价值的取向、道德观念的演变等一系列问题,为此应该把社会效益放在首位。作为一种经济活动,出版事业必须遵循市场经济的规律和要求,满足市场需求,获取丰厚的经济效益。在市场经济条件下,优秀的出版作品必须经过市场经营去生产和传播,其社会效益主要通过经济效益的实现得以实现。

所以,策划人员在出版策划工作中,特别是在选题策划、内容策划中,需要把社会责任放在首要位置,严把图书质量关,杜绝非法内容。出版策划者要清醒地认识到,只有能够带来较好社会效益的图书才能够受到读者喜爱,才会带来更大的经济效益。

(四)必要元素:创新思维驱动

出版策划本质上是一种创新行为。创新,并不是说要利用什么手段去推翻、颠覆过去的生产模式,而是利用新的思维、新的模式去改良现有模式所存在的缺陷。对于新的图书策划而言,我们需要以一种新的视角、新的思维在定位、选题、封面、内容、版式等维度去设计和宣传图书产品。

对于出版产业而言,创新性思维也是传统出版行业向数字出版行业转型的必要元素之一。杜勒盟认为,出版商在数字化转型的过程中,真正需要改变的并不是书籍的出版格式问题,而是如何利用新的出版思维、营销思维的方式与方法问题。例如,如何在数字空间里与读者用户建立一种持续性的互动关系,如何利用大数据发现读者用户的规模化的信息需求,等等。在这个环节里,出版商仍然扮演着内容策划者的重要角色,需要用一种创新思维去推进新的市场局面。

在数字出版推动出版产业发展的新格局下,我国不少学者提出了新的观点。这些新观点无一例外地要求出版商利用创新思维、创新技术来改变现有局面。总结起来,一般包括以下几个层面。

第一,以创新技术支持创新型知识服务平台。在互联网时代,出版产业与创新技术联系越来越紧密,出版商的发展态势也逐渐向知识运营和内容服务商转型,所以在数字空间里,数据或许成了出版商未来进一步进行竞争的主要资本,因而具备强大的大数据分析能力和内容资源的整合营销能力,才能形成新型知识服务平台,进而延展出新的知识产品和知识传播产业链。例如,利用创新技术驱动融合出版产品。当前我国数字出版产业正处于快速发展期,出版商也不再单纯出版纸质图书、杂志、电子书。例如,上海外语教育出版社推出的"We Learn 随行课堂"互联网平台,将在线教育资源、教师备课资源、外语词汇内容、个性化学习服务四个模块聚合为一体化平台。

第二,不断尝试创新技术,开发新型融合出版产品,拓展出版商品的形式,扩宽出版的边界。这些得益于更高效的传输网络、更便捷的移动终端、更完美的交互模式、更成熟的支付方式和更深入人心的付费习惯,因而越来越受到网络用户的喜爱。例如,人民文学出版社推出的 AR 图书《朗读者》,不仅实现了纸质出版图书与电视节目的融合对接,还为读者用户提供了个性化、临场化、陪伴式和沉浸感的阅读体验。

第三,利用创新技术塑造移动社交阅读体验。2019 年中国新闻出版研究院发布的《第十六次全国国民阅读调查报告》显示,当前我国成年国民数字化阅读方式接触率已经达到 76.2%,而纸质阅读率的增长却在明显放缓。这就说明,移动阅读已经成为用户获取信息的最重要方式。2020 年初至今,移动化阅读、移动化学习已经成为全民普遍接受的信息浏览、学习与使用方式。在这样的局面下,出版商只有抓住契机,主动上线互联网产品、主动推出新型内容产品,主动融入读者的社交圈层,才能与用户保持互动关系,改变出版产业结构模式。当前,出版业的服务模式也正在由过去售卖出版产品的一次性交易模式,逐步转向为读者提供付费增值服务甚至终身服务,建立社群服务模式。比如,中信出版社的中信书院 App,整合纸质书、电子书、有声书、视频书、在线课程等多样产品至一个平台,鼓励用户通过购买会员获得出版社包年、包季、包月的服务。

第二节 出版产业创意

创意是什么？世界首富、微软公司前 CEO 比尔·盖茨这样解释道："创意，是一种裂变效应。只要一盎司的创意，就能够创造出大量的商业利益和商业奇迹。"[①]由此可见，拥有良好的创意能力，已成为当代国际企业竞争力的核心与本质。

随着社会公众对精神产品的需求越来越多元化、多样化，出版产业对创意的需求日渐丰富，对创意的功能需求也在不断拓展，进而为出版产业的高质量发展注入了新的推动力。具体来看，出版产业作为内容产业，其创意策划大致可以分为五类，即选题的创意与策划、装帧设计的创意与策划、营销的创意与策划、版权（保护）的创意与策划，以及创意策划人才的培养。

一、出版产业创意的要素

出版产业创意策划的内容、方式和方法极为丰富。对于出版产业中的创意策划人员来说，创意策划需要实践的工作内容主要包括两个层面：从宏观上看，要进行出版物创意策划的规模、结构、业务侧重和发展方向；从微观上看，要进行对出版物具体细节内容的创意策划。

就整个出版业生产链条而言，出版的创意策划是出版工作完成的重要基础，而出版物的创意策划需要有正确的创意定位，这样才能使创意策划的工作进入正确的轨道。这种创意定位主要分为基本定位、业务定位和目标定位三个方面。对于创意策划人员来说，完成这种正确的创意定位的前提，就是出版者具有明确的出版意识和清晰的出版思维。

（一）基本定位

创意策划者在进行创意性工作前，必须对出版商的经济实力、资源实力、社会实力有清晰的认知，评估要准确。具体来说，创意策划者必须明白出版商过去的历史、发展现状和已有业绩、现存问题、所拥有的团队规模和社会资源、品牌传播力和社会影响力。只有具体了解这些信息，创意策划者才不会在实际策划工作中设计出过度偏离现有发展轨道和发展方向的目标，也不会过于滋生"揠苗助长"的行为。

实际上，许多处于创业阶段的出版商都会出现基本定位方面的错误，如急攻进切的心态导致出版进度力不从心，最后为了出版商品的产出而东拼西凑；过于追求一些蝇头小利，而放弃应有的社会责任感，以至于生出"买卖书号"等恶劣的社会现象等。

---

① 厉无畏,王如忠.创意产业——城市发展的新引擎[M].上海:上海社会科学院出版社,2005.

(二)业务定位

业务定位是指出版商经营项目的发展方向和专业方向,主要包括项目出版规模、生产结构、业务侧重、标志性案例等。业务定位并不是凭想象产生的,而是由出版规定和现实社会需求决定的,并且还需要立足于在完成一定的社会责任使命情况下实现经济效益创收的目标。

其中,社会需求中最重要的因素是市场需求,但市场需求并非唯一因素,还需要兼顾社会舆论导向需求、文化积累的需求、社会道德规范的需求和精神文明建设的需求等。

图书作为常见的精神文化产品,存在着一种特殊性,即为什么样的读者服务,以及怎样为其服务的问题:一本图书的定位是兼顾所有人的需求,还是只服务于少数人或者特定的目标读者群体? 其实,作为一种大众传播商品,图书在市场上公开传播,既要满足多数人的需求,也应顾及少数人的需求;既要重视共同的、普遍的需求,也应考虑特殊的、小众的需求。

(三)目标定位

目标定位是出版策划者需要设计的主要内容之一。

根据时间长短,目标定位可以分为长期目标和短期目标。一般而言,长期目标是指五年以上的规划,出版商通过实施特定战略所期待得到的结果。短期目标通常指时间为一到两年的目标,主要依据长期目标,对目标内容进行现实化设置和具体化操作,以多数短期目标最终实现长期目标的预期目的。

另外,根据项目内容的不同,目标定位可以分为经济发展目标和出版物规模质量目标。从对照比较上看,目标定位还可分为纵向发展目标和横向竞争目标。

从出版业的特点看,图书期刊从生产到分发需要经历策划、撰写、编辑、排版、发行和宣传等多个环节,这些环节处于一个周期内生产的不同位置,而越是大型、优质的出版项目,其周期就越长,例如近些年热门读物《明朝那些事儿》《三体》《鬼吹灯》《盗墓笔记》等,都属于长期性的出版项目。因此,出版人需要兼顾这些出版项目的长期目标和短期目标,不能在其落地执行过程中忽视任何一个目标。

一个出版项目的顺利上市,往往源自出版策划者对出版项目的创意策划和精准目标定位。所以,在最开始的出版创意策划环节,就需要为出版项目找准定位。一旦找准了定位,项目的出版就属于一只脚先迈进了"成功之门"。

例如,"敦煌古藏文文献出版工程"是上海古籍出版社持续十多年的经典出版工程之一,先后被列为"2011—2020年国家古籍出版规划""十三五国家重点图书出版规划"项目,分获国家古籍整理出版资助、国家出版基金资助。作为重点出版项目,该出版社在策划时就找准了"敦煌古藏文文献"这一定位,并根据这一定位延展出《法国国家图书馆藏敦煌藏文文献》(总规模35册)、《英国国家图书馆藏敦煌西域藏文文献》(总规模25册)、《甘肃藏敦煌藏文文献》(总规模30册)这些优质的图书资源。该项目自2004年启动以来,从策划、立项、落地执行,围绕敦煌古藏文文献挖掘原始资料,到撰写成原创精品文稿,成书发行历经数十年,集数代藏学专家、出版人的筚路蓝缕之功,其社会价值对后世来说具有举足轻重的作用。2006年《法国国家图书馆藏敦煌藏文文献》陆续出版后,藏学泰斗、中央民族大学王尧教授曾说,对这项成果的价值怎么估计都不会过高。日本著名敦煌学家、藏学家今枝由郎则说,"这对于藏学研究具有里程碑的意义"。清华大学人文学院教授、国内藏学领军人物沈卫荣先生认为,"引领中国藏学研究真正能与国际学术接轨,并走向世界前列,《法藏敦煌藏文文献》《英藏敦煌藏文文献》等基础类的第一手文献的整理刊布更是重中之重,其出版惠及学界,功在千秋"。① 笔者作为"敦煌古藏文文献出版工程"的项目参与者,回首十余年来的出版之路,既欣喜于成绩的取得,也感慨于出版过程的艰辛。

二、出版产业创意的表达方式

(一)创意驱动

在书店里,我们可以发现,目前我国图书市场上不乏从国外引进的畅销书籍。从读者的阅读趋势来看,这些外来的"传教士"似乎可以在中国很好地"传教"。从这方面讲,来自发达国家出版业的许多出版创意策划,其实是很值得中国出版产业从业人员学习与借鉴的,这不仅可以为我国出版业带来新的生产灵感,也可以让我们学习他们的格局与视野以进行深度思考。

例如,科普性儿童书籍一直是我国图书市场中潜力增长幅度最快的领域。作为面向儿童传播科学知识的重要途径,以及国际科学文化交流的重要渠道,科普性儿童书籍的引进与出版是一项非常值得研究的主题。中国国家图书馆少年儿童馆于2021年4月1日发布的《全国少年儿童图书馆(室)基本藏书目录》显示,在3026种引进版科普童书中,引进数量最多的是英国,其次是韩国、美国、法国、德国、日本。此外,我国还引进澳大利亚、意大利、西班牙、加拿大、俄国、荷兰、捷克等国的科普童书。分析引进版科普童书来源国家的分布情况发现,一个显著特征是引进数量与该国科技"硬实力"和图书出版"软实力"密切相关,仅对科技实力强、科学文化发达的英、美、法、德4国科普童书的引进量就占科普童书引进版总量的65%。

英国是老牌科技强国和出版强国,在20年里13次成为我国当年引进科普童书数量最多的国家,大量经典科普童书在国内持续畅销。如英国DK公司出版的"DK目击者家庭图书馆"系列、"DK幼儿百科全书"系列,萨莉·摩根等人的"科学图书馆·连锁反应"系列,内容丰富、题材广泛,是广受好评的科普百科类全书。其中,蒂莫西·纳普曼等人所著的《英国儿童科普探险阶梯书——海洋》以及劳拉·诺里斯所著的《远行:生命不可思议的旅程》分别获得2019年和2018年"中国童书榜"百佳童书奖。

韩国是我国科普童书引进数量第二多的国家,占全部引进版科普童书数量的17%,值得引起注意。作为文化出版业的后发国家,韩国文化产业和出版产业海外输出成就斐然。韩国科普童书在我国的繁荣与韩国政府对文化产业的高度重视和大力支持息息相关,也与韩

---

① 曾晓红."敦煌古藏文文献出版工程"述略[J].出版与印刷,2019(3):37-42.

国科普童书的全球化选题和视角创新相关。

而我国引进的科普童书也具有明显的偏好特征,首先,引进这些图书主要是为了满足我国社会发展的需要,适应了当前我国科学发展阶段的特征。其次,引进的图书比较注重品牌优势,其背后的逻辑主要是覆盖多元化、多体系化和结构化的科学知识,利于儿童心智的发展。最后,在引进图书的过程中,出版商的创意策划者并不是完全照搬,而是依据我国人民的风俗习惯,采用了本土化的运营策略,具体表现为在及时掌握先进的国际出版动态的同时,重视数字化阅读的趋势与特征。

科技类出版社与少儿类出版社是引进科普童书的主力。科技类出版社在引进科普童书时,重视利用与海外学术出版社既有的合作窗口、庞大的专业作译者和审核队伍,引进高质量的科普童书。例如电子工业出版社以对口合作形式与美国的培生教育集团、约翰·威利父子出版公司、麦格劳-希尔教育集团、圣智学习出版公司,荷兰的爱思唯尔,德国的施普林格·自然集团等多家国际著名学术出版商建立稳定的合作关系,专家团队中有100多位中国科学院院士、中国工程院院士。

少儿类出版社在打造畅销书方面经验丰富,在读者定位、内容形式、营销手段等各方面紧抓市场需求。它们积极创新童书形式,推出立体书、触摸书、机关书、玩具书等科普童书,在数字阅读时代,又将动画、声效、触控等新技术融入电子童书中,并结合数字化营销工具,不断创新营销手段,开拓销售渠道、延长图书的产业链。以接力出版社为例,它深耕低龄市场,积极将数字技术融入引进图书。其引进版科普童书的建议阅读年龄平均为7.41岁,受众年龄层较低,为满足趣味性要求,该社引进的"第一次发现"丛书通过内置透明胶片、黑胶片、放大镜等工具,实现互动式阅读。2012年它还与原版的法国伽利玛少儿出版社共同开发,将仿3D技术、触控感应技术、移动定位技术融入电子书。在营销模式上,该社在2020年联合20多个平台直播近400场,开播共800小时,促进了图书的营销和推广,表现出极强的市场竞争力。

(二)创意组合

2003年12月,英国出版商理查德·波顿和大卫·格兰特斥资100万英镑,成立了"无限创意"出版公司(Infinite Ideas.Ⅱ),这是自20世纪90年代以来猎户星出版社投资最多的一个媒体出版业。成立公司后,公司创始人便语出惊人地发布公告,声称计划在2010年实现1000万英镑的营业额。后来,尽管这家公司发展并非如预期那般顺利,但它一步一个脚印地朝着目标靠近。之所以有这样的目标行为,是因为这家公司不断地在开发核心产品,并且坚信这种核心产品一定会带来丰厚的利润。其核心产品项目是"52本智慧创意"丛书(目前已增至54本)的"创意银行"。这些丛书的所有内容,版权都归公司所有,但丛书可以根据不同读者的需求,进行灵活拆分出售。

这套丛书所展示出来的全部创意,最终是为了实现一个目标——提升人们在现实生活中的生存能力和生活品位。书中的每一条创意都延续着一个风格:章节的内容篇幅大体相似,基本在一千个词汇左右;语言风格高度一致,并且有四种固定的语言表述方式,例如"这个办法很适合你哦""要不要试试另一个方法""这是什么办法呢""怎么运用这个方法呢"。

该系列丛书基于这样的风格基调,使用简单可靠的语言,满足了读者对书籍通俗易懂的阅读需求,并且在最大程度上与读者进行互动。因此这种写作风格能让读者快速进入一种沉浸式的阅读体验,快速领会生存技巧与生活方法,并且不会产生任何"教条式""说教式"的感觉。

为了维持对这些内容创意的生产能力,该公司采取了多种与作者合作的策略。首先,公司会向作者提前支付五千到一万英镑的酬劳,并直接买断内容版权。其次,如果图书出版后,在英国的销售额达到一万,公司会支付内容作者更多的奖励,最高可在原酬金基础上追加40%的奖励。尽管在发行过程中,有一些作者流失,但整体上来看,大多数作者都对该公司的作者运营策略感到满意,毕竟出书对他们来说,也是一件感到骄傲且自信的事情。

该公司认为,与其说这是50多本不同的书籍,倒不如说是3000多条创意生活百科词条数据库,因为这些词条不仅可以单独存在,而且可以灵活组合,进而产生无数种新的创意生活方案。所以这些创意蕴藏着无限可能,因而"无限可能"也成了这家出版社的名称。在内容上,这些书籍的内容包罗万象——运动、游戏、文学、音乐、穿搭、时尚——只要读者能够想象到的领域,基本上都有对应的内容条目,任何读者都能在其中寻找到好的创意生活的方法。

在英国市场大获成功后,"无限创意"出版商开始进军海外市场。他们最开始的策略比较保守,原本计划海外授权销售额占全部销售额的15%—20%,但没想到国外市场反响比预期得更热烈,销售额比预期得更好,结果在很短时间里就占据了总销售额的40%。事实证明,只要创意好,到哪里都能掀起一阵风而火爆起来。

但值得注意的是,该公司并不对外出售图书的版权,仅对品牌使用权进行出售,同时要求合作的出版商签字承诺至少出版12本"创意智慧"丛书。并且,"无限创意"公司也鼓励合作商对丛书进行本土化改造,开发出适合当地人们使用的"创意智慧"丛书,这并不需要额外支付很高的授权费,只需要支付少量版税即可。目前,"智慧创意"已经授权超过12家出版商(包括企鹅美国分公司和DK印度分公司)进行深度合作生产内容。法兰克福书展之后,"无限创意"出版社又进一步得到了8种主流语言的授权,其中包括中文、俄语、阿拉伯语和意大利语。除了海外授权之外,合作业务也占据"无限创意"总收入的5%,接近150万英镑,而2005年这一数字仅为80万英镑,几乎实现翻番。目前,该出版社的收入结构主要分为三部分:1/3来自合作;1/3来自授权;1/3来自传统渠道。

如今,这家出版社的出版资源非常丰富,依靠灵活组合的生产策略,它几乎可以为每位读者量身打造个性化的图书。公司管理层认为,"无限创意"的成功是依靠定制的、个性化的出版策略实现的。通过剖析这个策略,我们可以发现,它打破了图书生产与销售的常规渠道,把图书销售视为一个营销传播的新型平台。图书销售窗口其实是对整个品牌的一种展示,通过这种展示,读者可以快速获取自己想要的知识,并且无形中为"创意智慧"丛书带来更多获得认可和曝光的机会。由此可见,借助多重出版渠道实现多赢合作的出版模式,不仅可以扩大品牌的传播力、影响力,还可以打开更多的市场。

现在,"无限创意"的品牌形象在欧美市场已经树立起来,尽管"创意智慧"丛书给公司带来了持续不断的利润,但相关负责人正在逐步将经营重心转移至低风险、高利润的个性化定制内容生产业务中。

从这个案例中,我们可以得知,作为一家出版商,站在经营的角度来看,灵活的创意策划是很重要的一个能力要求。从"创意智慧"丛书的立项开始,他们并不将这 50 多本书视为单独的产品,而是将其看作一个百科大数据创意知识库,任何人都可以根据自己的需求进行不同的创意组合。而在产品的组合包装层面,"无限创意"公司也在不断地发挥着创意,不仅开发出多种创意产品,还与不同的公司通过非固定的灵活合作的方式进行项目业务交流。因此,只要读者用户有需求,"无限创意"公司就可以量身定制出他们所需要的商品——编制成杂志、刻录成光盘、摄制成录像带、生产为数字读物,甚至是制作贺卡或扑克牌等礼物。在合作伙伴的选择上,"无限创意"公司希望与零售商、网络内容提供商、设备制造商以及非专业出版社合作,但是专业的出版社并不在它们的合作范围之内。

"无限创意"的经营哲学可以概括为以下几点:通过出版编辑和创意设计上的持续性投资,来提升品牌的传播力、影响力和价值力;力求与作者、读者和授权合作伙伴建立长期稳定的合作关系;通过一切合适的渠道实现品牌价值的最大化,拥有并努力开发自己的"智慧财富";在经营方面,精简不能创造价值的流程和支出;将传统的图书销售作为销售平台,实现从销售到合作的转变;灵活、迅速、有创造性地满足读者用户的需求。

(三)创意模式

出版产业从业人员必须突破传统思维,认识到产出优质图书的前提是生产优质文稿。自古以来,中国有数不尽的文人志士,但从某种程度上看,"重赏之下必有好稿"。因此,要颠覆传统认知,为文人搭建一个新型平台,实行文稿竞价运营策略。在今天,文稿竞价是一个顺应时代发展特征的创新性举措,它以革命性的姿态对中国文化现状进行了一次颠覆式的梳理,并且,这种梳理并不是对局部现状的小修小补,而是从底层逻辑上推动出版观念的革新。

近年来,文稿竞价已经引起中国乃至全世界的高度关注。要在纷繁复杂的形势下把握出版活动的脉搏与方向,出版创意者和出版策划者要在一个敏感的区域触动读者神经,要将自身对中国文化产业化的敏感转化为对即将到来的文化新时期现象的引导,文稿竞价无疑将为这种文化市场重塑提供一种新的思想观念和行为方式,在这个过程中,出版创意者和策划者必须具有一定的历史使命感和社会责任感。但是,出版创意者和策划者不是救世主,在社会责任感、历史使命感和现实局部利益之间,出版创意者和策划者必须寻求利益的平衡点以达到双赢。

(四)创意联动

法兰克福书展是当今世界上最大的书展,也是全球最重要的图书版权贸易平台,被誉为"世界知识界的奥林匹克运动会"。据统计,每年的法兰克福书展会实现世界出版业 75% 的版权贸易。现代意义上的法兰克福书展在 1949 年举办第 1 届。从 1988 年开始,法兰克福书展每年邀请一个国家或地区作为主宾,全方位展示主宾国的出版业成果与文化特色。作为每届书展的最大亮点,主宾国已成为各国出版商、作家、媒体和民众关注的焦点。

2009年,中国作为主宾国参加书展,这是中国出版业对外开放、融入世界出版业的重要标志。中国的主题馆以书为载体,利用声光电等现代技术,通过对中国出版史、印刷术的展示,反映中国思想史、科技史和文化史。主题馆内展示着飘逸的纸张、墨滴、活字和凝重的书山、书墙以及醒目的作家画像,展品包括从甲骨文到互联网时代的各种主要出版载体,如甲骨、铭文、竹简、帛书、麻纸等,还有现存最早的有明确时间记载的雕版印刷品《金刚般若波罗蜜经》。

第三节 出版产业的策划

一、不同时期出版产业策划的基本原则

在社会主义初级阶段,中国出版产业坚持为人民服务、为社会主义服务,百花齐放、百家争鸣、古为今用、洋为中用,坚持将社会效益放在首位,实现社会效益与经济效益相结合,在此基础上,坚持质量第一,坚持走改革开放之路。

(一)新中国成立初期的发展

出版工作的基本方针在各个历史时期与历史阶段都不相同。1949年2月,中共中央宣传部出版委员会成立。1949年10月3日,中共中央宣传部出版委员会在北京主持召开全国新华书店出版工作会议,全国各地出版、印刷、发行的主要负责人出席了会议。这是中华人民共和国成立后第一次全国性重要出版工作会议。

1949年11月,中央人民政府出版总署成立。1950年9月15日,在即将迎来中华人民共和国成立一周年的时候,出版总署在北京召开了第一届全国出版会议,会议认为"为人民大众利益服务是人民出版事业的基本方针"。

(二)"文化大革命"期间的发展

从20世纪60年代初起,"左"的思想在出版领域反映严重,"以阶级斗争为纲"逐步表现至出版产业的方方面面,主要表现为对出版工作只强调阶级斗争的需要,要求为阶级斗争服务,忽视了出版其他方面的功能。1963年4月,中共中央宣传部召开了全国出版工作座谈会,7月党中央转发了会议的报告,报告强调,出版工作是意识形态领域无产阶级同资产阶级斗争的重要阵地之一,要使出版工作在国际国内的阶级斗争和我国社会主义建设中发挥积极的作用;还强调出版工作应进行"兴无灭资"的斗争,必须坚持政治第一、质量第一。

在这份报告中,虽然提到了多个方面的内容,但在实际工作中,当时只注重"兴而不灭"的斗争服务。尤为严重的是,在十年"文革"期间,由于出版工作一直贯彻"为阶级斗争服务,为政治运动服务"的方针,许多出版机构被撤销,人员被遣散、下放,大批图书被销毁,使全国的出版工作受到了很大的损失,因而在全国范围内出现了严重"书荒"的情况。

(三)改革开放至今的发展

1978年12月,中国共产党召开十一届三中全会以后,全国的出版事业在正确的路线指导下得以恢复和发展,出版工作的方针也逐步转到为经济建设服务的轨道上来。

国家出版局于1980年1月10日颁发了《出版社工作暂行条例》,条例指出,出版社必须坚持社会主义道路,坚持无产阶级专政,坚持共产党的领导,坚持马克思列宁主义、毛泽东思想,必须为人民服务,为社会主义服务,实行百花齐放、百家争鸣、洋为中用、古为今用的方针;并明确提出出版工作必须为人民服务、为社会主义服务。

1982年12月27日至1983年1月8日,国家出版局召开的全国出版工作会议,进一步讨论了社会主义新时期出版工作的方针、任务问题。

根据会议提供的情况和意见,1983年6月,中共中央、国务院作出了《关于加强出版工作的决定》,该决定指出,"我国的出版事业,与资本主义国家的出版事业根本不同,是党领导的社会主义事业的一个组成部分,必须坚持为人民服务、为社会主义服务的根本方针,宣传马克思列宁主义、毛泽东思想,传播一切有益于经济和社会发展的科学技术和文化知识,丰富人民的精神文化生活","出版部门应当自觉地贯彻党的百花齐放、百家争鸣、古为今用、洋为中用、推陈出新的方针,促进科学文化事业的繁荣,培养和造就现代化建设所需要的各种人才,提高全民族的科学文化水平"。

这个决定还第一次提出出版工作必须改革的问题,指出:"出版事业的发展,必须贯彻改革精神,打破不能适应新形势的老框框,创立新章法,调动一切积极因素,解放生产力,促进编辑、印刷、发行的能力较快增长并协调发展。"它总结了30多年正反两方面的经验,是对社会主义出版工作的方针、任务阐述得最为完备的文件。在这一文件规定的方针的指导下,出版事业得到了迅速的发展,呈现欣欣向荣的景象,出版工作为两个文明建设、为建设有中国特色的社会主义做出了不小的贡献。

1987年10月召开的中国共产党第十三次全国代表大会阐明了社会主义初级阶段的理论,提出了"以经济建设为中心,坚持四项基本原则,坚持改革开放"的基本路线,把是否有利于社会生产力的发展作为衡量一切工作的根本标准。在十三大精神指导下,中国出版界积极探索出版事业的改革问题,中国社会主义出版工作的方针、任务更加准确,内容更加充实,更加符合社会主义初级阶段的特点。

改革开放至今,我国的出版方针可概括表述为:遵循社会主义初级阶段"以经济建设为中心,坚持四项基本原则,坚持改革开放"的根本路线,贯彻执行"为人民服务、为社会主义服务"的根本方针以及"百花齐放、百家争鸣、古为今用、洋为中用、推陈出新"的方针,为发展社会生产力,建设物质文明和精神文明做出有益的贡献。

二、出版产业策划的基本要求

(一)出版选题

选题是出版策划的第一个生产环节,是创造社会效益和经济效益的起点,也是出版商对准备展开的出版项目的一种构思或构想。一般情况下,选题会从书名、著译者、内容规划、读者对象和内容篇幅等层面展开讨论。选题策划是出版工作中策划者为获得预期的、理想的选题,而进行的选题信息收集与加工、选题设想提出、选题调研、选题优化等活动。

今天,出版业依然坚守"内容为王、渠道制胜、用户为金"的运营策略。为了做好运营工作,选题策划被视为整个出版活动的重中之重。实践证明,出版物制作与项目发行成功与否,和选题与选题策划的成功与否关系极为密切。

在进行选题策划时,策划者必须以读者用户为中心。具体来讲,选题策划活动的开展,必须建立在了解用户信息需求、阅读兴趣和接受能力的基础上。只有这样,才能进一步有的放矢地设计项目选题、进行选题策划活动,进而展开内容生产,满足读者用户预期的学习、工作、科研或精神生活层面的需求。

选题策划是出版创意过程中最重要的环节之一。只有具备新颖选题特征的书籍,才会受到读者的欢迎,所以在选题策划过程中,策划者需要增强自身的创新意识,让每一个提案的选题都有充分的创新性、独创性和开拓性的特征。这种创意选题具体体现在出版项目的内容、形式、写作角度和编撰体例等方面,或是开发新的选题领域,或是在原有的选题领域中拾遗补阙,创造新的图书品种,或者改变图书的形式等,最终赋予图书全新的使用功能。每一个选题都应该有新的构思,形成鲜明的特色。

以图书出版为例,一本好书,首先必须拥有好的选题,可以说,有一个好的选题策划,往往就成功了一半。例如,上海文艺出版社历时8年策划,于2005年全部出版了16卷大型史书《话说中国》。这套全面展示中国上下五千年历史的优质图书,以独特的叙事方式和开创性的编辑理念,以"立足于学术、着眼于大众"为基本特色,营造了一种"任意一页便可静心阅读"的独特形式:读者从任意一页翻开书本,所看到的都是一个个独立的小故事,以及与其关联的、有趣的知识点——整本书由不同的、独立的历史小故事组成,每一个版面都形成了一个完整的阅读单元。《话说中国》全书使用了3000多张历史图片,通过1500多个独立故事覆盖超过7500个历史文化知识点,总计4800页。通过阅读独立小故事,读者会了解一段历史,同时记住这一段社会历史记忆。目前,《话说中国》已成为上海文艺出版社具有标志性、独创性的图书品牌,其社会价值不仅体现在文化传承、学术普及、人文教育等方面,更重要的是开拓了出版行业业务的新理念、新空间、新路径,整合了出版界与学术界的有效协作、双向互动,铸造和构建了有自主知识产权的文化品牌和出版品牌。创新所带来的不仅仅是文化价值的认同,更有着经济效益的回报。《话说中国》累计销售超过160万册,图书定价总额为1亿元以上,美国《读者文摘》已购买了该书的海外版权,这也是这家美国老牌出版商首次在华购买图书版权。而个别出版商出版众多电影、电视明星撰写的书籍,以及同一题材出版几十个版本的情况,都是选题策划缺乏创新的例子。这种低水平的重复和雷同书籍充斥出版市场,必然会造成出版业的滞胀。

另一个在选题策划方面的典型案例是《狼图腾》。《狼图腾》之所以能够走出中国,进入海外市场广泛销售,其中一个重要原因在于,这本书从比较深刻的角度,叙述了狼的行为表现出来的人类应该学习的许多精神,例如勇敢、强悍、智慧、野心、雄心、耐性、机敏、警觉、体力、耐力以及拼搏进取、永不满足等。本书把狼图腾视作中华民族主要的原始图腾与象征符号,让人们对狼的形象与理解产生了变化。这时,狼以一种全新的象征符号呈现在读者面前。这样的方式不仅让读者认同,也促使该书迅速走向世界各地。这个案例中,我们需要注意,创新并不是要出版策划者刻意去涉猎他人没有踏足的领域,也不是别人没有做过的事情就可以视为创新性事物,我们所选择的题材要与当代社会背景和时代发展特征相适应、相匹配,必须从内容这个根本上来满足用户真正的信息需求与阅读需求,上边提到的成功的案例,都是顺应时代的潮流应运而生的,这些图书要么满足了用户精神层面的需求,要么帮助人们提升了生活质量,或者是通过某种叙事方式唤醒了人们的社会集体记忆。

所以,我们在进行选题策划时,需要脚踏实地,不能仅靠想象。我们需要进入市场进行观察,多与读者用户进行互动交流,把握市场的脉搏,了解目标用户群体的实际需求,而不是仅仅依靠图书排行榜等一些过于宏观的材料就定下三年、五年甚至十年的中长期目标和编辑方向。图书排行榜只是面向读者的一种购书指南,也是书刊行业发展的一种"路灯",有时候也会有虚假成分掺杂其中,甚至有一些数据是某些出版商为了实现宣传目的而刻意炮制出来的。所以,策划者想要实现选题策划层面的创新,需要多多关注行业内发展的新动态、新情况,经常浏览《中华读书报》《中国图书商报》《中国新闻出版报》《出版人》《编辑之友》《出版广角》等一些有影响力的报刊,同时关注当地发行量较大的报纸的抒情板块,还有一些出版社的书目做得不但漂亮而且极具参考价值,如广西师范大学出版社的《书天堂》、岳麓书社的《书与人》等。

(二)装帧设计

装帧设计主要指出版项目执行过程中,从书籍文稿的原始材料到最后成书出版的整体设计过程,也是实现从书籍形式的平面化到立体化的过程,它包含了艺术思维、构思创意和技术手法的系统设计,覆盖书籍的开本、装帧形式、封面、腰封、字体、版面、色彩、插图,以及纸张材料、印刷、装订及工艺等各个环节的艺术设计。

需要注意的是,在书籍装帧设计中,只有从事整体设计才能称为装帧设计或整体设计,而只完成封面或版式等部分设计,只能称作封面设计或版式设计等。书籍在编辑工作完成之后,就需要进入装帧成型的环节。没有装帧的文稿不能称为书。那么,为什么要将文稿进行装帧呢?这主要是为了更好地将文稿成册化,只有成册的文稿,才能更好地进行传播,也可以更方便读者携带和阅读。因此,任何一本图书、杂志或者其他读物,都必须进行装帧。装帧可以有不同的形式,也可以以特定的形式或形态呈现在读者眼前。

设计是书籍装帧艺术创作的核心工作,而创意又是设计的核心。纵观时下所有热销书籍可以发现,书籍的装帧设计涉及面很广,包括书籍装帧的艺术形态、书籍装帧的形式意味、书籍装帧的视觉想象、书籍装帧的文化意蕴、书籍装帧的材料工艺等。这些方方面面，无一不是依靠创意设计来实现的。

如果出版商想让读者在琳琅满目的书籍中一眼就发现自己的书籍版本，那么，就必须在图书的外观上下足设计的功夫。无论是封面样式、色彩组合，还是制作材料、制作技艺，都需要经过一定程度的调试才能获得较为理想的效果。

从无数成功的热销书籍案例中可以发现，一本图书之所以能够在同类作品中迅速脱颖而出，成功的装帧设计是其中一个重要的因素，设计者或者利用了独特的角度来呈现，或者使用了恰到好处的表现手法来表现，或者两者兼具。这些成功的热销的装帧设计，往往都具备独特的创意特性，或是表现在设计构思上，或是表现在设计的色彩搭配上，或是展现在设计语言上，总之它们总是以鲜明的个性进行着某种特征、思想、立场或观念的表达。从另一个层面上看，这也反映了设计者对美学意识的体悟和对形式美的创造。

（三）商品定价

定价是否合理，直接关系到该出版物的市场生命力，也关系到出版商、作者乃至编译者和读者的经济利益。因此，图书价格策划，是整个出版策划中比较敏感的一个环节，也是最需要智慧的一项策略生产环节。如果图书的定价太高，可能会让读者望而却步，进而导致图书销量偏低；而如果价格设置过低，可能会给出版公司造成一定程度的亏损，也可能会损失品牌形象价值。那么，我们应该如何合理地为图书制定价格呢？为了回答这个问题，我们首先需要了解影响图书价格的因素到底有哪些。

图书的价格主要由图书的制作成本、图书的内容价值、图书的市场竞争力、读者的信息需求、税收制度等因素共同决定。那些定价过高又热销的书籍，一般情况下是由于这本书具有稀缺性，例如这本书的内容价值很高、制作成本很高，并且在同时段市场没有可替代的同类读物，或者读者对此类信息需求很大，在这样的情况下，这类图书的稀缺价值高，图书价格也会高。

所以，系列书上市之初，由于没有同类图书竞争，往往会采取高价策略进行销售，在短期内迅速获得预期的高额利润。等到图书销售热度降低，或版本重印时，再适当地调低销售价格，以进一步巩固该图书的市场竞争力。

还有一部分图书不那么引人注目，那么这类图书往往会采取截然不同的销售策略，策划者会在图书上市之初，将图书的价格设置得较低进行试水销售，先让读者从心理上接受，等到书籍打开销路并一路成功抢占市场，获得读者认可后，重印后进行"水涨船高"式的抬价。

而对于珍藏本、保存本等出版物，出版商则常常会利用读者的好奇心理或虚荣心理，采用低印数、高定价的策略，以在短期内获得高利润。例如，中华书局有限公司出版的《二十四史》精装本系列丛书，采用羊皮面烫金精装，全球编号发行 100 套，全书分装 80 巨册，定价为 16 万元。对于内容版式相同的书籍，有的时候也会出精装本和平装本，以满足不同读者的购买需求。

(四)图书营销

图书营销是出版业针对图书这一特定商品,以达成市场交换为目的而进行的一系列经营运作的商务活动的过程,也是图书从出版商到读者的桥梁。

通常来说,图书营销有以下几种方式。

1. 直复式营销

有非常明确、精准的目标市场和目标用户群体的出版商往往会以较高的价格出售图书。在这种营销模式下,出版商往往会合理利用物流手段,借助大批量邮寄的优势,在短时间内将图书交送给用户,并达到收支平衡。例如中小学教材用书,出版社可以直接在目标学校征订邮寄。

2. 利用书评营销

很多期刊都没有设置书评专栏和新书推荐板块,向读者进行新书营销,而这些已经成为图书供应商、图书批发商和消费者获取新书信息的重要渠道,因而书评对新书的发行具有重要意义,尤其是那些意见领袖的言论,它们往往会影响读者是否购买新书的决定。

3. 网络营销

我们正处于互联网时代,网络营销已经成为图书营销必须重视的营销传播渠道。现在许多出版商都与京东商城、当当网、天猫商城、亚马逊商城等热门电子商城的图书销售板块进行直接合作,竞争异常激烈。而激烈的竞争也会让图书成为消费者关注的焦点,所以电商这个"战场"是很适合出版商进行网络营销的场地。

4. 利用图书奖项进行营销

一些重量级的奖项往往会带动图书的销量。例如,莫言获得诺贝尔文学奖之后,其作品开始在线上线下大卖,在"莫言热"持续升温的态势下,商家们纷纷打出"中国首位诺贝尔文学奖获得者莫言作品限时抢购"的标语,莫言图书也在一定程度上涨价。

5. 签名售书

具有名望的作者通过巡回签名方式,直接加入营销的行列,也有助于书籍的销售。例如,2007年3月3日于丹在中关村图书大厦为其新书《于丹〈庄子心得〉》签售,短短10小时签售出15060册。

6. 凭借新媒体平台营销

互联网时代,随着各类新媒体平台的快速兴起,出版商纷纷入驻第三方平台,进行新媒体营销活动,以吸引读者。例如,许多出版商开通了微博来发布新书信息、活动预告,甚至还有出版商通过拍摄微视频在微博上进行视频营销。

互联网时代的到来,加速了出版业颠覆性变革的过程。如今电子出版产物已随处可见,无论是电子书籍、电子漫画,还是电子报刊、H5作品等,都进一步改变了出版产业的格局。

当然，这只是出版产业变化的一部分，出版产业的"底层逻辑"并没有改变，即出版产业因何而来、为何发展、如何发展的根本规律没有变。从认识出版是一种将作品向社会大众公布的一种传播行为开始，我们就展开了对出版产业的探索，无论是选题策划，还是创意方式，本质上仍然是对出版产业因何而来、为何发展、如何发展的进一步探索。

思考练习

出版产业的创意要素有哪些？如何进行创意性表达？

广告产业创意与策划　第四章

学习目标

通过本章内容的学习,了解广告产业创意的特点、广告策划的原则和方法,具体掌握传统媒体和新媒体广告产业不同的特点和策划技巧,从而培养和提高文化产业策划人员的实践能力。

知识点

1. 广告产业的概念;
2. 广告产业的主要特征;
3. 广告产业创意的要素;
4. 广告产业创意的表达方式;
5. 广告产业策划的基本原则;
6. 广告产业策划的基本要求。

二维码 4-1　广告产业

第一节　广告产业概况

需求是经济增长和产业发展的内生动力,市场竞争扩大了广告需求,互联网等数字技术创造了新的广告需求。每一个阶段,产业主体都在积极满足人们的广告需求,促进了广告产业的蓬勃发展。当前,中国广告产业正通过数字广告市场的进一步扩大、广告市场的边界扩张、增量市场的细分和挖掘,拓展产业发展空间,同时通过产业组织模式与商业模式创新、产业发展模式创新,不断提升广告产业专业化服务能力,满足各种市场主体对广告的需求效用。因此,广告产业创意与策划在这个时代显得尤为重要。

与此同时,广告产业正不断向专业化和价值链高端延伸,其在促进消费、提升商品和服务附加值、传播社会文明、吸纳就业等方面发挥的作用进一步凸显。新技术、新观念的呈现,使广告产业发展环境得到进一步优化,为广告策划与创意带来极强的动力,产业质量效益明显提升,产业发展规模符合社会发展需求,产业创新能力和服务能力不断提高,服务区域经济与文化的发展体系逐渐完善,广告法制体系进一步完善,广告监管智慧化水平有效提升,广告市场秩序持续向好。最终,广告产业创意与策划的新活力得以激发。

广告产业发展是推动国家文化产业高质量发展的重要因素。进一步提升广告产业创意与策划、提升广告作品质量,建立彰显文化自信和社会主义核心价值观的广告主流文化具有重要的意义。广告产业对于提高国家文化软实力的支撑作用也在进一步增强。通过本章的学习,读者可以全面了解中国广告产业的基本概念、发展脉络及重要特征,知晓广告公司的基本类型,掌握广告策划与创意的思维、方法与技巧,开展广告产业理论研究与实践。

一、广告产业的概念

(一)广告产业的形成

学习广告产业,首先要了解什么是"广告"。广告是商品经济的产物,当商品生产和交换出现后,广告也就应运而生了。早期的广告活动通过声音传播,世界上最早的广告是"叫卖广告",它是最原始、最简单的广告形式。古希腊通过公开吆喝的广告,贩卖奴隶、牲畜;古罗马通过叫卖广告,贩卖日常用品。

广告产业则是在市场经济充分发展的条件下形成的,从古代单一的广告活动发展成为独立的广告产业经历了漫长的过程。经济发展对广告产业的发展有着巨大的推动作用,自20世纪初现代广告诞生以来,随着经济水平的不断提升,社会对广告的需求也不断加大。中国现代广告产业发展的转折点是中共十一届三中全会,它确立了"对内改革、对外开放"的基本国策,将计划经济转向市场经济。这一重大变革释放了中国社会对广告的需求,奠定了中国广告产业发展的前提和基础。

改革开放以来,随着中国经济快速发展,国民消费能力和消费需求不断提升,广告的社会需求也随之逐年攀升。于是,中国广告产业的发展也进入大踏步阶段。1985年,北京广告公司率先提出"创意+策划"的现代广告理念,与此同时,奥美、智威汤逊等国际4A跨国广告公司纷纷来到中国,它们不仅带来了先进的广告创作理念,而且带来了现代广告产业的作业流程与运作机制,中国广告产业也逐渐由单一业务发展为为客户提供市场调研、广告策划、创意执行、广告发布、广告效果测定的全案服务。随后,广告代理制的实施、媒介产业化、产业融合等现象反映出广告产业的升级与优化。中国广告从20世纪80年代的推销、市场营销,到20世纪90年代整合营销的现代广告观念的确立,再到21世纪数字化广告的诞生,从告知、劝服、营销传播到品牌与生活者全渠道互动沟通的广告概念转化,动态演绎着广告产业行动主体不断思考如何最大效用地满足企业对广告需求的手段和方法。

(二)广告产业的概念

广告产业一般分狭义和广义两个层面。狭义上,广告产业由从事广告策划与创意、广告制作、广告执行等相关广告代理服务活动的公司构成;广义上,广告产业即为广告市场,由广告主、广告代理公司、广告媒介和广告受众构成。自 1979 年中国广告产业恢复发展以来[①],中广告产业一直保持高速增长的态势。具体来看,中国近现代广告大致可以归为四个阶段。

1. 探索式发展阶段(1979—1991 年)

这一阶段的中国广告产业在改革开放的大背景下开始了恢复和探索式发展,1979 年 1 月 28 日,上海电视台播出了中国第一支广告——参桂养荣酒。2021 年十一国庆档电影《我和我的父辈》中,徐峥主演的《鸭先知》单元就是以此为故事原型的。在政治、经济、文化等宏观因素及需求、供给等具体因素的影响下,中国广告产业的市场结构开始进行转型升级,一条条耳熟能详的广告片走进千家万户。

2. 快速式发展阶段(1992—1999 年)

党的十四大正式确定建立社会主义市场经济体制,为广告产业的发展创造了更为宽松的环境,提供了更多的发展机遇,中国广告产业也由此开始进入快速发展阶段。当然,社会主义市场经济体制在创造机遇的同时,也带来了挑战。1992 年以后,形形色色的广告经营单位和广告从业人员纷纷涌入中国广告市场,为中国广告产业带来了活力,但激烈的竞争也导致强者的快速提升和弱者的浑水摸鱼。

3. 持续化发展阶段(2000—2009 年)

2001 年 12 月 11 日,中国加入世界贸易组织(WTO),开启全球化进程。在国内外的机遇及挑战下,中国广告产业开启了持续化发展阶段。加入世界贸易组织后,国外优质的广告资源可以更方便地引入中国,其在资金资源、作业环境、创作经验、跨国合作等各方面,都起到了积极的推动作用。它有利于促进中国广告产业的国际竞争及广告投入总量的增加。同时,也有利于中国优秀的广告作品走向海外,展示优秀的中国文化。

4. 数字化发展阶段(2010 年至今)

2010 年后,新媒体环境的诞生促使广告运作模式开始进行变革,传统广告形式已经不能满足新生代受众的需求。同时,云计算、大数据、人工智能、物联网等新兴技术也给中国广告产业的发展变革带来了重要基础,中国广告产业开始向数字化、智能化方向转型。相比电视广告、报纸广告和杂志广告等传统媒体广告,基于电脑端和手机端的新媒体广告有了更大的市场需求与反馈,受众与品牌的交互及自主传播也成为广告产业在数字广告时代重要的特征。

二、广告产业的主要特征

广告存在的意义是发现与满足需求,促进市场良性发展。广告产业则是通过庞大而复

---

① 此研究的研究对象限于除港澳台地区以外的中国省份。

杂的专业化社会分工,将其四大构成主体(广告客户、广告公司、广告媒介、广告受众)聚合在一起,并形成完整的产业体系。具体来看,广告产业的主要特征包含以下几点。

(一)系统化、科学化、高效化

广告公司通常能为广告客户提供系统化、科学化、高效化的整套服务。目前,中国常见的广告公司包含国际4A广告公司、创意热店、数字营销公司等。近年来,互联网公司也纷纷加入数字营销的行列,利用自身在数据与流量上的优势,开展互联网产品的宣传推广。对于广告信息的创作、发布与反馈等一系列服务,广告公司均会收取相应的代理费,因此,广告公司必须要为广告客户提供优质的广告服务,这样广告活动就会形成一个严密、完整的信息运动过程。

(二)知识性、人才性、技术性

广告是科学与艺术的结合,现代广告还加入了高智力、高技术等属性,属于资讯经济的领域,因此,广告产业对智力资源、人才资源和技术资源的需求是十分强烈的。有别于第三产业中的其他服务行业,广告产业为客户提供的服务是建立在知识密集、人才密集和技术密集的基础之上的。近年来,新兴技术和高科技人才不断涌入创意行业,促使广告产业在表现信息与社会生产的联系中发挥重要作用。与此同时,广告产业与高科技的关联越来越紧密,数字广告市场进一步扩大,不仅仅是基于电脑端和手机端的互联网广告,IPTV、数字标牌、VR、AR、MR等新兴数字媒体的使用,也拓宽了数字广告的内涵和外延,模糊了受众与媒介的边界,为广告策划与创意带来了更大的发挥空间与更优良的混合体验。

(三)时代性、变化性、创新性

互联网时代,广告产业的发展理念和运作模式得以重塑,广告界开始重新界定数字传播时代的广告。2002年,学界将广告定义为"由可识别来源设计的有偿的媒介传播形式,用来说服接受者在现在或未来采取行动"[①];2016年,其更新为品牌发起的旨在影响人们行为的传播,通过生产和发布有沟通力的内容,与消费者进行交流互动,使其发生认知、情感和行为上的改变。之后,"品牌"一词开始介入用户媒介行为或意图,品牌与目标用户积极产生联动,从而引导其产生认知、情感或行为的改变;2020年后,KOL(关键意见领袖)和KOC(关键意见消费者)在数字媒体中的自我表达越来越多,其产出的与品牌具有关联性的内容也成为广告传播的新形态,备受广告主青睐的直播带货具备广告定义的核心属性,应纳入广告产业的统计范畴。直播带货将"人、货、场"进行了场域合一,把传播与销售有机地融合在同一环节,颠覆了营销传播的刻板模式,无形中改变了受众的消费习惯,加之流量对粉丝的影响,最终实现了品效合一的效果。

总体来说,时代赋予了广告产业发展的新动力。一方面,国家政策的大力扶持,将广告产业发展提到了更为重要的位置,各级政府也在这一思想指导下,开始挂牌成立当地广告产业研究院,协同有关部门搭建行业组织与企业沟通平台,完善助力广告产业发展配套的工作

---

① 刘海荣,丁佳.广告的重新定义[J].新闻研究导刊,2017(10):271-272.

机制,制定相关扶持政策,精准促进广告产业的高质量发展;另一方面,广告产业内部机构与公司在新时代背景下,不断突破与创新,积极变革和优化,在产业模式、社会责任、文化传承、助推经济和跨界联合等方面实现了高效创新,并产出了一系列成果。

第二节 广告产业的创意

广告产业是一个宏观的概念,它包含这一产业的方方面面,涉及政府、企业、市场、代理公司、消费者等。广告产业的创意与策划落实到微观层面即为广告的创意与策划,这也是广告产业发展的核心环节和关键要素。因此,我们对广告产业创意的学习,应从对广告创意的了解开始。

一、广告创意的要素

在《现代汉语词典》(第7版)中,"创意"一词有两种解释:一是作为名词,指"有创造性的想法、构思等";二是作为动词,指"提出有创造性的想法、构思等"。而"创造"一词则是指"想出新方法、建立新理论、做出新的成绩或东西"。因此,简单理解,"创意"在静态上是新的想法,在动态上是提出新想法,即创新的过程。在广告行业中,"创意"常常被解读为"旧元素的新组合"。历史上,曾有大小创意之争,即广告创意到底是科学的还是艺术的。"大创意"认为广告是一门科学,"小创意"认为广告是一门艺术。广告艺术派的代表人物威廉·伯恩巴克认为,研究是创意的敌人,广告最重要的就是要有独创性和新奇性。而广告科学派的代表人物罗瑟·瑞夫斯则认为,"创意"在广告里是一个最危险的词,创意服务于销售,如果脱离了这样的基础,为了创意而创意,那么再有创意的广告也失去了它存在的意义。[①]

现代社会,人们结合大小创意核心要素和创意的来源、生产过程,重新定义了广告创意,认为它是广告的核心,为实现与受众有效的沟通,广告人员根据已有储备,综合调研结论,运用创造性思维方式,将抽象的广告诉求转化为具象化表现的创新性的艺术构思。根据此定义,我们可以将广告创意的定义分解为以下三点。

第一,广告创意的本质是实现与受众的有效沟通,创意是否能俘获消费者的心是广告成败的关键,也是广告创意首先要考虑的因素。

第二,广告创意的前提是储备与调研。创意不会凭空产生,创意者需要拥有丰富的专业知识,还要有创造性的思维方法和能力。同时,科学的调研与分析,能够帮助广告主和广告代理公司了解市场环境、消费者、竞争对手和品牌自身,从而制定精准的广告策略。

第三,广告创意的载体是创新的艺术构思,对"新、奇、特"的好奇和对"真、善、美"的追求

---

① 余明阳,陈先红.广告策划创意学[M].3版.上海:复旦大学出版社,2007.

是受众不变的心理,广告创意应帮助广告诉求转化为与众不同的具象化表现,给受众以感官冲击与心灵触动,实现有效沟通。如果每则广告都是单纯地传达产品特点,那广告将成为千篇一律的说明书。

二、广告创意的特征

(一)传统广告创意的特征

威廉·伯恩巴克提出的 ROI 理论是广告创意最为基础的理论之一,它也被称为"广告相关理论"。该理论认为,一则优秀的广告一定要具备三个基本要素,即相关性(relevance)、原创性(originality)、震撼性(impact)。具体到广告创意中可以这样理解。

1. 相关性

广告创意必须与广告商品、消费者、竞争者、促进销售关联,广告内容要服务于广告目标,这也是广告创意的第一要务。比如,铂爵旅拍在刚刚进入市场时策划了"想去哪拍就去哪拍"的病毒式广告,简单且重复的广告文案,虽然创意性不足,但直击产品诉求,并且容易记忆。

2. 原创性

信息的海量性导致"想法撞车"的情况时有发生,因此,在满足相关性的基础上,广告业从业人员应积极洞察消费者、洞悉品牌和关注社会,寻找新鲜的视角,同时结合理论与实践经验,在执行方式上考虑创新的载体及玩法。这对于广告业从业人员的专业素质也提出了极高的要求。

3. 震撼性

优秀的广告作品一定会带着不同凡响、别出心裁、前所未有的新观念、新设想。就像大卫·奥格威最引以为傲的广告标题"在时速 60 英里时,这辆劳斯莱斯车内最大的噪声,来自它的电子钟",短短一句话带给了消费者极大的震撼。当然,能够称为震撼的广告作品屈指可数,大创意(Big Idea)是许多广告人孜孜以求的。

(二)移动互联网时代广告创意的特征

2022 年,中国互联网络信息中心(CNNIC)在京发布的第 50 次《中国互联网络发展状况统计报告》显示,截至 2022 年 6 月,我国网民规模为 10.51 亿,互联网普及率达 74.4%。整体呈现出以下四大特征:一是互联网基础建设逐步推进,网络安全问题持续向好;二是互联网应用快速发展,短视频用户大幅增长;三是农村互联网普及率持续提升并带动乡村振兴;四是数字基础设施建设稳步推进,数字经济构筑发展新引擎。由此可知,互联网及移动互联网已经成为受众获取资讯的主要方式,信息流广告、原生广告、电商广告、短视频广告、直播广告等新形态广告已经成为大众生活的一部分。因此,新时代对广告创意也提出了新的要求,具体表现在以下几个方面。

1. 话题性与黏稠性

话题性的主要表现为传播热度,"热搜"已经成为当代品牌营销的重要阵地,它代表舆论话题、人物、事件的热度,也代表大众的集中关注度,因此制造话题、借势营销是当下企业及品牌在开展广告创意时常用的做法。话题包括节假日、突发事件、娱乐新闻等。备受年轻群体喜爱的喜茶和奈雪的茶在2022年纷纷推出"联名奶茶",奈雪的茶联名《梦华录》,喜茶联名《苍兰诀》,两个奶茶头部品牌与两部热播剧通过产品命名、产品包装、店面装饰、周边产品等开展联名,不仅是对文化的传播,更是打造了"收割"年轻市场的利器。需要注意的是,话题性的实施应注意正向价值观的引导,因为它对年轻人的消费文化有着重要的影响力。

黏稠性则是指好的广告创意不仅需要在第一时间引起受众注意,还需要让受众持续关注。每天在互联网中更新的话题成千上万,但一个正火的话题热度极容易被一个新鲜的话题盖过。因此,新时代的广告创意需要具备"致命吸引力",要通过一系列广告策划手段,帮助广告效果持续性发酵。那么,我们应该如何增强广告创意的黏稠性呢?我们可以从《让创意更有黏性:创意直抵人心的六条路径》[①]一书中找到一些答案,即通过简约、意外、具体、可信、情感、故事等去提升。

2. 交互性与体验性

移动互联网技术让受众可以不受时空限制地上网,也为品牌精准找到目标受众提供了可能,因此,新媒体广告具备内容少、传播快、交互强等特征。移动互联网时代,常常出现"现象级传播",这与广告创意的交互性紧密相连,当一个广告作品的内容洞察深,能引发情感共鸣,或是趣味性强,能吸引全民互动的时候,它就能吸引大众进行大面积的自主传播。尤其是在短视频领域,UGC(用户生成内容)已经成为当下品牌营销的重要方式,它有利于反馈受众喜好和意见,也方便指导后期广告营销策略进行调整。自媒体时代,人人都是主播,受众不断在广告创意的生产者、传播者、消费者等角色间切换。因此,新媒体时代广告创意要特别关注受众的角色转变。

优秀的交互会带来良好的体验感。H5是朋友圈广告中最容易"出圈"的一种,比如腾讯与故宫联合制作的H5广告《穿越故宫来看你》在创意交互性与用户体验性上都达到了极高的程度,受众从中能够体验到参与的乐趣,点击、滑动、再来一次、立即行动等设置,让广告效果在受众指尖实现,它也因此得到行业内外共同认可。反之,传统的扫二维码、加关注、转发、评论等形式,已经不足以提升用户的体验感了。与此同时,AR、VR等新技术的发展,将传统广告的试听互动,变为情景式的体验互动,极大地增强了广告的说服力,激发了消费者的购买欲望。

3. 整合性与创新性

整合营销传播(integrated marketing communication,IMC)是将与企业开展市场营销有关的一切传播活动一元化的过程。随着数字经济的发展,IMC开始向数字化方向发展,即通过使用数字传播渠道来推广产品和实践活动。一次完整的广告策划与创意需要在洞察消费

---

① 奇普·希思,丹·希思.让创意更有黏性:创意直抵人心的六条路径[M].姜奕晖,译.北京:中信出版社,2014.

者、市场、竞争对手与自身的基础上，整合传统媒体与新媒体、线上与线下等多方资源，提出最优的广告营销方案。近年来，用户量不断提升的短视频平台，随着其在用户心里占位的提升，越来越多地应用于广告创意中，并与微信、微博、小红书等新媒体平台组合出击。传统的电视商业广告也开始尝试以流量影响粉丝的新模式，将视角转向短视频和直播等新形态，在真实的场景中拉近品牌与消费者的心理距离，吸引、转化消费者对其商品和服务的兴趣，从而推动电商流量的新型营销传播方式。2020年，在广告主侧重的传播类型中，60.4%的受访者选择有促进品牌销售转换功能的电商直播。据商务部电子商务司负责人介绍，2022年我国电商新业态新模式彰显活力，其中电商平台累积直播场次超1.2亿场，累积观看人数1.1万亿人次，直播商品超过9500万件。①

在此基础上，未来的广告创意会随着互联网技术的不断优化，呈现创新的形态与特质，科技、文化、价值观、艺术的结合，不仅能提升用户体验感，还能传达有效的沟通信息，体现广告创意服务于"使用"与"满足"的初衷。此外，人工智能等新技术会让广告创意具有更多的呈现方式，而增加消费者的体验感，无疑也是创意吸引消费者的有效途径。

三、广告创意的思维方法

广告创意的生成和发展过程就像是一个小生命诞生的过程，会经历多个阶段。总结起来，一个广告作品的产出大致包含以下三大阶段：收集资料及分析资料阶段；酝酿阶段；顿悟及验证阶段。在这些阶段中策划者会经历古诗词中从"昨夜西风凋碧树，独上高楼，望尽天涯路"到"衣带渐宽终不悔，为伊消得人憔悴"再到"众里寻他千百度，蓦然回首，那人却在，灯火阑珊处"的内心变化。

广告创意更像南太平洋数岛屿下数以万计的珊瑚礁，通过长年累月的变化，最终成为罕见而又震撼的奇观。大量的阅读及素材储备、长期的创意思维锻炼，可以帮助我们在思考创意的时候迅速寻找到合适的元素，并对其进行创新组合的尝试，以此产生新鲜的创意灵感。具体来说，我们可以将广告创意的思维方法划分为以下三大类别。

（一）横向思维和纵向思维

横向思维是一种打破逻辑局限，将思维往更宽广领域拓展的前进式思考模式，它的特点是不限制任何范畴，一般从多点切入，寻找事物的横向关联点，从而创造出更多匪夷所思的新想法、新观点、新事物。

纵向思维是指在一种结构范围内，按照有顺序的、可预测的、程式化的方向进行的思维形式，这是一种符合事物发展方向和人类认识习惯的思维方式，遵循由低到高、由浅到深、由始到终等线索，尤其会以时间为脉络进行与事物相关要素的梳理。

（二）发散思维和聚合思维

发散思维又称扩射思维或求异思维，是指大脑在运行思维时呈现的一种放射状态的模

---

① 商务部：2022年重点监测电商平台累计直播场次超1.2亿场[N].光明日报，2023-01-30.

式,它表现为思维视野广阔,呈现多维发散状。"记忆之父"托尼·布赞所倡导的图像化思维方式,就是通过"脑地图"训练激活大脑,将枯燥的信息变为有趣的图文,培养发散思维的能力。

聚合思维又称集中思维或求同思维。它与发散思维相对应,是把广阔的思路聚集成一个焦点,是一种有方向、有范围、有条理的收敛性思维方式。聚合思维是从不同来源、不同材料、不同层次探求出一个正确答案的思维方法。广告创意的思维过程,一般是将聚合思维与发散思维结合来进行,拿到策略单之后,我们要先通过聚合思维分析资料,然后用发散思维的方式将多种元素创新组合,最后再以聚合思维寻求最优方案。

(三)顺向思维和逆向思维

顺向思维就是常规的、传统的思维方法,是指人们按照传统的从上到下、从小到大、从左到右、从前到后、从低到高等常规序列进行思考的创意方法。人们习惯于沿着事物发展的正方向去思考问题并寻求解决办法,因为这样的思维方式一般不容易犯错,但这种思维方式容易"撞车",经常发生与他人创意雷同的情况,让广告作品"泯然众人矣"。

逆向思维则是对司空见惯或是已成定论的事物或观点反过来进行思考的思维方法,敢于"反其道而思之",从问题的反面深入探索,树立新思想,创立新形象。如曾经风靡一时的国货品牌广告语"美特斯·邦威,不走寻常路"就是基于这一思维进行创作的。其实,有时候从结论往回推理,倒过来思考,从求解回到已知条件,会使问题简单化。

上述三组思维方法是广告创意过程中最常用的思维方式,它们为广告创意提供了更多的思考方向,能带来不一样的创意效果。策划者将多种思维方式进行有机结合,往往能产生意想不到的创意火花,产出具有创造性的广告作品。

四、广告创意的创作技法

(一)组合法

前文我们提到"广告创意是旧元素的新组合",因此,广告创意的创作技法第一条就是组合法,即将已有的元素重新组合,得出新的观念。但这里所指的"组合"并不是将已有元素进行简单叠加,而是在于产生"新的元素",也就是再创造。在 2017 年 ONE SHOW 中华创意节平面及户外类金奖作品中,JBL 通过在画面中间缩小戴着耳机的爸爸和妈妈,在画面两侧放大争吵的婆媳与哭闹的婴儿,体现了家庭中的一些困扰和"噪声",而这一切只需要戴上 JBL 降噪耳机,即可轻松解决。元素的组合所带来的魅力由此可见一斑。当然,组合法还可以理解为移植或重组法。

(二)改变法

改变法则可以通过放大、缩小、替换及改变形状、颜色、气味等外在表现方式来实现,如榨汁机平面广告中,常常会将画面主体中的水果直接替换为果汁,充分体现出该品牌榨汁机强大的榨汁效果。同时,广告创意中的"改变"也在向改变大众认知的层面推进。优秀的广告创意不仅可以重新定义事物的外观,更能重新定义其内核,带来全新的认知效果。比如,近年来大火的 VR 广告巧妙地将二维的视听感受转变为多感官刺激的情景式互动体验,颠覆了人们对广告的认知,从被动的说教式广告,转变为主动的体验型广告,效果大大提升。不少品牌也尝试改变广告的模式,如法国 Wilkinson 剃须刀片通过户外互动广告,将胡须"变身"为玫瑰,在情人节当天大大拉近了品牌与消费者的距离。

(三)颠倒法

颠倒法是逆向思维的表现方式,它可以打破常规的大众认知,使人从相反的角度思考问题,获得新的创意灵感。在一则泰国奶粉广告中,颠倒了男性与女性传统的社会角色,将两位年轻男士塑造成妈妈的样子,给宝宝喂奶。其目的是突出奶粉的优秀品质,表达即便不是真妈妈,也能通过这个奶粉让宝宝营养又健康。2022 年 8 月英特尔 Evo 和新世相、中国日报共同推出的一支热度很高的视频《山腰》也采用了逆向思维,当大部分品牌还在用居高临下的"我认为方式"做品牌宣传片时,当所有人都在内卷,都在不断向山顶攀登时,该宣传片提出"登不上山顶又怎样呢?追不上身边的攀登者,就是失败吗?""如果你内心坚信真的有必须要去的地方,那么你完成了进化,真正意义上地出发了。"《山腰》借助演员冯远征之口,以一种既松绑又鼓励的方式,给疲惫的年轻人带去温暖和力量。

(四)联想法

1. 类似联想

类似联想是因在性质、形状和内容上相似而形成的联想。如在社交媒体广告上表现十分出色的杜蕾斯,因为产品的敏感性,在进行广告创意时一般会采用类似联想,将安全套的形状与安全属性,与斑马线的形状与安全属性巧妙融合,没有直白的文案,但信息传达效果很成功。

2. 对比联想

在性质或特点上相反的事物容易发生对比联想。如光明高钙牛奶平面广告中 7 个小矮人的挂衣钩比白雪公主的还高,不仅能引发悬念,还通过夸张的对比联想突出高钙奶补钙效果好,有助于身高增长的产品诉求。

3. 因果联想

因果联想是指因特定时间和空间上的接近而形成的联想,常指看到某个场景会想到某件事。如看到成都就会想到熊猫,因此成都宣传片往往会运用熊猫这一元素。比如第二届影像天府短视频创摄大赛的最佳外文短视频《公司派遣成都公干注意手册》,就通过因果联想,颇具创意地宣传了成都。

新媒体时代,广告创意还需要注意以下几点。

第一,以人为本。新媒体时代,受众及用户地位与作用得到极大提升,因此尊重个体,以人为本尤为重要。在学习广告创意的思维方法和广告创意的创作技法的基础上,更应该充分了解移动互联时代受众心理与行为的新变化,从而创作出更有针对性的广告作品。

第二，开放融合。随着数字营销的快速发展，广告产业也逐步实现数字化，而其中最明显的变化就是多媒体交互与跨界合作。线上媒体与线下媒体合作，头部品牌与传统文化结合等，开始成为营销创新和广告创意的重要方式。

第三，分享协作。UGC已成为当下广告创意的重要组成部分，用户生成内容，并主动进行传播，为品牌营销与宣传带来了新形态和新动力，同时也对广告创意的思维与技法提出了新要求。

第三节 广告产业的策划

当今世界，知识的释放已经市场化、产业化和系统化，大数据等新兴技术推动知识成为经济竞争的主要力量。因此，以咨询、策划、信息服务为特征的第四产业受到了越来越多的关注。广告作为第四产业的重要代表，其社会地位也在不断提升。广告产业的策划立足于广告策划，在掌握了广告创意的基本方法之后，我们接着展开对广告策划的学习。

一、广告策划概述

（一）策划的概念

从中文词源来看，"策划"一词最早出现在《后汉书·隗嚣传》中"是以功名终申，策画复得"之句。其中"画"与"划"相通，指计划、打算，策则指计谋、谋略。策划是一个古老的概念，也是"智慧与谋略"的代名词，中国诸多史书都体现着古人关于"策"的智慧，"献计献策""行成于思""运筹帷幄，上兵伐谋"以及春秋战国时代的"合纵连横"，都体现着早期的策划思想。广告策划的思想是商品经济高速发展的必然结果，是现代广告活动规范化、科学化的标志。我国策划概念虽然提出较早，但侧重于政治、经济和外交方面，在商业中的运用还较为落后。

从英文词源来看，策划源于strategy（战略、对策）与plan（计划）的结合，在日本常被称为"企划"。它是一个动态过程，是为实现目标而进行创造性思考和实践的过程。现代社会，人们对于"策划"有多个角度的理解。有学者认为，策划是一项复杂的思维过程，它普遍存在于人类行为中，包含预测和决策两大步骤。有学者认为，策划是精心安排的宣传与手段，它挑战智慧极限，挖开思维死角，向企业输出新思路、新方法，赋予商品文化价值、精神价值，是创造高附加利润的智力劳动过程。也有学者认为，策划是人们为了达成特定目标，借助一定的科学方法和艺术，为决策、计划而构思、设计、制作策划方案的过程。还有学者认为，策划就是策略规划，通过全新的理念和思路，对各要素资源进行整合，从而产生1+1＞2的效果，具体包括构思、分解、归纳、判断、拟定策略、方案实施、效果评估等过程。

综上，本书将策划的概念总结为"整合现有资源和潜在资源，判断事物变化的趋势，确定可能实现的目标和结果，并照此选择能产生最佳效果的资源配置与行动方式，进而形成决策计划的复杂的思维过程"。

(二)广告策划的概念

随着 15、16 世纪出版业的发展,广告产业开始了真正的成长。17 世纪,英国的报纸开始出现广告,19 世纪世界经济急速扩张,广告需求同步增长。1843 年,美国费城出现了世界上第一家广告代理公司,20 世纪,广告代理开始为广告内容负责。而"广告策划"这一思想是英国伦敦波利特广告公司创始人斯坦利·波利特在 20 世纪 60 年代首次提出的。广告策划在中国开始运用大概是在 20 世纪 80 年代,并确立了"以调查为先导,以策划为基础,以创意为灵魂"的现代广告运作观念。叶茂中被称为"中国营销策划第一人",他掀起了中国广告策划的热潮。现在,广告策划思想受到世界各国广告界的高度重视,并且在全球掀起了广告策划热潮。

关于广告策划的概念,我们可以从以下两个层面来理解。

第一,在宏观层面,广告策划是对同一目标下的一系列广告活动进行系统性的预测和决策,对包含广告调查、广告目标确定、广告定位、广告战略确定、广告创意确定、广告经费预算和广告效果评估等在内的所有环节进行总体决策。

第二,在微观层面,广告策划是指单独对一个或几个广告(作品)运作全过程进行策划,视野更为聚焦,也被称为单项广告策划。

策划的运用不仅体现在广告领域,在经济领域、政治领域、娱乐领域、体育领域等,策划者也通过科学分析、资源优化整合和创意巧妙组合等,创造了一个又一个奇迹。可以说,每一个成功故事都离不开策划的努力。两个层面的定义说明广告策划是一项极其复杂的综合的系统工程,是根据广告主的营销计划和广告目标,在市场调查的基础上制定与市场情况、产品状态、消费者群体相适应的经济有效的广告计划方案,并进行实施、检验,为广告主的经营提供良好服务的活动。

二、广告策划的基本原则

互联网时代,企业竞争愈发激烈,企业主也更加重视广告策划的作用,因为他们充分察觉到,零散的、毫无头绪的宣传只会浪费大量的经费,只有通过科学而有效的策划系统地、全方位地、恰如其分地展示企业个性,才能让消费者更好地感知品牌及产品的魅力。

通过广告策划,广告客户可以获得企业问题的解决方案,广告策划具体要围绕以下五个原则来展开。

(一)真实性

真实是指广告策划要符合产品实际情况。具体来说,它要求广告策划的内容必须以事实为基础,要对客观实际进行准确把握和真实反映。真实是广告的基础,更是广告的生命,虚假广告不仅会损害消费者利益,也无法引起消费者共鸣。因此,真实性是广告策划的首要原则。1982 年,我国颁布《广告管理暂行条例》;1987 年,正式颁布《广告管理条例》;1988 年,颁布《广告管理条例施行细则》;1994 年,《广告法》正式通过;2018 年和 2021 年,《广告法》经过两次修正。以上所有的法律条例都明确要求广告内容必须清晰明白,实事求是,不得以任何形式弄虚作假,蒙蔽或欺骗消费者,有缺陷的商品必须在广告中说明。这些都是广告策划真实性原则的法律依据。

尽管广告是一种劝服性活动,但只有真实才能树立口碑,给人以信任感。移动互联网时代,虚假广告的问题愈发严重。然而,鉴别广告的真假并非易事,因为广告是科学与艺术的结合,合理的艺术夸张和渲染是广告感染力的表现方式。除此之外,虚假广告还包括很多隐性的表现形式。那我们如何区别合理的艺术夸张与虚假广告呢?可以从以下几方面入手鉴别虚假广告:第一,隐瞒商品缺陷,把劣质商品说成优质商品,如新闻中多次报道的黑心棉;第二,过分夸大商品用途,如某手机宣传"充电一次可通话 38 天";第三,进行不能兑现的承诺,如"7 天无理由退换"的背后有无数条件限制。

(二)信息性

广告作为一种信息传播活动,其存在的基础是向消费者传递信息。在信息爆炸的时代,无用和无聊的信息都是消费者所不愿看到的。因此,为了保障广告的有效沟通,广告策划从前期的市场调查,到中期的创意与制作,再到后期的媒介选择和发布,都必须进行合理科学的规划。广告策划的信息性原则主要体现在以下三方面。

第一,提炼广告信息。通常情况下,消费者所接触到的广告信息都是策划者通过调研、分析、比较和评估,并结合产品的立体特点及广告主对消费者的利益承诺等基本情况之后,精心策划并撰写的。换言之,在进行广告策划时,是需要提炼信息的。扎实的第一步将为成功的广告策划奠定良好的基础。

第二,选择信息渠道。信息渠道是广告信息传播的载体,即广告媒介。随着信息技术的发展,广告媒介也在不断革新。传统的杂志广告,精美且视觉冲击力强,但发布间隔较长,且受众范围窄;依然坚挺的电视广告,视听兼备,感染力强,且受众范围广,但容易随着受众换台而被忽略;新兴的互联网广告虽然流量大、新颖有趣、交互性强,但内容同质化高、质量参差不齐。因此,广告策划者必须充分研究各类广告媒介的技术和特点,扬长避短,进行合理选择与组合,以确保广告信息的有效传达。

第三,保障信息流向。广告信息的接收者因年龄、职业、性别、文化程度、生活习惯等方面的不同,对广告的反馈呈现出巨大的差异。如出租车司机忠爱车载广播、居家老人首选电视媒体、白领习惯于手机端和 PC 端……每个群体都有各自接触频次最高的媒介形式,因此广告策划一定要明确目标消费者,有针对性地选择媒介,从而实现广告信息的精准投放。

(三)针对性

广告策划是一项复杂的系统工程,虽然策划流程是相对固定的,但只有遵循一定的步骤和程序,有目标、有计划、有逻辑地进行,才能达到最佳效果。但广告策划的对象各不相同,所存在的问题和想达到的目的也不尽相同,因此,广告策划应根据策划对象进行有针对性的设计。

大卫·奥格威曾说:"人人都喜欢是一种贪得无厌的心理,它会使品牌落入一个完全丧失个性的下场。在如今竞争激烈的市场之中,一个没有个性的品牌很难立足,找准自己的位置才能获得成功,做人亦是如此。"①企业在进行广告策划时,要谨记这句话,做大做全和盲目延伸都将引发直接的失败。曾经家喻户晓的"活力28,沙市日化"的退潮,也与此相关。因此,广告策划必须具有针对性,通过对策划对象的详细调查与分析,确立有针对性且行之有效的广告策略,提升广告策划的真实效果。

(四)心理性

1898年美国广告学家E. S. 刘易斯提出的AIDMA法则,清晰地展示了消费者从看到广告到最终付诸行动的完整心理过程。他指出,从广告作用于消费者的全过程来看,消费者接受广告信息必须经历"引起注意(attention)—激发兴趣(interest)—刺激欲望(desire)—加强记忆(memory)—诱发购买(action)"五个阶段。因此,广告界有句名言:科学的广告术是遵循心理学法则的。广告策划的心理性主要包含以下两个方面。

第一,遵循人们对客观事物认识的规律。人们对客观事物的认识大多遵循一定规律,如从感性到理性,从个别到一般,从上到下,从左到右,从小都大,从近到远,从因到果等。广告策划若遵循这一认识程序,就更容易被广大消费者接受。以上即人们对客观事物认识的正程序,若广告通过逆程序来传播,虽然不能被广泛的人群接受,但往往能够凭借突破常规的想法,引起受众的注意,如广告策划中经常运用的悬念法、反转法等。

第二,搭配好广告信息,使其循序渐进。产品进入市场一般会经历导入期、成长期、成熟期和衰退期四个时期,即"产品生命周期"。在导入期,由于消费者对这一领域的陌生感,广告策划应以事实为主,此时是创造人们初级需求的黄金时间。比如,TEMPO纸巾运用简洁有力的事实迅速打入"柔韧不掉屑"的纸巾市场,同时,其幽默的广告创意也给消费者留下了深刻的印象。而当产品进入成长期和成熟期时,市场竞争异常激烈,此时,广告策划应侧重心理部分,比如,手机的"超强夜景""莱卡加持""4800W像素""电影模式"等功能,能有效打动消费者。此阶段的广告策划重点不仅是刺激人们选择性需求,还需要塑造产品品牌形象,引导人们认牌购买。最后,产品进入衰退期,广告策划则起到提醒作用,并为替代品的上市打好宣传基础。

(五)合规性

广告不仅是一种商业行为,更是作为大众传播的一部分,深深融入人们的日常生活中。因此,广告策划应该担负起社会责任感,进行有责任的信息传播。

广告策划必须遵循法律原则。中国是一个法治国家,广告人必须在合法的基础上进行广告策划,重视社会公共利益,维护民族尊严,不策划包含反动、淫秽、迷信等内容的广告作品,不恶意贬低竞争对手,不做虚假广告;要能够结合消费者洞察和社会现实,主动开展"中国广告价值观"的传播。同时,广告策划还必须遵循伦理道德原则。中国同样是一个德治国家,广告人在进行广告策划时不能违背人们的价值观念、宗教信仰和风俗习惯等,不能挑衅人民的共同心理。从D&G到H&M、耐克,深陷"辱华"危机的跨国品牌已经逐渐从当代中

---

① 余明阳,陈先红.广告策划创意学[M]. 3版.上海:复旦大学出版社,2007.

国消费者的视线中淡出。随着中国经济的飞速发展,我国人们民族意识增强,文化自信提升,不少企业却屡屡"触礁",导致品牌形象一落千丈,销量大跌。

三、广告策划的基本内容

广告策划可以帮助企业与消费者进行成功的沟通,可以使广告激发消费者的购买欲望,再通过传播对象和媒介的正确选择,使广告成为市场经济运作模式的催化剂。如此重要的广告策划,到底该如何进行呢?广告策划的内容主要包括广告调查、市场认识与产品定位、广告战略策划、广告策略制定、广告媒介策划、广告策划的执行与测评等。

(一)广告调查

广告调查是广告策划与创意的基础,任何广告策划都不能跳过这一步而直接进行。广告调查是市场调查的分支,首先需要根据广告策划对象进行调查方案设计,然后综合运用各类抽样方法和调查方法实施调查过程,并进行数据整理和分析,最终找出企业存在的问题及对应解决方案。具体来说,广告调查的主要内容包括广告环境调查、企业经营状况调查、产品调查、竞争对手调查及消费者调查五项。通过调查,广告策划者可以了解产品信息,把握市场动态,掌握消费者需求。此外,还可以通过广告调查所获得的大量一手资料明确企业及其产品在消费者心中的实际形象,为企业解决问题指明方向。

(二)市场认识与产品定位

广告策划的一个重要课题是帮助广告产品在人们心目中形成适当的、不可替代的印象,从而区别于其他产品,使消费者在购物时认牌购买。因此,在广告调查结束后,策划者还需要清晰地了解企业所在市场及其产品的具体特征,如男性市场与女性市场、儿童市场与成人市场等,通过对不同市场产品的物质特点和文化价值的认识进行正确的广告定位。因此,对市场的深入认识是广告策划工作的重要基础。对市场的细分和产品的定位,能帮助企业抢占市场空白点或激烈竞争中的制高点。

(三)广告战略策划

广告战略从宏观上指导着广告活动的各个环节,具体包含三个方面的内容。

1. 广告战略思想

广告战略思想包含积极进取、高效集中、长期渗透、稳健持重、消极保守等五种类型。

2. 广告战略目标

根据企业营销目标确定广告战略目标,由此决定广告战略的类型,具体包括产品推广、市场扩展、销售增长、企业形象,创牌、竞争、保牌,广告促销、广告传播三种分类方式。

3. 广告战略设计

可以从市场、内容、时间、空间、优势、消费者心理等不同角度进行广告战略设计。

(四)广告策略制定

广告策略是广告具体环节的运筹和谋划,是实现广告战略的措施与手段。通过广告策略制定,可以将抽象的广告战略转化成具象的广告作品并投放到市场当中。但广告策略通常不会只有一条,许多平庸的广告就是缺乏策略化思考的结果。因此,广告策略制定首先要明确"5W1H"(who、why、what、when、where、how)这六个主要因素,并通过广告产品策略、广告定位策略、广告诉求策略、广告表现策略、广告媒介策略和广告活动策略等六个主要内容来进行。

(五)广告媒介策划

广告媒介策划是广告策划重要的组成部分,常见的广告媒介有报纸、电视、广播、杂志、户外、楼宇、地铁、DM等。一次广告策划中,70%~80%的预算都给了媒介。而且,广告媒介的选择不仅关系到企业预算,更关乎广告宣传的效果。广告创意只有通过媒介的传播,才能得到市场的检验。因此,对广告媒介的策划要充分考虑受众与媒介的匹配程度,考虑媒介自身性质、特征、地位、传播效果及费用等综合因素。

广告媒介渠道策划的程序包含广告媒介调查、确立目标、媒介方案分析、组织实施四个步骤。广告策划的媒介选择应依据产品特性、媒介受众、营销系统、竞争对手、广告预算、媒介成本、媒介特性、政治和文化环境等来决定。

(六)广告策划的执行与测评

企业进行广告策划的最终目的是希望通过策划的落地达成企业的既定目标。因此,广告策划的执行就是广告策划由文字变为现实的阶段。当广告策划活动实施以后,我们还需要进行最后一步——广告效果测评,即通过对广告活动过程的分析、评价及效果反馈,检验广告活动是否达到了预期效果。值得注意的是,这里的广告效果测评不仅是对广告后期效果的测评,还包括对广告调查、广告策划、广告实施发布的全面测评。

四、广告策划的程序要求

当广告代理公司接受企业委托进行广告策划时,可以按照下面的步骤进行策划工作。

(一)成立广告策划小组,并向相关部门下达任务

广告策划工作是一项集体决策,因此,进行广告策划时首先要成立一个广告策划小组,通过分工合作进行策划活动的具体工作。具体来说,策划小组包含以下人员。

1.总监

总监一般由部门经理担任,在广告公司里具有较高的地位。总监是广告公司与广告主之间的沟通桥梁,也是保障广告策划活动顺利开展的领导者。

2.策划、创意及文案人员

在广告学中,策划、创意和文案是三个相互关联又迥然不同的专业分工。策划人员是广

告活动的灵魂人物,负责广告策略及活动框架的确立;创意人员主管广告作品的整体思想和具体表现;文案人员则负责广告作品的全部文字部分。策划是创意与文案的基础,它决定着作品的创作方向。但由于广告行业的飞速发展与市场的实际需求,这三种人员往往不会割裂开来,如很多广告公司的岗位设定都是文案策划。

3. 美术指导

美术指导需要具有良好的创新思维能力、艺术鉴赏能力、视觉表现能力等,在广告策划中主要负责整体视觉的把控,如企业品牌的VI设计、平面广告的设计、视频广告故事板的绘制等。美术指导必须具备将策划意图转化为文字和画面的能力。

除总监、策划、创意及文案人员和美术指导外,完整的广告策划还需要调查人员、媒介联络人员、公关人员等不同部门人员的分工协作。当广告策划小组正式成立后,各部门就要积极配合,完成各自的工作,并在规定的时间节点进行部门间的汇报与沟通。

(二)商讨广告活动战略战术,进行具体的策划工作

甲乙双方的沟通是广告策划过程中最重要也最漫长的工作,尤其是针对广告活动战略战术的商讨,是整个策划的重中之重。当双方就这一步工作达成一致之后,策划小组就可以向有关部门下达任务,开始进行广告策划的前期准备工作了。如市场部开展产品调研与分析、文案部进行广告策略的细化与相关资料的梳理、美术部在主视觉上提出完整的方案和示意图、公关部与客户保持沟通与交流等。

(三)撰写广告策划书

一份常规的广告策划报告,主体框架大致由以下四个部分构成:市场分析(基础);广告策略(方向);广告计划(核心);广告活动的效果预测和监控。实施时内容会有所不同,没有固定模板,可具体问题具体分析。下面是2022年某品牌年度推广方案。

品牌描述(我们是谁,我们现在怎么样,我们要成为什么样)

市场分析(竞争者分析及其广告分析,找出机会)

目标对象(确定潜在消费对象及其需求,总结其目前对品牌持何种态度)

广告任务(要解决什么问题,要消费者接触广告后怎么想、怎么做)

产品支持点(利益点事实依据,为什么消费者会相信,与竞争者相比有什么不同)

沟通方式(综合上述信息,确定沟通的语气、风格、态度)

广告主题(整个传播战役的主题,通常是一句话)

广告作品(电视、广播、报纸、杂志等传统媒体的应用)

线下物料设计(店头POP、海报、样本、单页等促销物料)

网络推广计划(网站规划、网络广告)

媒介投放计划

预算分配

执行时间表

(四)向客户递交广告策划书并由其审核

当广告策划书完成之后,需要向客户递交并由其审核。同时,甲乙双方需要进行再一次的沟通与交流,针对策划书的每一个细节进行商讨与敲定,尤其是广告策略及广告的执行部分,待双方意见达成一致之后,这份广告策划书才具有有效性。

(五)将策划意图交职能部门实施并进行广告效果监测

大数据和人工智能已成为时下最热门的两大前沿技术,对于广告产业来说,新的变化在于从过去过度依赖广告人的文案创意到由机器自动生成定向广告。有效扩大需求、数字化转型和升级是未来中国广告产业发展的首要任务和创新路径。作为国家文化产业发展的重要组成部分,广告产业的发展一直备受关注。本章以广告策划与创意为切入点,详细阐述广告产业策划与创意的关键点。通过对广告产业概况、广告产业创意、广告产业策划等内容的介绍,力图使读者理解中国广告产业创新仍应坚持以发现需求和满足需求为核心的理念。

> 思考练习

元宇宙的兴起,对中国广告产业有何影响?具体到广告策划与创意层面,广告产业需要进行怎样的变革来满足全真互联网时代消费者不断变化的需求?

动漫产业创意与策划　第五章

学习目标

通过本章内容的学习,了解动漫产业创意的特点和策划的原则,具体掌握动漫产业的策划技巧,从而培养和提高文化产业策划人员的实践能力。

知识点

1. 动漫产业的概念;
2. 动漫产业的主要特征;
3. 动漫产业创意的要素;
4. 动漫产业创意的表达方式;
5. 动漫产业策划的基本原则;
6. 动漫产业策划的基本要求与学习目标。

二维码 5-1　动漫产业

第一节　动漫产业概况

2021年5月,文化和旅游部发布了《"十四五"文化产业发展规划》。提升动漫产业质量效益、打造中国动漫品牌、促进动漫全产业链和全年龄段发展成为政策重点。2022年10月,二十大报告中再次强调中国式现代化的本质要求是丰富人民精神世界,提出繁荣发展文化事业和文化产业,增强中华文明传播力和影响力。近年来,我国文化产业内容消费市场迅速发展,动漫产业在文化产业中占比稳步上升,作为文化产业重要细分产业的动漫产业,不论是从生产端还是消费端来看,都成为文化产业的新亮点。

作为一种新兴的文化产业,动漫产业的影响力和价值与日俱增,已经在全球范围内形成了一个新的经济增长点,因此也被誉为"21世纪最具潜力的朝阳产业",为文化产业的发展注入了新的活力。然而,面对这个巨大的市场,中国的动漫产业尚处于起步阶段,和动漫发达国家之间仍然存在着很大的差距,在国内和国际动漫市场上长期处于被动地位。在我国,真正成功的动漫作品寥寥无几,也缺乏中国制造的国际动漫明星。在这种情况下,就迫切需要从整体上来把握中国动漫产业的发展现状及客观存在的问题。本章从动漫产业创意的特点、策划的原则和动漫产业的基本规律等诸多方面来具体阐述,根据动漫产业自身的特点和要求,寻求中国动漫产业的发展之路。

以创意为核心,以动漫形象为基本元素,以衍生品开发为主打的动漫产业是潜力巨大的朝阳产业,其在当今世界综合实力竞争中的比重和贡献日益凸显。动漫产业是中国最具发展潜力的新兴产业之一,也是被中国政府列为重点扶持对象的文化产业,在此背景下,着力提高中国动漫内容创新与技术创新能力,优化产业结构,形成产业竞争力具有重要的战略意义。通过本章的学习,学生可以全面了解动漫产业的基本概念、发展脉络及重要特征,并结合当下我国动漫产业的发展阶段,掌握动漫产业策划的方法与技巧,开展动漫产业理论研究与实践。

一、动漫与动漫产业的概念

(一)动漫的定义

动漫,即动画与漫画的简称。它既包含传统的动画和漫画形式,又包括当下流行的网络动画、三维动画等全新的动漫形式。广义上说,动漫是动画与漫画等诸多视觉形象的综合表现体,也被称为动态漫画。

动画是一种综合艺术。"动画"的英文是 animation,其词根 anima 来源于拉丁语,意思是"灵魂",其动词形式是 animate,意思是"使充满生命力"。它是集绘画、漫画、电影、数字媒体、摄影、音乐、文学等众多艺术门类于一身的艺术表现形式。动画是采用逐帧拍摄对象并连续播放而形成运动的影像技术。不论拍摄对象是什么,只要它采用的是逐帧方式,观看时连续播放形成了活动影像,就是动画。

漫画是一种静态艺术形式,"漫画"的英文为 comic,是用简单而夸张的手法来描绘生活或时事的图画。漫画一般运用变形、比拟、象征、暗示、影射的方法构成幽默诙谐的画面或画面组,以取得讽刺或歌颂的效果。

今天的日本动漫在广义上被分为动画(animation)、漫画(comic)、游戏(game)、轻小说(novel)四部分。而狭义的动漫指的是,将漫画和动画进行有机结合所实现的多视觉、形象化、具体化的表现,通过艺术表现形式将无生命或有生命的事物夸张化、拟人化,并且将我们的情感寄寓其中。

(二)动漫产业的定义

根据国务院办公厅 2006 年转发的财政部等部门《关于推动我国动漫产业发展的若干意

见》，动漫产业指以"创意"为核心，以动画、漫画为表现形式，包含动漫图书、报刊、电影、电视、音像制品、舞台剧和基于现代信息传播技术手段的动漫新品种等动漫直接产品的开发、生产、出版、播出、演出和销售，以及与动漫形象有关的服装、玩具、电子游戏等衍生品的生产和经营的产业。

动漫产业上游是动漫内容的生产和制作体系，中游是动漫内容的传播和观看渠道，下游是指围绕 IP 形象应用和授权的衍生产业，如手办玩具、授权商品等。

产业有广义和狭义之分，动漫产业也有广义和狭义之别。狭义的动漫产业是指以设计、生产、传输、营销动漫内容为主的企业组织及其在市场上相互关系的集合。广义的动漫产业除了包含狭义的动漫产业的内容之外，还包括以动漫产业为核心的其他临近的、相关的企业和市场，如传统的服装业、玩具业、鞋业、文具业以及新兴的软件业、娱乐业等相关产业的研发、设计、销售以及运营和服务等。

二、动漫产业的主要特征

动漫产业作为文化创意产业的中坚力量，与文化创意产业有一定的共性，但作为新兴事物的动漫产业也有独特之处。动漫产业具有以下显著特点：高投入、高利润和高风险性；与科技结合紧密，对人才需求量大、要求高；衍生品多，营销周期长。

(一)高投入、高利润和高风险性

动漫产业作为一个资本密集型产业，动漫形象的塑造和创意在其早期阶段至关重要，其市场占有率会直接受到这些产业链的源产业的影响。只有创意和动漫形象创作具有艺术感染力和持续影响力，才能够快速吸引目标消费者，从而获得高额利润；否则它将失去前期市场，并陷入巨大的商业危机。

(二)与科技结合紧密，对人才需求量大、要求高

动漫产业从前期动漫作品的创作到后期衍生品的生产销售，都需要多重交叉的技术及人才作为支撑。动漫是网络和数字技术发展的文化产物，动漫作品的前期创作需要大量既懂艺术又懂技术的综合人才，在之后的动漫衍生品的生产和销售中，除了早期的创作和技术人才外，还需要相关的营销策划人才和其他相关的行业人才相互配合，以推动整个动漫产业的良性发展。

(三)衍生品多，营销周期长

动漫产业衍生品众多，对动漫产业有着积极的影响，它将大幅度提高动漫原作的人气，保持其在市场的热度，从而延长整个产业链的营销周期，获取丰厚利润。动漫产业衍生品是指利用卡通动漫、网络游戏、手游中的原创人物形象，经过专业设计而开发制造出的一系列可供售卖的服务或产品。音像制品、电影、图书、各种游戏、软件产品界面、玩具、动漫形象模型、服饰、饮料、保健品、袜业、鞋业、文具等都能开发成动漫产业衍生品。除此之外，更能以

形象授权方式衍生到更广泛的领域,比如主题餐饮、漫画咖啡馆、主题公园等旅游产业及服务行业等。

近年来,随着大众艺术和娱乐多元化以及数字特效技术的发展,动漫文化出现了Flash动画、3D动画等新的动漫形式,动漫产业在全球经济中的地位迅速提升,已逐步成为引领世界知识经济全面发展的主导产业之一。

三、动漫产业发展的国际状况

(一)中国动漫产业发展历程与现状分析

中国动漫的发展起步较早,从20世纪20年代就开始制作动画,1922年,万氏兄弟(万籁鸣、万古蟾)在多番实验之下,终于制作出中国第一部动画广告片《舒振东华文打字机》;1926年万氏兄弟二人利用业余时间为长城动画片公司创作的中国第一部无声动画片《大闹画室》,采用了真人与动画合拍的方式,开创了中国动画的先河;诞生于中国抗战时期,1941年的亚洲第一部动画长片《铁扇公主》对我国早期的动漫电影产生了深远的影响。随后由于"文革"十年的影响以及改革开放后国外动画作品的冲击,中国原创动画走向衰落。进入21世纪,国家出台政策对中国动漫产业进行大力扶持,加上互联网时代的到来,文化传播途径增加,大量资本涌入动漫产业,国产动漫重新兴盛起来,并持续快速发展。

随着国内动漫产业的发展,国产动画片年产量从2000年的4000多分钟,到2015年最高时达到了25万多分钟,远高于动画产量排名第二的日本的9万多分钟。专门播出动画片的电视频道也从原来的1个增加到38个,全国省市级的动画片播出栏目有300多个,年播出总量达12万小时。从数量与规模看,我国当前无疑已经成为世界动漫生产与播出的大国。从国内动漫内容消费市场的构成来看,虽然近些年来本土原创动漫取得了长足进步,出现了央视动画、奥飞动漫、深圳华强、中南卡通等一批优秀原创动漫企业,也涌现了"喜羊羊""熊出没"等一批经典本土原创形象,但与其他行业发展初期所面临的问题一样,过于追求产量和规模,导致低质动漫产品泛滥,本土精品动漫在总体内容消费市场的份额占比仍然较低,主流动漫内容消费市场仍然被欧美和日韩的动漫产品占据。

(二)美、日、韩动漫产业发展背景与现状

1. 美国动漫产业

美国动漫产业由于拥有雄厚的财力和先进技术的支持以及完备的市场化组织,在世界上长期处于领先地位。美国从20世纪初开始发展动漫产业。美国的动漫产业历史悠久,是一个典型的以动漫电影为基点带动整个动漫产业的国家,其动漫产业发展大致经历了以下五个阶段:开创期(1907—1937年);初步发展期(1938—1949年);第一繁荣期(1950—1966年);蛰伏期(1967—1988年);第二繁荣期(1989年至今)。自20世纪初以来,美国动漫产业持续稳步增长。好莱坞是动漫工业的大本营,几十年来形成了集投资、制作、生产、发行、宣传、院线、资本回收于一体的完整体系。然而,美国漫画业的发展则相对较弱。1993年的鼎

盛时期收入达8.5亿美元,此后持续衰退,市场急剧萎缩,投资商纷纷撤资。1996年,美国漫画业的出版巨头漫威漫画公司申请了破产保护。1998年,漫画业的收入仅为3.7亿美元。2000年以后,随着市场上卡通漫画读者群的增加、漫画出版商与好莱坞的"联姻"以及互联网的发展,这种状况有所改善。经过长期的市场化运作,美国的动漫产业已经形成了一套完善的产业链条和成熟的运作体系,它不但拥有先进的动漫产品创作理念和制作技术,发达的娱乐基础设施,完善的知识产权保护环境,而且拥有成熟的市场机制,完备的政策法规和多学科的动漫人才培养制度。目前,美国动漫产业界越来越着眼于全球市场的开发和全球资源的利用,美国动漫产品制作过程中的外包规模也在不断扩大。

2.日本动漫产业

日本国民十分喜爱漫画,漫画文化非常发达,从而带动了动漫产业的发展。追溯日本动漫史,1906年北泽乐天创办的日本第一份漫画刊物《东京小精灵》成为日本现代漫画的开端,随后动漫产业迅速在日本发展壮大起来。日本为了保持其在20世纪80年代的经济发展势头,积极寻求除汽车和电子产品这些传统优势项目之外的新的经济增长点,而包括动漫产业在内的文化产业成为首选。1996年,日本政府明确提出要从经济大国转变为文化输出大国,将动漫等文化产业确定为国家的重要支柱产业。日本动漫作品具有完善的产业链,有成熟的漫画市场和广泛的消费群体做基础,又拥有顶尖级的动漫大师和制作机构以及无尽的创意表现和政府支持等。经过十几年的发展,动漫产业作为日本文化产业的代表,已经和日系汽车、电器并列,成为影响世界的三大"日本制造"之一。与此同时,日本动漫产品也开始成功地走向世界,成为最有价值的出口产品之一。2004年6月,日本正式公布了《内容产业促进法》,同时内阁会议还决定将内容产业划入创新产业战略中,日本政府希望通过文化的产业化,实现经济结构向知识密集型的转化,使产业重心从GDP(国内生产总值)转向GNC(国民幸福总值),从硬实力(经济和军事)转向软实力(文化价值观和品牌)。目前,全球播放的动画节目中约有60%是日本直接或间接参与制作的,世界范围内有68个国家曾经或者正在播放日本电视动画节目,超过40个国家上映过日本动画电影。作为一个与其他行业关联度极高的行业,动漫的发展大大地带动了音乐、出版、广告、主题公园和旅游等相关行业的发展。日本贸易振兴机构的调查结果显示,日本国内与动漫有关的市场规模已经超过2万亿日元。漫画、动画、图书、音像制品和特许经营周边产品在日本已经形成了完整的产业链,推动着日本经济的发展,日本动漫产业不仅在其经济发展过程中起到了重要的支撑作用,而且利用动漫文化和动漫品牌的无国籍性,扩大了日本文化在世界的影响力,传播了"酷日本"的理念。

3.韩国动漫产业

1998年,经历了亚洲金融风暴的韩国果断调整国家经济发展战略,明确提出"文化立国"的方针,将文化产业作为韩国21世纪的立国之本。韩国政府在文化观光部建立了下属机构——文化产业局,作为专管机构负责文化产业政策的制定。就动漫产业来说,文化内容振兴院、富川漫画情报资料中心、首尔动画中心和韩国游戏产业开发院是最重要的动漫产业管理、指导机构。近几年来,韩国文化产业发展迅猛,尤其在动画、游戏领域成绩斐然。韩国动漫产业的产值超过汽车行业成为韩国重要支柱产业,其动漫产品及衍生品的产值占全球动漫产值的30%。动漫产业的发展历程是韩国文化产业崛起的一个缩影。韩国在动漫产业发展过程中仍然采用政府主导的产业发展模式,但政府职能与亚洲金融危机前已有很大不同。在实施必要的行政手段的同时,更多地强调法律、经济与行政手段三者的共进与协调。政府的干预重点是对相关基础设施的开发,努力为有创造力的企业和部门提供发挥的平台,以推动文化产业的整体发展。为了给动画产业提供良好的生存发展空间,韩国政府对国产动画片与进口动画片在本国电视台的播放比例进行了详细的规定:韩国动画片占45%,进口动画片占55%。此外,外国任何一个国家动画片的播放额度不能超过外国动画片播出总量的60%,这主要是为了防止日本动画片充斥电视荧屏。在这样严格的规定之下,目前韩国电视媒介上韩国动画片、日本动画片、其他国家动画片的播放比例分别是45%、33%、22%。为了防止动画片在电视上的播出时段缩短甚至消失,韩国政府修订了《广播法》,从2005年7月起采用本国动画片义务播放制,按规定各电视台要保障用总时间的1%~1.5%播放本国动画片,这使韩国动画片有了稳定的国内市场。在产业发展的定位上,韩国结合自身优势与产业未来发展趋势,通过差异化发展战略重点发展网络游戏和动画领域,找到了产业发展的突破口,在较短的时间里迅速崛起;同时通过制定极具开放性的产业政策,鼓励国内企业与国外同行合作交流,积极参与国际竞争,鼓励企业自主创新,开发出具有市场竞争力的世界级产品。继日本之后,韩国文化战略的成功又一次证明了其具有可借鉴的价值。韩国的成功案例也是考察全球化背景下各国市场开发与文化多样化、市场保护关系的一个研究样本。

在全球动漫市场中,美国、日本、韩国名列前三。美国是全球最大的文化产品输出国,动漫产品和衍生品收入颇丰,仅从美国孩之宝公司免费提供《变形金刚》向中国全境播放,却在中国玩具市场赚走50亿美元就可见一斑。日本被称为"动画好莱坞",动画片、漫画书、电子游戏的商业组合所向披靡。日本新媒体的拓展如手机动画和手机漫画的技术研发也领先世界,是全球当之无愧的动漫大国。韩国是后起之秀,发展势头迅猛,年产值数量可观。

四、中国动漫产业市场特征

(一)中国动漫用户群体分布画像[①]

1. "95后"群体为主要受众

艾瑞调查数据显示,动漫用户中"95后"群体占动漫总用户群体的49.8%,"90后"占22.1%,"95后"用户群体成为中国动漫产业消费的主力军。

2. 用户更愿意为生活周边付费

由于中国版权保护相关法律规范实施较晚,国内动漫用户为动漫内容付费的习惯还没

---

① 2019年中国动漫产业全景图谱[EB/OL].(2019-02-21)[2022-11-11]. https://www.qianzhan.com/analyst/detail/220/190221-b20822f5.html.

有养成,所以用户为动漫内容付费意愿较低,但是在生活周边领域付费意愿较高。

3. 用户更加热衷于日产动漫

艾瑞调查数据显示,2018年国内动漫用户群体中,有79.1%的用户群体热衷于日本动画,51.6%的用户群体喜欢日本漫画。用户对国产动漫的喜好度仍低于日本动漫。

(二)中国动漫市场快速发展

2017年中国二次元用户规模达到了2.5亿人,其中核心二次元用户超过了8000万人,且人数逐年递增,2021年中国二次元用户规模达到4亿左右。

(三)动漫IP授权成趋势

2017年,中国授权收入仅占在线动画内容市场收入的0.9%,而在2017年第三季度,日本动画企业东映动画版权收入占总营收的41.9%,2018年第三季度更是达到了51.2%。与日本动漫市场相比,中国IP授权市场潜在开发价值巨大。2018年上半年,国内共有34家动漫上市公司,其中超过六成实现盈利,从事低幼动漫IP制作和运营的公司依旧保持良好业绩。

以杰外动漫为例,杰外动漫的主营业务为动漫和幼教IP的运营,现拥有《蜡笔小新》《哆啦A梦》《精灵宝可梦》《加菲猫》《巧虎》《三国演义》等国内外优秀动漫独家权利。2018年上半年,杰外动漫实现营收11133.6万元,同比增长41.34%,实现净利润2717.25万元,同比增长33.69%。

以低幼动漫内容制作为主的欢乐动漫也实现盈利,其中自主动漫授权的营业收入达到1319.8万元,同比增长139.38%。

五、国内动漫行业发展的不利因素

(一)动漫原创能力不足,阻碍产业链的发展

动漫产业的核心在于创意。目前,国内缺乏高质量的动漫原创产品,能制作出深入人心的动漫形象的企业不多。以美国、日本等为主的动漫发展大国,其动漫产业在国家经济产业构成中都占有相当大的比例,比如动漫产业是日本的第二大产业,美国的网络游戏业已经连续多年超越好莱坞的电影业成为该国最大的娱乐业,而这些国家都是采用的以开发原创动漫为主的产业方式,且有着漫长的历史,相比之下,我国的动漫产业才刚刚起步,国内的动漫数字娱乐,自主研发的能力弱,原创能力欠缺,基本以引进加工、代理运营为主。国家动漫产业网相关数据显示,在青少年最喜爱的动漫作品中,中国原创动漫只占据11%的份额,而日本和韩国的动漫作品占据60%的份额,欧美动漫作品占据29%的份额,差距明显。我国动漫原创能力的不足阻碍了动漫形象商业化链条的延伸,直接导致整个产业的附加值较低。

(二)动漫产业知识产权保护工作有待加强

动漫作品的重要收入来源包括版权和品牌形象授权收入等,但我国知识产权保护机制还不够完善,导致相关产品因盗版而权益受损,真正提供创意的动漫企业难以在市场上获得与其知名度匹配的商业收益,从而严重制约了其发展,这在很大程度上阻碍了国内动漫原创的发展以及产业化进程。

(三)资金瓶颈限制

动漫产业具有资本密集型特征,其产业链中的动画创意、制作、发行、衍生品开发及后续运营等环节环环相扣,每一个环节的运作质量都直接影响到下一个环节的成败,是一个相互促进、相互制约的有机整体。由于资金瓶颈的限制,多数动漫企业仅停留在单部动画片的创意、制作阶段,无法形成持续的创意、发行及衍生品开发体系,从而阻碍了产业链的良性循环,影响行业整体创意水平的提高,对行业的发展形成了不利影响。

(四)各环节人才缺失成为产业发展瓶颈

中国的发展离不开各行各业的人才,中国动漫产业链的搭建缺少包括创意、研发、市场营销、管理等在内的各类优秀人才,与动漫强国相差较远,特别是创意和市场营销人才严重不足。目前动漫专业人才的培养速度严重落后于我国动漫产业的发展速度。就当前国内动漫界而言,最缺的不是技术人员,而是有创意的编剧、导演、策划以及营销人才,这也是国内很多动漫产品无法吸引观众的根本原因之一,以至于市场很难做大做强。经营人才的匮乏制约着产业的升级,一些较好的原创作品各环节比较零散,没有衔接成产业链。因此,人才缺失成为我国动漫产业发展中的一大瓶颈,直接制约着动漫产业的发展。

(五)产业链不完整,产业盈利模式模糊

欧美、日、韩成熟动漫产业的收入构成主要包括衍生品和卡通形象授权,它们占总收入的70%以上。而在中国,动漫产业尚处于起步阶段,目前,国内的动漫企业大多缺乏清晰的盈利模式,也没有形成完整的动漫产业链,动漫制作企业主要通过动漫创作加工和动漫影视播放获得收入,很难体现企业的真正价值。具体表现为影视动漫播放收入较低、销售渠道不完善、知识产权保护力度不够等,这些加剧了盈利的不确定性,难以使动漫企业形成有效的盈利模式。

未来中国动漫产业要牢牢把握发展机遇,扬长避短,力争成为文化产业的璀璨明珠,在世界动漫产业中占有一席之地。动漫产业在欧美、日、韩产生了巨大的经济效益,已经构成一个庞大的产业。中国的动漫产业正迎来蓬勃发展的战略机遇期,我们要集中全社会力量,充分发挥政府、企业、民间组织及个人的作用,牢牢把握发展机遇,推进动漫产业更快更好地发展。

六、国内动漫行业未来发展趋势

(一)市场需求多元化

动漫衍生品行业发展的根本是市场需求多元化。动漫周边产品不局限于动漫人物手办,还包括服装、文娱、生活用品、餐饮等多个方面,这也是动漫产业快速发展的原因之一。在国家政策扶持的大环境下,加盟动漫连锁品牌会成为未来动漫衍生品行业发展的新趋势。动漫衍生品行业的发展向着动漫周边零售、动漫 DIY 现场制作、动漫 Cosplay 专业摄影、动漫服装道具定制租赁、动漫餐饮、动漫游戏等多元化模式发展。

(二)突破传统领域,IP 概念盛行

我国动漫产业已经进入快速发展阶段,动漫产业 70%～80% 的消费市场来自动漫衍生品。现阶段,在资本的跟进和动漫 IP 授权概念的推动下,动漫衍生品形式不再停留于传统玩具行业,泛娱乐、漫影游联动现象普遍,甚至向着新领域积极进发。IP 与商业地产在多种业态下结合,催生主题临展、主题乐园以及主题咖啡厅等多种商业模式。

(三)中国动漫产业发展空间大,现在进入仍有较大机会

中国动漫产业在 2013 年才借助移动互联网和资本的力量开始快速发展,经过几年时间,许多细分赛道都已经产生了自己的头部企业,但尚未有哪一家企业能够占据不可动摇的垄断地位。而且,对比日本、美国等动漫产业已经发展较为成熟的国家,从长远的发展逻辑来看,中国动漫产业的产值规模相对于庞大的受众规模而言还有很大的增长空间。

第二节 动漫产业的创意

一、动漫产业与创意的关系

如果缺乏创意,就很难创作出好的动漫作品,也会制约动漫作品的商业操作空间。中国动漫一直以来就存在着创意不足的问题,特别是和其他动漫强国相比,在情节和内容的安排、绘画手法的创新运用、动漫形象的设计、动漫作品及其衍生品的传播手法以及动漫的市场推广等方面都有着相当大的差距。目前,中国很多动漫产品都尝试运用多种表现形式,在题材上追求突破,采用了一些高科技手法来达到更逼真、更有冲击力的视觉效果。但是,大多动漫作品总是缺乏有生命力的故事情节,其中最致命的一点是创意不足,存在重复和模仿的问题。

在当今社会,人们凭借创意创造了一个又一个经济神话。所有产业的发展要想有实质性的突破都要依赖好的创意。早在 1986 年,经济学家罗默就指出,新创意会带来意想不到的新产品、新市场和创造财富的新机会。对于新兴的动漫产业来说,创意的地位尤为重要。由于整个动漫产业链是由创意来带动的,创意的好坏会直接影响后续产业链的走向。

总之,创意在动漫产业的发展中发挥着举足轻重的作用。动漫产业的创意涉及面相当广,重点是强调有创新能力,具体来说就是在动漫作品的创作和生产、动漫的营销推广、动漫的衍生品开发销售等众多方面进行更有效的新模式的探索。

二、动漫产业创意的特点

与传统产业相比,创意对于新兴的动漫产业来说具有无可比拟的重要性,而这些创意的特点主要是围绕以下几个方面表现出来的。

(一)动漫形象创意是整个动漫产业链的核心

凡是成熟、复杂、庞大的动漫产业链,都是由一个个独具创意的动漫形象带动的。日本凭借奥特曼、樱桃小丸子、机器猫、柯南等有影响力的动漫明星带动了一大批与之相关的周边衍生品的开发和销售。动漫明星和娱乐界的人气明星一样具有明星效应。商家通过对动漫明星进行商业开发,挖掘商业价值,从而获取巨大收益,整个动漫产业链由此得到快速发展。

国外很多动漫形象具有鲜明的特色,如海贼王路飞的草帽、小黄人的颜色和形象等设计都非常具有标志性创意。然而,纵观我国的动漫形象,总体上难以摆脱中规中矩的设计,在卡通形象的个性刻画以及形象设计上都带有呆板、重复和模仿的痕迹,整体吸引力不足,这就在很大程度上制约了我国动漫产业整个产业链的开发。分析极具创意的动漫品牌形象,以机器猫(哆啦 A 梦)为例,机器猫的形象就是一只蓝白色的卡通猫,这只猫的脑袋有点大,脸部设计得很人性化,肚皮上还有一个类似袋鼠一样的小口袋——这只口袋里装满了各种神奇的工具。整体来看,机器猫憨态可掬、亲切可爱、童趣味十足。这只形象设计简单的小猫咪涵盖了我们生活的方方面面,市场上标有机器猫卡通形象的玩具、服装、文具、电子产品、日化产品、书籍及影像制品的商品随处可见。它所涉及的领域已经远远超乎我们的想象,在它的身后是一条成熟的产业链,各种衍生品的开发和销售已经形成了一套完整的运营体系。由此看来,机器猫品牌 IP 的经营方向很明确,那就是所有机器猫动漫的目标消费者在生活中可能使用到的商品,在某一天都有可能变成机器猫开发商的新开发商品。在利用机器猫品牌号召力的同时,以目标消费者的生活需求作为创意点,进行衍生品和周边产品的开发,可以更有效地将整个产业链紧密地结合起来。

动漫形象的商业价值是不可低估的。青睐于特定动漫形象的受众会因为喜欢这些卡通形象而去搜索和购买与之相关的产品。这些动漫形象的成功设计不仅扩大了其自身的传播,也为动漫产业提供了一个相当大的商业空间。

商业意识贯穿整个动漫创作的过程,我国许多动漫作品中的漫画角色难以进行商业化操作,与机器猫、流氓兔比起来,形象与内涵都不够立体、不够丰满。所以,中国要打造有影响力的动漫明星,需要更多动漫人不断努力和探索。

总之,如果没有具有创意的动漫形象,动漫作品的衍生品和周边产业都是无法进行开发的,动漫作品的附加值也就无从挖掘。比如,美国的迪士尼公司在制作播放迪士尼系列动画片的同时,出版销售与之配套的书籍和音像制品,还在全球范围内建造迪士尼乐园,另外广泛地开发销售各种迪士尼产品,形成了一个完备的产业链,以极具创意的迪士尼众多动漫形象成功地拉动了整个产业链的商业运作。

(二)好的创意具有影响力的持久性与盈利的长期性

好的创意会给动漫产业带来持久的影响力和长期的盈利。动漫产业的创意并不仅仅停留于动漫作品创作中,而且体现在形成自己的动漫品牌之后,加大品牌跟进力度,将品牌做大做强,增强长期经营的可能性,使它的市场价值得到充分长久的开发。一个成功的动漫产品,可以生成一系列的衍生品,只要配合适当的营销策略,就会挖掘出巨大的经济价值,带来长久的品牌影响力和经济效益。比如沃尔特·迪士尼凭借他的创意,使得米老鼠举世闻名。在米老鼠卡通片大获成功后,他于1929年成立了"米老鼠俱乐部",到1931年,100多万人参加了该俱乐部。他成功地利用动漫形象开展营销。1955年10月,沃尔特·迪士尼看中了新兴的电视媒体,推出了"米老鼠俱乐部"的电视节目。节目在新兴的群体——电视观众中掀起了一波新的"米老鼠"热,使得米老鼠渗透到了更多的消费群体、更丰富的观众层次、更广阔的社会领域。由于电视节目热播,电视节目中演员所穿戴的"米老鼠"道具服装也成了热门装饰品,在儿童中掀起了米老鼠的耳朵帽子热潮。直到现在,米老鼠的动画片、书籍、音像制品以及各种衍生品仍然流行于市场,深受全世界动漫爱好者的喜爱。米老鼠这个创意在过去、现在和未来所带来的经济收益远远超出了人们预期。

HelloKitty也是动漫产品影响的持久性与盈利的长期性的典型代表。HelloKitty这个席卷亚洲的形象是众多女性和儿童的最爱。其影响力不局限于动漫界,还涉及玩具、服装、文具以及电子产品等领域。在如今这样一个时尚潮流快速变迁的全球市场上,HelloKitty能够立足几十年,并且在各个行业都开枝散叶,带来的不单是自身影响力的不断攀升,盈利也如同滚雪球一样越滚越大,这种持续的影响力和日渐增长的产业市场比重实在是不可低估的。这类例子还有很多,例如卓越网一个月内可以卖出1100多册《加菲猫》,而卡通光盘《猫和老鼠》的销量更高达每月1万盘。这些创意为动漫产业带来了强大的市场生命力,随着时间的推移,它们的影响力和商业价值将有增无减。

(三)动漫产业的创意体现了浓厚的文化色彩

动漫产品本身就是一种文化产品,它的文化性是根深蒂固的。我国几千年的传统文化底蕴和文化资源为动漫的创意提供了无限的题材和空间。动漫创作者需要深入挖掘传统文化的精髓,在形式和内容上与时俱进,将创意进行到底。

动漫无国界,好的动漫创意可能会征服全球范围的消费者,但是动漫作品不可避免会带有某种文化和区域背景的色彩,它在一定程度上反映了某种文化资源和精神价值。例如,宫崎骏用《千与千寻》等作品表述了与《宝莲灯》类似的传统文化价值观。很多动漫作品中的文化色彩提升了动漫本身的创意价值和内涵。

动漫是需要构建在丰富的文化资源基础上的文化产品,这样才能为动漫的创意提供广阔的发挥空间。动漫既然是无国界的,也就意味着它能够从优秀的传统文化中汲取灵感和素材,能够将世界多元的优秀文化为我所用,结合现有的高科技数码手段来达到文化为创意服务的目的。就拿美国迪士尼改编的《花木兰》来看,在中国的传统文化里,这是一个经典的代父从军的传说,但是经由美国人的改编,"孝义"被"女性意识的觉醒"所取代。在这部影片中,添加了很多能增强时代感的细节,更有表现美国文化的东西贯穿人物和情节的方方面面。再看热播全球的《哈利·波特》,这个故事充满了魔幻色彩,各种新奇的魔法贯穿始终,然而在很多大人看来,罗琳所强调的并不是魔法本身,而是勇气、决心,辨别是非善恶以及一群孩子的成长历程。

一般来说,文化特色在动漫产业的创意中主要通过两种方式表现出来。一是赋予现代化内涵。时代在变,受众对文化的需求也在变,我们应该对文化进行现代化的阐释,使之更好地为现代人所理解、所接受,尤其注意不能只是给冷冰冰的文化穿上动漫的外衣,这样毫无亲近感。二是凸显民族特色。越是民族的就越是世界的,需要注意的是,我们往往在动漫形象的塑造中对民族特色的理解有偏差,之前的民族特色创意呈现更多的是视听语言上的民族风格,比如民族绘画、民族音乐、民族风情等,但实际上,受众对于那些视听语言方面的民族特色很容易遗忘,而真正印象深刻的是那些内在的文化精神。

在今后的大众文化浪潮中,动漫文化的主导地位会进一步表现出来。它将承载新的历史任务,那就是在更大更广的范围内推广和发扬传统文化。这样既有利于传统文化的弘扬,也会创造更多的动漫产业商业回报,它的文化价值值得人们期待。

(四)现代动漫产业的创意与高新技术密不可分

现在的动漫作品越来越离不开高新技术的运用,很多创意都需要通过高新技术来实现。高新技术的应用为动漫产业的创意提供了无限的可能,也为动漫产业的创意提供了广阔的技术平台。这些技术已经广泛地渗透到动漫创作、动漫生产、动漫营销的各个环节。因此,动漫产业和高新技术的结合对动漫的创意有着不容忽视的影响力。

高新科技对动漫的影响主要是由电脑技术的应用带动起来的,它被广泛地应用到卡通片的创作和策划中。例如在《精灵鼠小弟Ⅱ》的制作中,导演明考夫带领他的电脑技术制作班底,绘制出了以假乱真的"鼠小弟"形象。"鼠小弟"头上50多万根闪闪发亮的头发,都是用数码技术制作出来的。而《花木兰》片中那场匈奴大军激战的戏是用电脑技术将5张手绘士兵的"原画"变化出数千个不同表情的士兵厮杀的模样。如果影片以传统手绘的方式完成,人工需耗时20年,而现在采用电脑技术,整部电影的制作时间缩短了四分之三。在《鲨鱼故事》创作过程中,梦工厂的软件开发人员制造了超过12种的新软件工具,包含超过2300项的特色和增强功能。在《鲨鱼故事》中,设计师们使用了一种叫作

bounceshader 的全局光照技术,可以计算光线从一个表面反射到另一个表面的位置和方式。视觉效应小组使用这种工具创作海面下的自然光和阴影的画面。《鲨鱼故事》中包含超过 300000 帧的画面,每帧的渲染都超过 40 小时。该影片的创作使用了 30 多 TB 的硬盘空间——大致相当于 54000 张 CD-ROM 光盘,还使用了超过 8 千米的胶片,使用了 2000 多个处理器,耗费 600 万个 CPU 小时。科技手段在这部影片中的应用在近年来是非常突出的。

  数码技术在动漫制作过程中的应用,催生了新媒体和动漫的结合,出现了手机动漫和网络动漫两大潜力巨大的分支行业,使得动漫产业的发展有了翻天覆地的变化。不仅仅是电子漫画取代了纸张印刷版漫画的地位,新兴的以互联网和手机为代表的新媒体因其更丰富的色彩、更精致的图片展现能力和大范围的迅速发展,以更直观、更便捷、更生动、更广泛的方式将视听图说等多种方式融合起来,再通过新媒体的平台传达给受众,为受众带来全新的视觉和听觉享受。互联网、手机、个人数字处理系统等高科技手段的加入,为动漫产业创造了更多的机会,极大地加速了动漫的传播。

  日本的动漫产业更是紧跟科技发展的步伐,非常重视科技在动漫产业中的价值。分析日本动漫的发展,从电视的出现到互联网的流行、手机的普及,不难看出日本动漫产业没有错过对每一次高新技术的利用。韩国也相当重视运用高新技术。韩国利用互联网流行的契机,以网络游戏为切入点,使动漫产业获得了飞速的发展,一跃成为动漫产业强国。所以,我国的动漫产业必须有意识地重视高新技术的开发和应用,同时,把握好新媒体发展的契机,拓展新的商业模式,寻求我国动漫产业腾飞的机遇。

  目前动漫的主要消费群体还是广大青少年,这个群体对应用了高新技术的产品非常有兴趣,会积极尝试、乐于接受新科技和新时尚,而动漫的优势在于图文并茂、传统和时代性交融、人物情节缤纷多姿,再加上电影、电视语言的独特魅力,正好符合了他们在这方面的要求。从这个角度来看,动漫产业和高新技术的结合是必然的。

第三节 动漫产业的策划

一、动漫产业的策划

(一)动漫产业与策划

  策划是以目的为导向,在充分调查市场环境及相关联的环境的基础上,遵循一定的方法或者规则,对未来即将发生的事情进行系统、周密、科学的预测,并制定科学可行性的方案。任何产业的发展离不开前期的缜密策划。

动漫产业是以创意为核心,以艺术和科技为支撑,以动画和漫画为表现形式,以创作动漫直接产品为基础,以开发品牌形象衍生品为延伸,从而形成巨大版权价值链的产业。动漫产业具备很强的经济价值以及文化价值。动漫产业的策划贯穿产业链的整个环节,我们要从上游的内容生产、中游的内容传播到下游的衍生变现,对整个动漫产业链的运作进行宏观把控。"凡事预则立,不预则废",迪士尼凭借完善的市场化运作机制、系统性的IP运营成为动漫产业巨头。根据迪士尼财报,2022年第一季度,迪士尼总营收为218.2亿美元,较上年同期的162.5亿美元,同比约增长34%。在疫情的笼罩下,迪士尼旗下四大业务板块仍实现增长,这除了得益于强大的动漫IP之外,也源于对其IP的市场化运作。迪士尼有着细致缜密的前期策划,其从题材选择、剧情安排、角色道具设定、动画制作、特效处理、后期合成,到节目发行、品牌建设、产品开发、品牌授权等产业链各个环节都制定了不同时期、不同阶段的商业计划目标、方向和战略战术,具体包括资金规划、人才规划、制作计划、发行计划、渠道建设规划等。

(二)动漫产业策划的方向

近年来,中国动漫产业发展迅速,但与美日韩的差距仍然较大,人员配置失衡、内容创新性不足、知识产权保护力度不够等是主要内因;产业链不完整、产业环境缺失等是主要外因。

动漫产业策划应从影响我国动漫产业发展的内外因出发,以产业链结构优化、创新为抓手,提升我国动漫产业的市场竞争力。策划的前提是对市场有调研,对受众有洞察。这里笔者将从前期策划的角度围绕我国动漫产业的市场化运作,提出以下四个策划方向。

1. 内容创作

从内容生产环节来看,我国动漫原创程度不高,主要停留在动漫形象的基础应用层面,偏重于对成功模式的模仿,缺乏具有竞争力的技术创新和形式创新。国产动漫受众主要集中在青少年、儿童层面,作品形象呈现"低幼化",故事情节具有单一性、同质化的特点,同时喜好说教、不会讲故事仍然是中国动漫作品中普遍存在的问题。我们应把中国文化精髓巧妙地渗透到动漫作品的故事情节中,而不是直截了当地说教,虽然业界逐渐意识到内容创意方面的不足,但还是缺乏讲故事的高手。

2. 明星IP

我国经典动漫品牌形象的市场化运作案例寥寥无几,长期处于从动漫形象设计到授权产品销售的直线型传统营销模式,缺乏品牌化运作机制,市场推广周期长而产品生命周期短;动漫作品的品牌符号主要是卡通形象,受众有局限性。此外,艾瑞调查数据显示,2018年国内动漫用户群体中,有79.1%的用户群体热衷于日本动画,51.6%的用户群体喜欢日本漫画。[①] 用户对国产动漫的喜好度仍低于日本动漫。中国动漫产业最终目标是向美国好莱坞等知名影视看齐,促进动漫产业上中下游重要环节一起发展,将受众扩展到消费能力更强的成年人,实现动漫的全龄化发展。

---

① 2019年中国动漫产业全景图谱[EB/OL].(2019-02-21)[2022-11-11]. https://www.qianzhan.com/analyst/detail/220/190221-b20822f5.html.

3. 品牌授权

目前,我国动漫产业在品牌授权方面存在一些突出的问题:在品牌传播中的开发力度不足,没有在动漫形象创作之初就将动漫授权衍生品的开发整合进产业链,缺乏系统的品牌营销思维,仅依靠推广打开知名度;开发层次较浅,授权领域主要集中在玩具、文具、食品、服装等低档的消费市场,盲目拓展市场占有率,设计人员缺乏对品牌战略的整体把握,无法将产品与市场完美对接;原创动漫形象缺乏时尚感与现代感;终端零售渠道和物流配送体系不成熟;长期依赖授权开发,知识产权保护不力。

4. 衍生品开发

我国动漫产业终端环节的控制力度不强,主要依赖辅助产业和相关产业的运营获取商业利润,表现出一定的被动性。衍生品的开发是动漫产业的终端环节,也是动漫产业经济效益的主要来源。迪士尼作为动漫行业中的成功者,从其年报来看,利润最高的并不是大家熟知的影视作品,而是它的主题公园和媒体频道。动漫作品是产业链的源头,而其衍生品的开发,如主题公园、舞台剧和图书,所有的产业链合在一起才是动漫产业。因此,加强市场调研与用户洞察,对动漫形象和产品的内涵进行准确的把握是动漫产业策划的前提。

二、动漫产业策划的基本原则

动漫界的传奇人物约翰·雷斯特在接受德国媒体《南方德国报》采访时,根据自身的经验,总结了动漫创意和策划的七大原则。这里对七大原则进行简单介绍。

(一)原则一:永远不要只有一个点子

不管是写一本书,还是设计一件家具,或制作一部电影,一开始都不能只有一个点子。如果一个制片人只提出一个企划项目,那么他肯定会为这个项目绞尽脑汁,而钻研太久会限制一个人的想象力;如果同时提出多个企划项目,而且每个项目都有好点子,就可以从中选择最优的一个。每个有创意的人应该同时企划三个点子,这样会促使他去思考从前没有思考过的东西,从而发现新大陆。

(二)原则二:记住创作过程中的第一次欢笑

创作者在创作过程中所面临的一个巨大问题就是怎么完善自己的想法,做到尽善尽美。但是这样做会有一些风险。当想起一个故事、一个点子或一个笑话时,就把它记录下来,它们的影响力是会随着时光的流逝而逐渐加强的。在很多情况下,好的点子之所以会流逝就是因为人们忘了他们第一次听到这个好点子时的反应。

(三)原则三:质量是最大的商业计划

创作者应该有一个永远都不会妥协的重要原则,即无论制作周期多长或是经费限制有多大,一旦有了更棒的想法,一定要从头再来,重做一遍。从长期考虑,对于任何一个动漫创意来说,质量是最大的商业计划。许多管理者都不能理解这一点,但是观众们深深明白。创作过程只有等真正有创意的人说结束的时候它才算完成,这不代表创作人没压力。压力永远都是有的,但是每一个创作者都应该拥有最后的决定权。

(四)原则四:团队就是一切

团队比个人更具有创意。团队管理者有责任废除团队里的任何等级制度,这其中很重要的一条规则是,到底是哪个个体想出了这个点子并不重要,团队其他成员必须认真地帮助该个体激发他的创造力,完善该点子。

(五)原则五:快乐激发创意

竞争并不是激发创意最有效的方式,合作、快乐和自由才是。有创意的人只有相信每一个参与者,对他们都有极大的信任,才能创作出一部伟大的动漫作品。有创意的人很容易感到无聊,他们十分情绪化,只有想尽一切办法为他们创造快乐,才能在最大程度上激发他们的创造力。

(六)原则六:创意品的输出永远能反映管理者的品质

一个不够格的管理者会阻碍创作过程的进行,一个到处使坏脾气、禁止员工玩乐的管理者会削弱团队以及员工个人的创造力。只有有足够包容性并且真正有才干的管理者才能激发员工的创造力,使其产出创意品。

(七)原则七:管理者应乐于接受有才华的创意人员

一些管理者在自己的员工比自己更有创造力,或表现出更多的才华时,会缺乏安全感,但实际上,安全感和对员工创造力的包容态度是可以共存的。

三、动漫产业策划的方法

(一)根据受众市场,明确内容定位

首先,明确市场定位,把握主要的消费群体。创意产业把消费者视为价值创造的起点和终点,消费者的评价构成了价值的真正源泉。艾瑞调查数据显示,动漫用户中"95后"群体占动漫总用户群体的49.8%,"90后"占动漫总用户群体的22.1%,"95后"用户群体成为中国动漫产业消费的主力军。消费者受消费动机、个人兴趣、文化背景、时尚潮流、年龄差异以及市场宣传等因素的影响,对动漫产品的需求也就呈现出多样性。因此,动漫的受众定位至关重要,直接影响动漫产业的经济效益。一方面,从传播效果来看,低幼龄群体的媒体接触面有限;另一方面,从衍生品开放与销售的角度来看,动漫的传播效果影响衍生品的开发与销售,低幼化作品的文化符号局限于儿童消费品,而未成年人的购买力相较于成年人明显较弱。这就要求动漫产业制定适合不同受众群体的策略,不仅要重视原创内容质量,还要根据观众年龄进行划分,针对不同年龄阶段观众的情感认知进行市场的开发和细化。

其次,观众的需求是产品创作的直接动力,也是价值创造的出发点和归属点。动漫产

品具有文化产品与经济商品的双重属性,它们共同决定了动漫产品的价值,动漫产品的文化价值与受众认可度、受众的分布范围呈正比,受众的认可度越高、分布范围越广,可以转化为经济效益的动漫的文化价值也就越高。美国和日本这方面的做法值得借鉴:日本动漫将受众群体细分,按不同年龄层受众的喜好、兴趣、特点进行动漫创作,满足不同年龄层受众的需求,此外,日本动漫 IP 具有"陪伴感""认同感""记忆度"三大特点,形成持续吸粉几十年的属性,陪伴观众成长;美国迪士尼集团创始人沃尔特·迪士尼在创作初期就确定了"迪士尼电影是适合全家人一起观看的电影"基调,迪士尼电影从每个创作者的童心出发,用不同的创新手法唤醒每个人潜意识中的情感。

(二)开发明星动漫 IP,抢占市场份额,带动产业链发展

一部动漫作品的成功,不仅体现为高收视率,还体现为给动漫产业带来巨大的经济价值和商业空间。这时就需要做好策划,把成功的动漫形象上升到品牌的高度,进而对其进行衍生品的营销策划,扩展产业链。"全球畅销 IP 前 50 名"数据榜单显示,诞生于 1996 年的"精灵宝可梦"位列第一,总收入约 950 亿美元,位列第 50 位的"火影忍者"收入也达到了 101 亿美元,总收入前十的 IP 收入均超过了 300 亿美元。在全球动漫市场中,日本动漫占据了 60% 的份额,众多明星动漫 IP 与观众一同成长,陪伴式的动漫 IP 如海贼王、名侦探柯南等成为一代人共同的时代记忆。塑造明星形象的绘画、漫画等表现形式,对符号产品、版本等有着巨大的产业价值,多轮的版权内容商业开发反过来会提升动漫品牌的附加值。

(三)多元化开发动漫衍生品,形成"动漫 IP+"营销模式

经济基础决定上层建筑,动漫产业的经济增长点来源于衍生品的开发与营销。任何产业都是以经济效益为根本出发点的,动漫产业也不例外。衍生品开发在动漫产业链上具有极其重要的地位,也是动漫产业回收投资、实现和扩大盈利不可或缺的环节。从长期的盈利来考虑,动漫从业人员在进行前期策划时要遵循这样的策划原则,即把目标定在动漫衍生品市场上,挖掘动漫产品商业价值,扩大动漫市场的容量。动漫 IP 衍生的不仅仅是版权和周边,还有跨界营销,即各种产品与一些知名动漫 IP 合作推出新产品。为了吸引年轻人的关注,越来越多的品牌开始联手动漫 IP 进行品牌推广,形成"动漫 IP+"营销模式。在"互联网+"时代,每个行业都需要更多地开放、融合与协作,积极探索"动漫 IP+新零售""动漫 IP+品牌""动漫 IP+社群""动漫 IP+科技"等模式,使"动漫 IP+"的跨界形式更加多元化。

总结起来,动漫产业规划体现在动漫产业链的各个环节。前期策划应以目标消费者的需求为导向,掌握动漫市场的趋势,缜密思考,统筹规划,为我国动漫产业进军全龄段动画、创作明星动漫 IP、创作多元化题材的作品以及相关衍生品的推出指引方向。

> **思考练习**
>
> 在动漫产业链的各个环节如何体现动漫产业规划?

文化旅游产业创意与策划 第六章

学习目标

通过本章内容的学习,了解文化旅游产业创意的特点、文化旅游产业策划的原则和方法,具体掌握文化旅游产业的特点和策划技巧,从而培养和提高文化旅游产业策划人员的实践能力。

知识点

1. 文化旅游产业的概念;
2. 文化旅游产业的主要特征;
3. 文化旅游产业创意的要素;
4. 文化旅游产业创意的表达方式;
5. 文化旅游产业策划的基本原则;
6. 文化旅游产业策划的基本要求。

二维码 6-1　文旅产业

第一节　文化旅游产业概况

一、文化旅游产业兴起的背景

《习近平谈治国理政》(第四卷)汇集了以习近平同志为核心的党中央高度重视文化建设和旅游发展,从统筹推进"五位一体"总体布局、协调推进"四个全面"战略布局的全局高度所提出的一系列新理念、新思想、新战略,为新时代准确把握和科学推进文化和旅游发展提供了新的理论依据和思想武器。

2018年3月9日,国务院办公厅印发《关于促进全域旅游发展的指导意见》,标志着全域旅游正式上升为国家战略。2019年8月23日,国务院办公厅发布《关于进一步激发文化和旅游消费潜力的意见》,推出消费惠民、提高消费便捷程度、丰富产品供给、促进产业融合发展等硬核举措,激发文旅消费潜力。2021年12月22日,国务院印发《"十四五"旅游业发展规划的通知》,就推动文化和旅游深度融合、完善现代旅游产业体系、加快旅游强国建设作出部署。2022年4月25日,国务院办公厅发布《关于进一步释放消费潜力促进消费持续恢复的意见》,提出加强商业、文化、旅游、体育、健康、交通等消费跨界融合。

在新的历史阶段,中华文化的国际影响力持续提升,人民群众的精神需求日益增长,对文化旅游产业提出了新的更高的要求。人民至上、文化铸魂、文化赋能,旅游业带动国民经济不断增长,文化旅游产业从高速增长向高质量发展稳步迈进,不仅为文化旅游产业提供了更为广阔的空间,也为加快建成社会主义文化强国、铸就中华文化新辉煌奠定了坚实基础。

二、文化旅游产业概述

(一)文化旅游产业的现状

随着物质生活不断丰富,人们的精神生活也越来越丰富,逐渐出现多元化的文化娱乐产品,文化艺术服务也随之不断更新升级,渐渐形成了提供影响消费者精神、情绪和思想的产品或服务的文化产业。改革开放以来,我国大力扶持发展文化产业和旅游产业等第三产业新模式。在低碳经济时代,文化产业与旅游产业的融合发展,无疑对整个国民经济的结构转型与升级有着极其重要的意义。

目前,我国文化旅游产业的发展不仅要保持高速增长的势头,还要注重向高质量发展转化,促使文化旅游产业成为国民经济增长的新动力。其一,坚持文化自信,推进文化铸魂,发挥文化赋能作用,保护、传承、弘扬中华优秀传统文化,继承革命文化,发展社会主义先进文化,更好地满足人们文化旅游日益增长的精神需求。其二,坚持以人民为中心,大力发展文化旅游产业,创造和推出更多优秀文创产品,不断增强人民群众的获得感、幸福感、安全感。其三,坚持以文塑旅、以旅彰文,发展绿色旅游与数字智慧旅游,创新红色旅游与乡村旅游产业内容,推动文化旅游产业在更广范围、更深层次、更高水平上融合发展。

(二)文化旅游产业的概念

文化旅游产业不同于单纯的文化产业和旅游产业,它是以文化为驱动、旅游资源为依托,用"创意"这个核心将二者连接起来的新兴产业。文化旅游产业的基本内容包括旅游产业中的交通、住宿、纯自然观光景区等;其核心内容则是为消费者创造有文化内涵和深度的文化观赏对象,为消费者提供能深度参与的文化旅游体验的休闲娱乐活动或是学习体验。文化旅游产业突出的是文化创意与策划,目的是提高人们旅游的文化质量,满足人们文化旅游的需求,丰富人们的精神生活,从而实现经济效益与社会效益的双赢。

(三)文化旅游产业的基本特征

1. 文化旅游产业追求经济效益和社会效益的双赢

文化旅游产业是可持续发展的有利于国民经济的富民产业,它追求经济效益与社会效益的双赢。一方面,它可以让当地老百姓参与到文化旅游项目的开发和建设中,为其提供更多的就业岗位,增加创业的渠道,增加老百姓的实际收入,为乡村振兴带来新的助力;另一方面,在整合社会文化资源的过程中,文化旅游产业的发展融入精彩纷呈、气势磅礴的中华民族文化中,不仅为当地特色文化带来保护和传承的动力,也为地域特色文化的宣传和国际化带来了新的可能性。例如,西藏自治区人民政府将文化和旅游结合起来,加速推动把资源优势转化为产业优势,把产业优势转化为发展优势,不仅有效促进了西藏文化的传播和发扬,也为西藏带来了更大的经济效益;西藏文化旅游产业正在崛起,成为西藏经济发展的新引擎。

坚定文化自信,大力发展文化旅游产业,会吸引更多的人参与、感受、体验当地文化,加入宣传和保护地域特色文化的行列,从而让所有参与者共享文化旅游发展的成果,在文化旅游产业获得可持续性发展的同时,为提高国家文化软实力和中华文化国际竞争力做出更大的贡献。

2. 文化旅游产业的重心在于文化

文化是国家和民族之魂,文化旅游产业是文化与旅游两大产业融合发展的结果,其发展的基础在于丰富的文化资源和旅游资源,是一种特殊的跨行业融合发展的综合性产业。在文化的碰撞和融合中,文化旅游产业因自然环境、地域特色、制度法规等各种因素的差异呈现出不同的样态,其创造性转化和创新性发展符合时代及国家经济文化发展的需要。

习近平总书记在二十大报告中提出,推进文化自信自强,铸就社会主义文化新辉煌。文化旅游产业注重打造独特的文化符号,它是以人文资源为主要内容,将文化作为一种独特的生活形态进行销售,突出文化符号在文化生活中的重要作用,借助产业化的行销模式进行普及和推广的旅游活动。文化旅游产业的从业人员必须清晰地了解该文化产业的相关知识及最新资讯,掌握专项领域的技艺与才能,有目的地系统地进行学习与提升,这样才能更好地为消费者提供文化服务,帮助消费者在文化旅游产业中获取更多的专业知识,寻求文化体验和文化享受。

3. 文化旅游产业的核心在于创新

文化旅游产业是近年来发展势头迅猛的第三产业新模式,是一种绿色、低碳、朝阳产业,创新是文化旅游产业的核心。文化产业与旅游产业之间相互融合,催生出创新产品或服务,除了常规的旅游项目,还有适应各种人群需求、满足多元需要的文化旅游活动,比如以革命文化传承和红色精神赓续为主题的红色文化旅游项目,以探寻地域传统文化为目的的名人遗迹寻访旅游、历史探秘旅游、非遗文化旅游项目,以地域风情为主题的民族风俗旅游项目,以大学生社会实践、中小学生研学为主题的乡土文化体验旅游项目,以文学艺术学习交流为核心的书法学习旅游、围棋交流旅游项目,以乡村振兴为核心的生态农业和劳动教育相结合的新型文化旅游项目等,种类繁多,文化内涵深厚。

近年来,各地政府不断发挥区域优势,调整产业结构改革,依托区域特色文化底蕴,将文化创意融入旅游,打造具有地域文化特色的旅游大格局。同时,依托民俗文化,利用民族特色村寨、古村古镇,发展特色小镇,推动乡村旅游与新型城镇化建设有机结合,为地区经济发展带来无穷的活力与动力。文化旅游产业的各类平台作用不断凸显,文化旅游产品供给日益丰富,5G、大数据、AR/VR、人工智能、超高清等数字技术的广泛应用创造出大量数字文化精品,国际影响力逐渐提升。文化产业和旅游产业的产品、市场、业态的融合度不断加深,乡村旅游、红色旅游、文化遗产旅游蓬勃兴起,极大地激发了人们的消费潜力,成为国民经济新的增长点。

三、文化旅游产业发展过程中需要注意的问题

(一)锁定目标群体,精准定位文化旅游项目主题

文化旅游项目开发中,文化旅游项目主题是主导元素,它有利于目标市场的细分以及目标群体与文化旅游项目主题的对应。然而,现阶段文化旅游产业的目标市场范围过广,针对的文化旅游消费者层次不明晰,往往对目标群体一概而论,将文化旅游档次统一化。只有深入挖掘当地文化资源,全面细致分析相应的文化旅游项目目标群体,才能找到最适合开发的文化旅游项目主题。

(二)找准区域定位,开发地方特色文化旅游项目

近年来,文化旅游产业发展势头良好,为了抓住契机,很多地区一拥而上,对文化旅游项目缺乏科学、全面、综合的有效分析,导致文化旅游项目特色不够鲜明,有一定的同质性和趋同化。只有打造区域差异化的文化旅游项目,才能凸显地方特色。因此找准属于地方的独特的文化旅游资源和特色项目尤为重要。

(三)提高对文化旅游资源的保护意识

文化旅游资源具有脆弱性和不可再生性。目前,各地都在强调文化旅游资源的经济价值和经济效益,较为忽视文化、精神、科研等方面的价值及社会效益。我们既要增强文化旅游资源的保护意识,加大宣传保护力度,科学规划,及时采取有效的保护措施,也要加强监管,调动社会公众参与监督,还要提升文化旅游产业从业人员的综合知识和职业素养。只有这样,才能科学、合理地开发文化旅游产业项目,最终实现文化旅游资源的有效保护。

第二节　文化旅游产业创意

一、文化旅游产业创意的要素

文化旅游产业通过旅游形成消费聚集、人群聚集、产业聚集,进而满足消费者的文化旅游需求,其核心在于文化的创意与创新。依托文化创意,用创意升级消费结构,引领消费潮流,吸引投资,形成文化消费需求与旅游经济发展之间的良性循环,有助于进一步促进文化旅游产业结构的优化和升级,实现文化旅游经济的持续增长,带动文化旅游产业的创新发展。

(一)环境要素

用创意营造文化旅游产业环境,促使城市和乡村环境美化,有助于增强城市和乡村的吸引力。随着社会的发展,人们对文化旅游品位要求逐步提升,已经不满足于单纯的旅游观光。打造良好的外部环境,用创意挖掘、重组、优化文化资源,有针对性地进行区域性文化旅游主题凝练,有助于构建文化旅游消费者对城市和乡村的文化想象,提升消费者在旅游时物质与精神的双重体验。

"文旅中国"公众号数据显示,截至2021年,我国建设了15个国家文化和旅游消费示范城市,115个国家文化和旅游消费试点城市;产业规模持续扩大,市场主体不断壮大。全国规模以上文旅企业数量从10年前的3.6万家增长到6.5万家,年营业收入从10年前的5.6万亿元增长到11.9万亿元。截至2021年末,全国共有旅行社4.2万家,A级景区1.4万个,星级饭店8771家,文化旅游产业对国民经济的带动作用逐步凸显。[①]

(二)产品要素

文化旅游产业获得经济效益与社会效益的关键在于文创产品。一方面,用创意挖掘民族文化旅游资源,进行深层次的文化价值探索、研究以及创造性整合,打造优秀的文创产品,重塑城市及乡村文化品牌,有助于打造支撑地方旅游的精品,成为地方对外推广的亮丽名片;另一方面,突出旅游产品和旅游场景或旅游环境的文化属性,用创意打造文化旅游产品,可以满足文化旅游产业对文创产品的多元化需求。

狭义的文创产品即文化创意产品,具体而言,是借助现代科技手段,依靠创意人的智慧、技能和天赋,用创意打造产品,对文化资源、文化用品等进行文化创造与提升的产品。文创

---

① 推进文化和旅游业从高速增长迈向高质量发展[EB/OL].(2022-10-29)[2022-12-23]. https://mp.weixin.qq.com/s/sVXHuEWxSDdOBUG2Ygx2dQ.

企业通过知识产权的开发和运用,产出高附加值产品,促使产业增值,增强核心竞争力。例如,景区、游乐园、博物馆等文化旅游地推出的文创雪糕,从2019年开始成为网红的文创潮流,进而风靡全国,使风景名胜所承载的抽象的文化不仅能够入眼入耳,还能由嘴入心。广义的文创产品包括国潮文创、乡村文创、城市文创和数字文创,它们通过深入剖析中华民族文化精神,寻找中国文化的世界意义与国际传播方式,进行中国传统文化的创造性转化与创新性发展,最终提升中华文化创造力。

近年来,数字化文化旅游平台不断建设和完善,一大批文创产品火爆"出圈",例如,博物馆里的文物从陈列收藏变得触手可及,古老的文化遗产通过大众喜闻乐见的方式进行宣传推广,书写在古籍里的文字又迸发出新的活力,中华优秀传统文化的创造性发展和创新性转化,使人们感受到高质量文创产品的激情与活力。

(三)营销要素

最好的营销方式是旅游者的口碑,即文化旅游消费者的口口相传。为了更好地发展旅游业,一方面,要用创意强化营销方式和手段,建立目标客源市场的品牌忠诚度,增加产品推广渠道,拓展客源市场;另一方面,要用弹性的思维开发符合大众品味和需求的文创产品,从营销主题、内容、形式、渠道、策略等不同方面构筑竞争优势。

二、文化旅游产业创意的表达方式

随着文化旅游产业的蓬勃发展,中国的文化创意理念越来越明晰,文化旅游产业创意的表达方式越来越多元,文化旅游产业的国际竞争力也越来越强。传承与创新中华优秀传统文化,提升中华文化当代创造力,大力发展文化旅游产业,对于中国文化软实力的提升、国家形象的建构、文化强国的建设具有不可替代的作用。而要丰富文化旅游产业的创意表达方式,就要打破行业壁垒,基于交叉视角,实现对文化创意实践创新的敏锐把握与积极尝试。

(一)文化传承与创新

文化是国家和民族的灵魂,文化自信是凝聚、引领国家和民族前行的强大精神力量;中华民族伟大复兴有赖于强大的物质力量和精神力量,有赖于文化的繁荣兴盛和高度的文化自信。自党的十八大以来,以习近平同志为核心的党中央高度重视文化建设;党的十九大报告提出"坚定文化自信,推动社会主义文化繁荣兴盛",党的二十大报告提出"推进文化自信自强,铸就社会主义文化新辉煌",我国文化建设的内涵不断丰富,要求不断深化。新征程上,进一步增强中华文明传播力及影响力,体现在文化旅游产业的发展中,就是要加快构建中国文化旅游产业体系,用科技提升文创产品的交互性、趣味性,讲好中国文化旅游故事,传播好中国声音,提升中华文化国际传播效能。

1. 民间文化艺术的"活化保护"

民间艺术是中华文化的瑰宝,它来源于生活,具有浓厚的生活气息,以及民间手艺人鲜明的个性特征和浓郁的乡土味道,反映了民众的现实需要和审美需求,属于中华民族的集体文化印记。然而,随着岁月的流逝、传统民间艺术大师的逝去、制作原材料的缺乏、传承人的缺失,民间艺术的市场不断萎缩。对于如何用数字技术为民间艺术的传播赋能,让民间手艺人被看见、被认可,抖音、快手等短视频平台做出了有益的尝试。

在这些视频中,不同年龄、不同性别、不同地域的民间匠人专注于民间工艺的制作流程,一丝不苟地打磨着沉寂多年的传统民间工艺,用新媒体技术让古老技艺与现代生活发生碰撞,开启了民间艺术的"活化保护"传承之旅。例如,年仅25岁的UP主"才疏学浅的才浅"就是在这种氛围中自己花钱买黄金,用数万锤纯手工复原了三星堆黄金面具,引发了人们的赞叹,为此而拍摄的短视频一度在B站全站排行榜首。尽管和真正的文物修复仍然存在较大差距,但是这种"90后"青年人用现代观念创新民间艺术和文化的传播方式,使传统民间技艺变得好看、好玩、好用,从而被时代重新唤醒,呈现出新的生机与活力。

民间艺术是动态发展的,需要全方位的推广、保护、发展和记录。2021年中秋节由抖音发起的"抖转新遗"系列活动,将现代技术融入民间艺术,助力民间艺术与城市文化的传承与创新,让民间艺术真正走进现代化的城市生活,使其传统文化性与都市现代生活方式紧密关联,让城市焕然一新。民间艺术的终极意义,是让民众看见生活,挖掘文化的丰富性,从而提供给人更多的生命的可能性。

2. 非遗文化传承与创新

当今社会,文化旅游产业可持续性创新发展,中华优秀传统文化创造性转化和创新性发展成效显著,文化遗产已经在全国"活起来","博物馆热""非遗热"蔚然成风,文化遗产保护传承取得了丰硕成果,国潮国风成为年轻人的新时尚。各地在传统节日以及文化和自然遗产日举办丰富多彩的活动,全社会热爱中华优秀传统文化的氛围更为浓厚。"文旅中国"公众号数据显示,截至2021年底,全国共有国有可移动文物1.08亿件(套),不可移动文物76.7万处,全国重点文物保护单位5058处,备案博物馆6183家;我国共有各级非遗代表性项目10万余项,其中国家级非遗代表性项目1557项;各级代表性传承人9万余名,其中国家级非遗代表性传承人3062名;国家珍贵古籍名录13026部,全国古籍重点保护单位203家;世界遗产56项,位列世界第二;列入联合国教科文组织非遗名录、名册项目42项,位列世界第一。中华文明探源工程、文物保护工程、革命文物保护利用工程、"考古中国"重大项目和中华古籍保护计划、中国传统工艺振兴计划等深入实施,长城、大运河、长征、黄河、长江国家文化公园建设稳步推进。流失海外文物追索返还工作成果丰硕,1800余件(套)流失文物回归祖国。[①]

目前,全方位、多层次、宽领域的文化旅游产业格局逐步形成,在这一格局中,人们配合多样化的文化旅游活动,积极推动不同文明之间的交流对话,进行广泛的跨行业交流、互鉴与合作,影响深远,形成了一定的文旅品牌效应。近年来,西安城墙以打造世界一流的"文物保护和文化遗产传承目的地"为目标,以"数字化"为抓手,全面推进文物保护管理和文化遗

---

① 推进文化和旅游业从高速增长迈向高质量发展[EB/OL].(2022-10-29)[2022-12-28]. https://mp.weixin.qq.com/s/sVXHuEWxSDdOBUG2Ygx2dQ.

产传承利用工作。在文化遗产传承和文化旅游融合方面,西安城墙推出"数字博物馆""无人机＋VR沉浸式云游览"和手机客户端智慧旅游小程序;探索5G技术,结合区块链技术尝试研发文化旅游"数字藏品",构建"智慧＋便捷"的智慧文化旅游发展新模式。中华文化在文化旅游产业的蓬勃发展中,日益彰显强大的魅力,展示出新时代中国人的精气神,不断扩大中华文化的国际影响力和感召力。

(二)乡村文化旅游创意

1. 红色旅游

文化和旅游部发布的数据显示,2020年我国中央财政支持红色旅游景区建设资金高达60亿元,我国红色旅游出游人数已经超过1亿人次,整个"十三五"期间,红色旅游出游人数保持稳定增长,在国内旅游市场中维持11%以上的份额。全国红色旅游已经形成了12个"重点红色旅游景区"、30条"红色旅游精品线路"和100个"红色旅游经典景区"的全国红色旅游发展大格局。

近年来蓬勃发展的红色文旅项目用人格化的形式还原中国共产党的历史进程,展示中国共产党的活力与战斗力,让我们看到文化创意的力量,具体包括宣传策划的创意、影视作品的创意、观点和角度的创意。在红色文旅创意中,尤其注重用青春视角塑造青春政党,从而吸引年轻人了解党的历史,对中国共产党的良好形象和成就加强认同感。

2. 生态旅游

乡村承载了中华民族天人合一的理念,寄托了农耕民族的精神追求,蕴含着古老的文化传承、习俗、美德与智慧,滋养着一代又一代的华夏儿女。近年来,乡村生态旅游大力发展。携程发布的数据显示,2021年通过携程预订乡村旅游的订单量比2020年增长超三成。民宿短租预订平台途家发布的《2021上半年乡村民宿发展报告》显示,2021年上半年国内乡村民宿房源总量超63万套,同比增长超16%。游客对于乡村,尤其是本省本地乡村的偏爱,促使乡村酒店和乡村民宿订单持续增长,农家乐成为新的经济增长点。

3. 研学旅游

研学旅游一直是青少年主题教育活动的重要形式,在培养青少年的思想政治素养、提升青少年综合素养、传承中华优秀传统文化等方面发挥着重要作用。研学旅游是通过"研"而"学",以乡土乡情、自然科普、农事体验等为重点,通过各类主题实践活动和乡村生活体验,让青少年在研学旅游的过程中开阔眼界;通过充分挖掘乡村文化资源,将教育性、实践性和趣味性相结合,用青少年群体喜闻乐见的方式讲好乡村故事,讲好中国故事,使青少年从中汲取丰富的中华民族优秀传统文化的养分和强大的精神力量,从而树立正确的人生观、价值观、世界观。

(三)城市文化旅游创意

城市集聚了非农人口和文化产业,是人类政治、经济、文化的中心,也是中华文明成果的荟萃之地。当代城市是一个知识、思想、创新集聚的地方,孕育了适应时代变化的经济社会文化生活,并不断与时俱进、与时俱新。新型城市不断发展创新活动,逐渐增加城市的创新密度,进行城乡融合和城市产业升级。

1. 城市露营的精致打卡文化旅游

城市的高房价、快节奏,以及永无止境的追逐,让人们重新思考生活的本质。人口从乡村流向城市,又从城市回到乡村,城市向乡村延伸,形成城市延伸带。2021年,一种被称为城市露营的新业态悄然兴起,日常闲暇、节假日,三五好友驱车到城郊,烤肉、喝咖啡、搭帐篷、看星星……城市露营积极创造条件,突破了现实环境的限制,成为当下城市人文化旅游的新方式,满足了人们渴望自然体验和文化社交的精神需求。随着国家文化公园的建设,城市露营具备了更多的生态土壤和精致打卡地,可以满足人民日益增长的优美生态绿色环境需要,为城市文化旅游提供更多的创意内容。

2. 历史文化名城的科技创新与转型升级

历史文化名城是观察中华文化发展的独特窗口,它们肩负着文化传承、文化建设、文化创新的重要使命。在城市发展的过程中,历史文化名城往往面临更多的挑战,如城市功能重新定位、产业结构调整、传统文化与现代科技融合等。挖掘历史文化名城的文化资源价值,探讨古城文化旅游的数字化创新路径,是历史文化名城的科技创新与转型升级亟待解决的问题。近年来,世界文化遗产丽江古城依托"一部手机游云南"App,深入应用5G、物联网、大数据、人工智能等数字化技术全面开展智慧小镇建设,以科技创新赋能八百年历史古城转型升级,打造了"政府监管服务无处不在、游客体验自由自在"的实地应用范例。丽江古城"智慧小镇"数字化转型实践入选文化和旅游部办公厅发布的"2022年文化和旅游数字化创新实践案例",为其他古城古镇的遗产保护和景区开发提供了可复制、可推广的丽江古城方案。

三、文化旅游产业创意的未来趋势

党的二十大报告提出,以社会主义核心价值观为引领,发展社会主义先进文化,弘扬革命文化,传承中华优秀传统文化,满足人民日益增长的精神文化需求。这为文化旅游产业的发展指明了方向。

(一)创新"数字+文化+旅游"的文化旅游模式

近年来,数字文化产业崛起,中国文化科技融合的创造力不断增强。数字经济、数字文化为当代中国文化旅游产业提供了崭新的平台,各种新兴的媒体、技术与传统文化融合,数字文化旅游产业快速发展,"云看展"、线上演播、网络直播、沉浸式体验等新业态加速崛起。"数字+文化+旅游"的模式不断创新,文化创意、非遗工坊、乡村旅游、大众休闲旅游、智慧旅游持续发展,科技赋能文化传播与乡村振兴,文化旅游深度融合推进。

(二)助推科技与文化有机结合的文化旅游服务

中国有丰富的文化遗产,数字时代的文物保护和文化传承面临着新的机遇和挑战,以数字技术赋能文化和旅游产业发展的案例越来越多。例如,西安城墙管理委员会将数字技术应用于城墙文物的日常监测,实时掌握城墙墙体及附属建筑的安全状况;建设数字化平台,开发三维立体全景云游,打造系列文化旅游创意产品,提升游客体验;促进景区信息化管理,建立"遇见城墙""高德地图智慧游"等智能导览系统,持续提升西安城墙数字化、智能化水平,加强对文化遗产的传承和传播。为满足多元化和个性化的需求,丽江古城深入应用5G、物联网、大数据、人工智能等数字化技术,全面建设智慧小镇,创新规划"1+1+N"(一网络、一中心、N应用)工程,构建综合管理、智慧服务、智慧旅游、智慧创新四个体系;开发沉浸式体验产品,让游客可以VR游古城,重现丽江古城的历史文化和民俗民风实景,让文化和旅游资源借助数字技术"活起来",为消费者体验古城文化魅力提供全方位的数字化文化旅游服务。

(三)文化自信与文化交流合作

2020年9月8日,习近平在全国抗击疫情表彰大会上的讲话中指出,文化自信是一个国家、一个民族发展中最基本、最深沉、最持久的力量。文化自信是对包括社会主义先进文化、革命文化、中华优秀传统文化在内的中国特色社会主义文化的自信,既包括一个民族、一个国家、一个政党对自身文化理想、文化价值的高度信心,也包括对自身文化生命力和文化创造力的高度信心。从文化旅游产业角度看,坚定文化自信意味着我们要从中华优秀传统文化中汲取力量,形成明晰的中华文明价值体系和价值观念,增强我国文化软实力,建设社会主义文化强国,在文化旅游产业发展中践行社会主义核心价值观。

文明因多样而交流,因交流而互鉴,因互鉴而发展。传统文化的当代创意发展,推动了文化旅游产业的蓬勃发展。在日益开放包容的文明对话平台中,加强与共建"一带一路"国家文化交流合作,促进了中华文化与世界文化的交流与互鉴。近年来国潮兴起,从各个角度展现出可信、可爱、可敬的中国形象,进一步增强了中华文明的传播力和影响力,使全球视野中的中华文化在现代性转化和交流互鉴的过程中,不断彰显独特的创造力和文化魅力,以自己的精神、文化、创意走向世界。

第三节 文化旅游产业策划

一、文化旅游产业策划的基本原则

一份优秀的文化旅游产业策划,应该包含对中华优秀文化基因的梳理和提炼。旅游产业与文化产业建设中创新的理论和丰富的实践经验,可以推进我国文化的现代性转化与可持续发展,丰富文化旅游产业研究的学理意义与研究图景。

(一)传承原则

在文化旅游产业策划中,要传承和弘扬中华优秀传统文化,主要包括以下三方面:其一,中国文化的内涵与表现形态,包括在世界有广泛认知度的中医、武术、书法、绘画、戏剧等艺术形态和独特技艺;其二,中国人的生活方式和行为习惯,主要体现在中国人的处世哲学和日常修身养性中重生命、重伦理、重和谐的人文追求;其三,中华民族的价值观念,即中华民族的艺术方式、生活方式、处事方式背后的思想道德和价值观念对人的生命、生活与社会交往所起的作用。

(二)创新原则

文化旅游产业策划以文化为引领来整合各种生产要素,将满足社会的精神需求作为主要目标,不断创新文化旅游产业的发展模式,从而带动社会经济新的增长点。我们要加强对文化遗产的保护与开发,从人类共同的文化遗产中传承人文精神,同时通过文化旅游沉浸式实地体验,深化对人文精神的认识,加快传统文化的创造性转化与创新性发展,更好地传承与弘扬中华优秀传统文化。

(三)跨界原则

文化旅游产业策划要以文化为核心,加强业态融合创新,使各相关文化旅游产业关联性强、涉及面广、辐射性强,协同发展;发挥旅游带动作用,延伸出文化旅游产业链,从更广阔、更多维的视角推动文化旅游产业的创新发展,使文化旅游产业成为新世纪经济社会发展中最具活力的新兴产业。

(四)互动原则

文化旅游产业有地域差异,我们要以地域差异为诱因,以文化的碰撞与互动为过程,以文化的相互融合为结果,促进文化旅游产业的发展。文化旅游产业策划要借助最新数字技术与文化旅游平台,通过大众媒体、在线交流互动、文旅产业云平台等,展现中华人文精神的理念、思想与艺术之美,同时通过合作研究、人文教育以及国际人文对话,让不同民族、国家、地区的人们共同探讨,借助文化旅游产业推动世界文明交流互鉴。

二、文化旅游产业策划的基本要求

(一)坚持文旅为民,以人民精神需求为导向

文化旅游产业策划要以人民精神需求为导向,以饱含文化内涵的旅游景点为载体,在旅游过程中为消费者提供具有旅游资源文化内涵的体验,给人沉浸式的文化感受,从而实现文化旅游策划的审美情趣激发功能、教育启示功能和民族情感寄托功能。

(二)凸显人文精神,体现中华文化精神内核

人文精神是理解中华文化的精神内核,是维系中华文明赓续传承的血脉,也是文化旅游产业持续发展的精神主线。人文精神主要体现在中华民族的价值观念、民族气质、文化内涵、艺术表现等方面。只有把握文化旅游产业发展的主体性与主动权,将人文精神灌注于文化旅游产业策划中,继承和弘扬中华优秀传统文化,才能在文化旅游产业中体现中华优秀传统文化精髓,以精神需求引领物质生产和消费,同时以物质生产满足精神需求,实现以文化人、以文立国、以文济世。

(三)充分运用数字技术,提高文化旅游产业服务质量

推动文化旅游产业的数字化建设,提高文化旅游产业服务质量,是贯彻落实国家文化数字化战略的重要举措。人工智能技术在文化旅游产业中的应用,促使数字展览、智慧景区、云游 App 等精品数字文化旅游项目不断涌现,"文旅+科技"不仅催生出更多的创新文化旅游产品,还为消费者带来了更为丰富的文化旅游体验。

思考练习

在文化旅游产业策划中,如何凸显人文精神?

实训篇

SHIXUNPIAN

第七章 文化产业创意与策划实训

为适应我国现代文化产业的发展,文化产业人才应具有广阔的国际化视野、深厚的中外文化功底,以及良好的创新创意思维,能灵活提炼和整合各种文化元素,并将其运用到设计、研发、策划、市场推广等各环节。前六章围绕各文化产业的创意思维方法,以及策划的原则和途径展开;后六章以实训为手段,将知识、理论与实践进行整合,对文化产业项目流程管理以及文化产业创意策划技巧和现代传媒语言的实践能力进行训练。

第一节 文化产业创意与策划的实施步骤

文化产业创意与策划的实施步骤,即文化产业创意策划项目流程管理。文化产业运作是一项系统工程,各个步骤构成了一个有机整体。做好项目流程管理,详细策划,统筹安排,明确实施步骤,是实现文化产业项目目标的关键。文化产业中的创意与策划在运作过程中相辅相成、互为前提。创意是核心,是市场和消费的根本动力,而在创意的市场化运作中必须经历文化产业策划的整体设计与诠释。

一、文化产业策划的程序——基于文化产业项目的程序

文化产业项目是为社会公众提供文化产品和文化相关产品的生产活动的集合。根据文化产业的分类,与之相关的文化产品、文化活动、文化服务等都可定义为文化产业项目。例如,电影拍摄、音乐制作、承办国际赛事或演唱会等都属于文化产业项目,文化产业项目一般由特定组织、人员来完成,以满足公众文化需求为目的。文化产业项目程序不尽相同,大致会经历筹备—策划—实施—项目四个阶段。

(一)筹备阶段——以问题为中心,明确策划目标

明确策划目标是筹备阶段的核心问题,筹备阶段也是文化产业项目的论证阶段。信息时代,人们文化消费需求日益丰富多变,使得文化企业面临的策划问题也经常发生变化。因此,每次开展的策划活动都必须解决最为紧迫的问题,如加大文化产品宣传力度问题、促进

与社会环境的公共关系问题、有效的文化推广手段的组合问题等。这些都是文化产业经营所要实现的直接目标,而最终目标则是通过有效的策划活动,使文化产业运作更加科学化、系统化和高效化,使之成为实现文化产业整体经营目标的重要保证和有机组成部分。明确策划目标可按以下步骤进行。

1. 发现问题

敏锐地捕捉或发现问题是文化产业项目策划的第一要义。英国著名哲学家弗兰西斯·培根说过:"如果你从肯定开始,必将以问题告终;如果你从问题开始,必将以肯定结束。"说明提出像样的问题,并分析问题和解决问题非常重要,以问题为中心是文化产业项目策划的内在逻辑。提出问题、分析问题、解决问题的过程被称为 TFJ 思维,它是一种严密的思维方式。运用到文化产业中,就是对可能出现的问题与现象进行梳理,在一问一答中深入分析,最终直抵问题的本质。我国文化产业发展起步较晚,目前仍存在许多实际问题,例如,文化资源开发不足,对优秀文化资源开发不精,民族的、地方的优秀文化内涵开发挖掘力度不大、浮于表面等。

2. 界定问题

界定问题的关键在于明确市场对项目的真实需求。彼得·德鲁克在《管理的实践》中提到:最徒劳无功的做法(即使不是最危险的做法),莫过于为错误的问题寻找正确的答案。目前,人们的生活水平不断提高,用于文化消费的支出不断增加,这必定带来文化需求的不断增加,识别需求、明确需求、对需求有超前洞察力是文化产业项目策划者应具备的能力。

3. 分析问题

文化产业策划的实施会受到多方面条件的限制,受政策、环境、资金、人员等限制,其本身具有复杂性的特征。例如,电影需要导演、明星、编剧等创意联动,这些通常称为线上部分,而电影创意要转化为电影产品,必须通过电影的摄像、道具、场务、化妆、后期制作等多个部门通力合作,这些生产部门通常被称为线下部分,再通过法律、金融和保险等环节获得项目资金,进入发行环节。因此,策划者必须能够分析问题的性质和条件,识别项目中的种种问题和限制。

(二)策划阶段——立足市场,项目论证

文化产业项目的策划阶段往往发生在项目开始前,对项目进行论证,为之后文化产业项目策划的开展做好前期调研。论证的主题即策划的对象,把论证焦点对准策划对象。文化产业项目所策划的是以精神文化内容为核心的活动,主题的提取也是对活动精神内涵的把握,抓住项目的核心内涵,将精力放到主要问题上。这些是制定策划方案的基础,具体包括以下几个方面。

1. 收集信息——文化产业项目市场信息调查

文化产业项目市场信息调查是项目决策的依据,任何文化产业项目都有其从属的生态环境,政治、经济、文化、技术等组成该文化产业项目的外部环境;竞品、供应链、买卖方、市场

需求是文化产业所在的市场环境。信息的来源可以是问卷采访、实地观察、抽样调查等一手信息，也可以是国家政府机构的统计数据等二手资料。

2. 加工信息——文化产业项目市场数据分析

加工信息即对文化市场调查信息进行整理。在这个时候，策划者要做好数据的分析和阐释工作，从中提炼有效信息，挖掘有效数据进行规律性的认识。在加工信息环节有两点需要特别关注：第一，在对信息数据进行分析时，要善于抓取关键信息，对影响核心问题的信息数据重点关注，有的放矢；第二，可视化的数据表达形式可以将繁杂的信息进行可视化整理，以图表的形式进行信息的分类、抓取，从中分析趋势，往往能够铺捉到项目的"转折点"或"制高点"。

3. 整合信息——文化产业项目市场报告

文化产业项目市场报告是一种结论性报告，是对市场数据挖掘和信息分析结果的书面表达。它从数据、信息的挖掘中得出指向性的项目定位及走向，探寻项目发展的内在规律，对项目发展的前景做出评估。文化产业项目市场报告一般分为项目背景阐述、项目市场分析、项目结论或建议三个部分。项目背景阐述一般包括项目的基本情况、项目报告的主旨、项目调查的方式方法等；项目市场分析包括对已有资源、市场环境、市场需求与前景、消费需求及潜在需求进行分析等；项目结论或建议是在项目背景和市场分析的基础上，提出具有建设性的执行层面的意见。值得注意的是，在这里，解决问题不是关键，关键是提出有增值点的结论。

（三）实施阶段——制定策划方案和执行策略

实施阶段是指根据市场报告制定策划方案及执行策略。这一阶段主要包括策划方案的制定、项目团队的组建、项目资金的筹措、成本控制、进度控制和项目风险控制等。下面分制定策划方案和制定执行策略两阶段来进行分析。

1. 制定策划方案

该阶段是根据市场报告等已知信息，并结合策划者创造性的巧思新意，充分发挥策划者的主观能动性进行项目策划方案的拟定。值得注意的是，此时，策划者创意性、发散性的思维要在项目的现实框架中展开，注重整体性思维。策划者应围绕产业化指标，以市场导向、产业链扩展、营销推广、管理规范等为重点展开思维；此外，还应代入受众或消费者体验的视角，为受众创造体验价值。

2. 制定执行策略

该阶段是根据策划方案制定执行策略，将策划方案落实到具体的文化产业运作中。从项目团队的组建、项目资金的筹措、项目成本的控制和项目风险的控制四个方面进行执行层面的策略制定。文化产业项目执行策略是项目得以开展的行动指南。项目团队的组建要考虑项目各阶段所需职能，分阶段进行投入；项目资金的筹措和成本的控制涉及文化产业项目所需的成本及相关投入费用（创意成本也应考虑在内），建立各阶段费用基准作为项目费用支出的主要依据；项目风险的控制，主要针对可能发生的各种不确定因素做预案，对不可控因素做风险识别、风险分析、风险监控和风险应对。文化产业项目策划方案与执行策略的制定应多以图表的形式呈现，将项目环节与实际工作一一对应，有利于项目跟踪、监测。

(四)项目阶段——建立机制,精准调控

1. 监察机制

在策划方案的执行过程中,项目各环节实施人与项目的适配度是此环节得以落地实施的重要指标,实施人的职能在此发挥关键作用。建立监察机制,落实责任人制度,确保责任到人,出现问题可追溯、可补救,对项目密切跟踪。监察机制不仅包括对项目的监察,还包括对责任人的监察。责任是否落实到位直接关系到项目的实施进度与质量。

2. 防范机制

根据项目风险控制的预案,对项目可能会出现的问题进行应对措施前置。在项目实施过程中不可避免地会遇到一些突发情况,某一环节出状况可能影响到其他环节的执行。建立风险防范机制,有利于人们准确、快速地识别风险并进行风险分析,在此基础上用最优化的方法降低项目损失进行风险控制,并及时给出风险应对措施。

3. 评估机制

项目评估机制的应用体现在两个阶段。一是项目实施阶段。该阶段项目各环节间相互连接,彼此依托。项目执行中,若某一环节出现问题则可能产生"多米诺骨牌"效应,因此,对项目各环节质量进行客观评估、质量验收,对执行效果进行评估,可以适当规避风险,实现最终效果最优,这是执行过程中的评估。二是项目结束阶段。项目实施阶段结束并不意味着项目结束,策划的预期结果和实际结果之间可能存在一定差异,对于策划者来说,产生差异的原因是之后项目运营以及项目优化的依据。

【案例】锦绣之都——中国(宁波)非物质文化遗产创意产业园策划方案

该方案的项目主要进程表如表 7-1 所示。

表 7-1 项目主要进程时间

时间	事件
2012 年 11 月 29 日	企业面谈,项目意向的初步沟通
2012 年 12 月 25 日	小型研讨会,审定大纲并提出意见
2013 年 1 月—3 月	参考项目实地考察
2013 年 2 月初	策划方案草案提交
2013 年 3 月中旬	策划方案终稿第一修正稿提交
2013 年 4 月 17 日	小型专家研讨会,修正意见收集
2013 年 4 月 21 日	策划方案终稿第二修正稿提交
2013 年 4 月 24 日	小型专家研讨会,修正意见收集

策划方案主体

1 项目重要性与必要性

 1.1 省内非物质文化遗产项目适应时代——传承与发展的需要

 1.2 培育浙江非物质文化遗产样板——企业的需要

 1.3 整合全国刺绣文化资源——重塑民族记忆的需要

 1.4 宁波经济文化转型升级的助力

 1.5 优化宁波旅游产业的现实需求

 1.6 打造"宁波韵味"的高端文化产品的社会需求

2 项目背景

 2.1 中国刺绣工艺产业亟待整合升级

 2.2 传统非物质文化遗产保护面临种种困境

 2.3 宁波非物质文化遗产保护工作的努力

 2.4 国家非物质文化遗产保护工作积极开展

 2.5 浙江文化产业转型升级与社会主义文化大发展的关键时机

3 项目建设目标

 3.1 以刺绣为代表的中国传统工艺美术产业聚集中心

 3.2 传统工艺美术的传承和发扬人才培育基地

 3.3 以刺绣为代表的宁波特色文化旅游目的地

 3.4 宁波最大的高端艺术品交易中心

  3.4.1 打造宁波地区最大的艺术品交易中心

  3.4.2 打造中国东部专业艺术交易高端服务体系

  3.4.3 搭建"一场二网"艺术交易平台

4 项目规划

 4.1 项目名称

 4.2 投资主体

 4.3 拟建规模与建设形式

  4.3.1 项目硬件建设

  4.3.2 项目软件建设

 4.4 园区业态构成

 4.5 拟建地址

5 项目总体定位

5.1 宁波地区文化创意、会展旅游与人才教育的综合体
5.2 宁波地区典型文化产业与文化事业的互动创新区
5.3 宁波当地非物质文化遗产保护与传承的试验区
5.4 以"金银彩绣"等为代表的传统工艺美术产业聚集升级的孵化区

6 项目核心理念——"锦绣一生"

6.1 "锦绣一生"的"中国梦"内涵
    6.1.1 "锦绣一生"内涵的历史积淀
    6.1.2 "锦绣一生"寄托了中国人的美的理念
6.2 从"锦绣一生"出发的产业链设计
6.3 "锦绣一生"概念下的特色非物质文化遗产呈现样态
    6.3.1 非物质文化遗产形式、内容多向整合的网状展示方式
    6.3.2 非物质文化遗产有机的"活态"呈现方式

7 园区产业链与运营模式

7.1 主价值链
    7.1.1 ODM 或战略合作形式的产品创意设计与研发
    7.1.2 独立品牌战略与要素品牌战略并行的产品制作
    7.1.3 权威机构认证的产品鉴定
    7.1.4 多重渠道的产品推广营销
7.2 相关价值链
    7.2.1 大平台的工艺原料采购
    7.2.2 宁波特色的文化旅游产业
    7.2.3 "锦绣一生"主题下的演艺娱乐产业
    7.2.4 园区产业相关的艺术教育培训产业
    7.2.5 运输物流
    7.2.6 具有园区特色的餐饮住宿等服务行业
    7.2.7 金融、法律、信息等的综合服务平台
    7.2.8 活跃而丰富的零售行业
    7.2.9 其他

8 园区产业集聚与功能分区

8.1 园区产业集聚
    8.1.1 市场
    8.1.2 核心产业群

8.1.3 相关产业群
8.1.4 创意设计营销产业群
8.1.5 外围服务产业群

8.2 功能分区
8.2.1 中国(宁波)刺绣文化博览馆
8.2.2 宁波工艺美术产业大楼(双子楼座)
8.2.3 园区公共服务办公大楼(双子楼座)
8.2.4 创意风情步行街
8.2.5 七夕主题广场

8.3 牛势战略布局
8.3.1 以楼养馆
8.3.2 以馆带街
8.3.3 街场互补
8.3.4 以场滋园

9 项目SWOT分析

9.1 优势(Advantage)
9.1.1 独一无二的文化产业与事业融合的项目模式
9.1.2 丰富的可调动资源
9.1.3 开辟多元市场的成功经验
9.1.4 投资主体成果丰富,声誉斐然
9.1.5 交通区位优势明显
9.1.6 地区经济基础良好
9.1.7 地区文化资源丰富
9.1.8 人力资源充沛
9.1.9 市政基础设施完善,环境优美

9.2 劣势(Weaknesses)
9.2.1 主要绣种名气不够响亮
9.2.2 投资主体影响力不足

9.3 机遇(Opportunities)
9.3.1 国家文化产业大发展的机遇
9.3.2 宁波市政府对于非遗事业发展的重视

9.4 挑战(Threats)
9.4.1 周边地区有其他著名绣种存在
9.4.2 政府投资创办的其他工艺美术产业园项目的相似性威胁

10　项目可行性分析
　　10.1　项目可行性论证研讨会
　　　　10.1.1　小型意向磋商会
　　　　10.1.2　第一次小型专家研讨会
　　　　10.1.3　第二次专家研讨会（待定）
　　10.2　范例项目梳理
　　　　10.2.1　曼谷的珠宝产业基地珍慕铂丽斯城
　　　　10.2.2　华夏工艺美术产业博览园
　　　　10.2.3　北京工美聚艺文化创意产业园
　　　　10.2.4　大唐不夜城
　　10.3　财务可行性分析
　　　　10.3.1　资金预算概况
　　　　10.3.2　项目时间轴
　　　　10.3.3　收益预估

11　项目效益
　　11.1　有利于保护与传承非物质文化遗产
　　11.2　有利于探索非物质文化遗产保护的新模式
　　11.3　有利于促进地方经济文化转型升级
　　11.4　有利于推动当地旅游业发展
　　11.5　有利于提供更多的就业机会，增加就业
　　11.6　有利于完善市政基础设施建设

（策划案来源：李晨曦. 锦绣之都——中国（宁波）非物质文化遗产创意产业园策划方案[D]. 杭州：浙江大学，2013.）

第二节　文化产业创意与策划案的演讲

　　创意与策划案是将策划内容以文本形式进行呈现，演讲则是以规范的口头语言、大众化的质朴表达对策划案进行充分阐释。在公众场合，能以有声语言为主、体态语言为辅，准确传达思想、观点与情感，深谙沟通、表达之道是从事文化产业创意与策划人员所应具备的能力，是培养当下文化产业人才的有效途径，也是考核文化产业人才的重要尺度。

一、演讲的含义

演讲又叫讲演或演说。段玉裁在《说文解字注》中有言:"演之言引也,故为长远之流。"形容一个人讲话语音准确、语流晓畅,给人以流水般舒畅之感。这一节所说的演讲,就是为听众讲述某方面的知识或对某问题的见解,以有声语言为主要手段、以体态语言为辅助手段,针对某个具体问题,鲜明、完整地发表自己的见解和主张,阐明事理或抒发情感,进行宣传鼓动的一种语言交际活动。因此,并非所有的口语表达活动都是演讲,演讲活动有明确的目的、主题和演讲对象,是一种直接的带有现实性和艺术性的社会实践活动。

演讲活动由来已久。最早可追溯到公元前 3000 年左右,当时古埃及的伯塔·霍特为指导伊雷斯法老的儿子,曾写"箴言集",着重阐述如何进行有效的谈话。公元前 11 世纪,盲人诗人荷马的著名史诗《伊利亚特》《奥德赛》首次提出演讲的概念。在我国,据《墨子·兼爱下》记载,夏禹在出征三苗之前鼓舞士气,举行誓师动员大会,标榜自己受命于天,以"除天下之害"为名发表了一篇演讲:"济济有众,咸听朕言!非惟小子,敢行称乱。蠢兹有苗,用天之罚……"殷商时期,盘庚为了将都城迁到殷,曾发表了 3 次演讲,这些演讲被记录在中国最早的历史学文献汇编作品《尚书》之中。

二、演讲的表达技巧

(一)口语表达技巧

1. 用听众的语言去沟通

从信息传输的过程看,演讲者是信息源,听众是信息的接收者、最终用户。有时演讲者认为他们的话会被复制到听者的脑子里,但是事实并不总是这样,信息传输的过程中有无数的不确定性,作为演讲者或方案报告人要明白,信息是被接收的信息。在演讲之前我们要搞清楚两个问题。

(1)谁是听众?

项目策划案的演讲对象视情况而定,通常由项目甲方、项目投资方等组成,有时也会是内部汇报、公开展示等。项目策划案的演讲以促成项目投放为目的,以策划案落地实施为导向。那么,在演讲的设计中,从听众的角度来进行思考和表达,需要演讲者具有同理心;从听众的角度出发,设计内容的呈现方式,是演讲者的必修课。

(2)如何表达?

策划案的演讲,看似是一次汇报演讲,即将准备好的内容进行口语讲述,但其本质是一次沟通。沟通就需要表达、倾听、设计这三个方面的能力。特里萨修女因一生致力于消除贫困,获得 1979 年诺贝尔和平奖。英国记者麦坎·穆格里奇拍了一部纪录片《为上帝做美好的事》,让大众的目光聚集到特里萨修女和她的工作上。当时,许多人同特里萨修女一样孜孜不倦帮助穷人,而特里萨修女的故事格外引人注目。究其缘由,主要在于特里萨修女的叙述方式——说服大多数人从她的视角看事情。很多人认为沟通的要诀在于一致性、清晰度和表达风格,当有信息要传达时,确定信息送达的方法往往是小心措辞,然后加以重复。但特里萨修女反其道而行,她沟通的重点在于聆听和观察,并认为这比讲话更重要。她首先用亲切的注意力和"真正想了解"的渴望去聆听,而不是迫不及待推销自己的信息,她从听众的言辞、语气、手势、呼吸、节奏、肢体语言和眼神接触,获悉对方真正的语言,从而自然而又有意地修改她的语言去适应听众,同时密切注意他们的反应——他们了解她真正在说什么吗?他们愿意接受她的话和意图吗?她需要停下来多听一些吗?透过凝神贯注、积极聆听和适应,特里萨修女始终如一地说她的听众听得懂的话,通过对听众的充分了解,她用能引起听众共鸣的方式与他们对话。因此,在演讲过程中,对现场氛围的感知力,对现场受众的观察与及时调试,是演讲顺利展开、达到最优效果的一大前提。

2. 用优质的声音状态去呈现

优质的声音状态是从表述角度要求演讲者发音准确清晰、词句流利易懂、语调贴合自然。语言是人类社会特有的信息符号,语言过程即信息的编码—发送—传输—接收—解码的过程,语音的产生和接收理解源于人的内心活动。演讲者的声音状态是影响听众内心反馈活动的首要条件,以声音为主要物质手段的演讲对演讲者的声音有更高的要求。

(1)发音准确,字正腔圆

字正腔圆是发音准确清晰的前提,它在语音学中是声母与韵母两部分相配合达成的状态。具体来说,播音或演讲发声对吐字的要求可以归纳为以下几点:准确、清晰、圆润、集中、流畅。字正,要求声母发音清晰有力,没有方言口音;腔圆,要求演讲者的声音达到圆润饱满的状态,在这里,韵母的发音起到关键作用。韵母的主要组成部分——元音是发声中最为响亮的部分,口腔开度也是最大的。通过调整口腔开度,将元音拉开立起,在较短的时间内达到声音饱满到位的效果,发好韵母当中的元音,使声音圆润清亮,给人以优美动听之感。可见,字正腔圆与口腔中的发音器官关系很大,口腔在发每一个字的音的过程中起到至关重要的作用,把口腔从语音概念中剥离出来,单从改变口腔的状态,就可以达到字正腔圆的效果。字正腔圆的训练方法可以融入日常的对话交流中,也可以短期内集中练习,例如对单音节字、双音节词语以及文章诗词进行朗读,在练习过程中,口腔状态应逐步实现提颧肌、打牙关、挺软腭、松下巴。提颧肌是提起上颚前部的动作,可以用微笑的状态来体会,也可以用开大口展鼻翼的状态来感受;打牙关是提起上颚中部的动作,可以用啃苹果来进行练习;挺软腭是提起上颚后部的动作,可以用半打哈欠和夸张的吸气动作来体会;松下巴就是让下巴处于放松的状态,松下巴的状态像极了牙疼时的说话状态。在训练过程中,从字、词、成语的练习开始,将每个字的发声过程放慢,进行夸张练习,对着镜子进行训练或者用视频录制的方式比照。

(2)声音稳定,语流晓畅

演讲时,演讲者常常会出现气息不足、说话吃力,音量忽大忽小、声音痉挛颤抖、飘忽不定的现象。声音状态的稳定性关乎演讲者对声音的控制以及演讲过程中的语流。连续说话的语流中,通过停连、重音、语速、调值、节奏的变化来达到语流晓畅之感,其中停连与重音尤为重要。

① 停连——说话要有标点。停连,指语流中声音的停顿和连接。顾名思义,那些为表情达意所进行的声音的中断和休止就是停顿;那些声音不中断、不休止,特别是演讲稿上有标点符号而在口语表达中不需要中断、休止的地方就是连接。停顿和连接不当甚至会改变整个句子的含义,而正确的停连不仅能区分语句结构,还能使表达更富感染力,更好地传情达意。演讲中对停连的应用可分为两个层次:一是根据语法结构和基本的词汇进行停连处理,根据标点符号正确地划分句子成分是演讲者的基础能力;二是根据情感的需求,适时破坏语句结构的正常规律,适当地加以停顿,这是"战术"上的停连,是演讲者富有语感的表现。

② 重音——说话要有重点。根据演讲目的、思想感情需要给予强调的词或短语就叫重音。重音的应用使演讲目的更加突出,逻辑关系更加严密,感情色彩更加鲜明。重音的选择应该是能够突出语言目的的中心词。演讲者一般根据思想感情变动、语流变化处理重音,这时候需要注意以下四个方面:第一,重音要精不要多;第二,处理好重音与非重音的关系、重音与次重音的关系、重音与重音的关系、非重音与非重音的关系;第三,重音的表达要注意分寸感,明白过犹不及;第四,把握重音要从演讲的整体性出发,从宏观角度把握体现演讲意图的主要内容,不可一开始就陷入某个具体的语句中,否则重点会不突出、不集中。

③ 语速——说话要有感情。语速,即讲话时声音的快慢,单位时间内所吐音节的多少。语速的变化具有表情达意的效果,是烘托气氛、渲染场景的重要手段。语速的快慢也与个人风格相关,与演讲者的年龄、职业、性格有关。演讲过程中语速的快慢应做到适时调控、张弛有度。语速过慢,会带给听众不自信的感觉,难以让人信服;语速过快,会让听众有压迫感。很多情况下,演讲者会因紧张而语速越来越快,所以在练习过程中应尽量放慢语速。

④ 调值——说话要有立场。调值即字音的高低升降,是语音结构中最为敏感的部分,它的作用和声母、韵母一样重要。由于声调不同,声母、韵母完全一致的音节,所代表的含义也会有所不同,声调具有和声母、韵母一样重要的辨义性。如果发得不准确,就会产生歧义,影响与听众的交流与沟通,所以声调还有一个别称叫"字神"。同一句话,声调的处理方式不同所传递的思想情感也不同,此外,还可以表明演讲者的鲜明立场。

⑤ 节奏——说话要有态度。口头语言的节奏是指因思想感情的起伏而激起的音势强弱、语速快慢的变化。节奏包含语句的快慢、扬抑、轻重、停连、虚实等。实践证明,语言的节奏速度同说话的思想感情是一致的。说话时思想感情呈现不同的状态,声音的节奏也会随之变化,进而显现不同的特点,有的轻快,有的凝重,有的高亢,有的低沉,有的急促,有的舒缓。

(二)体态礼仪技巧

体态语言是一种非语言的表达形式,是人类社会交际的信息载体,是演讲语言的组成部分。演讲者在演讲的过程中不单纯是"讲",还要具备"演"的能力。在"演"的能力中,其中一项就是演讲礼仪。演讲礼仪看似是"礼"的呈现,但对听众的心理有着潜移默化的作用与暗示,甚至可以决定演讲的成败,因为视觉印象是演讲者给听众留下的第一印象。在语言、声音以及视觉三个方面的演讲印象因素中,视觉印象尤为重要。"55387 定律"是由美国心理学家和传播学家艾伯特·梅拉比安提出的,这里的55387即55%+38%+7%,其中决定一个人的印象的55%体现在外表、穿着、仪容、沟通的态度,包括动作、表情等;38%是讲话时的语气、语调、肢体语言等;7%是说话的内容。心理学家戴恩做过这样一个实验,他让人看一些照片,照片上的人有的很有魅力,有的没有魅力,有的则是中等魅力,接着让被试者评定这些人。结果表明,那些具有魅力的人常常被赋予更多理想化的人格特征,如和蔼、沉着、好交际等,这种"晕轮效应"不仅常表现在以貌取人上,也常体现在礼仪、性格、语言等方面,例如动作是否得体、表情是否得当等。所以,注重公众演说以及当众讲话时的礼仪,对演讲者来说非常重要。第一印象往往是人们对一个人做出判断的依据,身体语言是人的第一语言,演讲者在台上的仪态仪表直接影响他的表达效果。

1. 体态语的训练

演讲者体态语的基本要求可以从以下三个步骤进行模拟完善。第一步,进入会场。演讲场合,演讲者进入会场时要面带微笑,不论听众是否在注意,演讲者都要体现出雍容大度、谦和诚挚的态度,用眼神和微笑与听众交流,步履稳健地向安排的座位走去,最好提前到达会场,以有更多时间做准备。这里要注意的是,切忌演讲迟到,慌慌张张走进会场,这样不仅容易造成紧张情绪,也给听众留下不好的印象,影响后面的演讲发挥。第二步,落座前后。当演讲者与陪同人员一起走到座位前时,演讲者应先以尊敬的态度主动请对方坐,对方也会礼貌地恳请演讲者先坐,这时方可坐下。第三步,登上讲台。走路时要上身挺直,步伐紧慢有序,稳健地走到台前,自然地面对听众站好。此时应端庄大方、举止从容、精神饱满,也可面露微笑,尤其是女性演讲者。正式登台演讲时,应步伐稳健、充满自信、精神饱满地走上讲台,恭敬、诚恳地向听众鞠躬。除严肃的场合,演讲者都应面露微笑,并用目光环视全场,用眼语跟现场与会人员打招呼,站稳后方可出声。

2. 眼语的训练

眼语就是眼神的运用。眼语三字诀为稳、准、神。稳,就是稳定;准,就是准确地定点,一步到位;神,即眼睛炯炯有神、坚定、自信。眼语是可以通过训练不断加深体会的,可以结合图7-1所示的九宫格进行日常训练。在图7-1中,观众区被分成了9个模块,其中,1、2、3是前排,7、8、9是后排,1、4、7是演讲者左边的观众,3、6、9是演讲者右边的观众。在九宫格中目光的运用有三种方式。第一种是平面散视,也就是平视前方。这里不是仅仅看向观众,而是看向一个方向,让观众感觉到笼罩在演讲者的目光当中。第二种方式叫作散点柔视。有时演讲者不需要跟听众进行目光的接触和交流,有时也可能是演讲者感到紧张的时刻,可以应用散点柔视,这样的目光会给观众被容纳其中的感觉。具体方式为:看向九宫格图中数字的上端,将其想象成观众的头顶,以1、3、5、7、9和2、4、6、8"之"字形的目光动程撒出去,并不固定在某一个数字(头顶)上。第三种方式叫作定点环视,演讲者在演讲的过程中也要适时跟听众有目光上的互动。这时,演讲者要看到某一位观众的眼睛,按照"之"字形的路线环视出去,这个过程中,演讲者和观众会有某一个点的眼神交流,为了增强信心,演讲者要跟那些不时微笑点头、给予正向反馈的观众进行眼神的交流,这样会使演讲越来越有力量。

7 后左	8 后中	9 后右
4 中左	5 中中	6 中右
1 前左	2 前中	3 前右

图 7-1　观众区九宫格

三、策划案演讲的原则

(一)目的原则

口语表达是一种有意识的社会实践活动,为实现某一具体目的而展开,因此目的原则是口语表达的第一原则。人际交往中口语表达的目的主要有六种,分别是交流信息、引起注意、争取信任、激励、说服、自我保护。文化产业从业者针对某一具体的策划方案进行展示讲解是文化产业策划过程中必不可少的一环,其本质为说服听众,促成项目落地,推动策划执行。说服是一种说理活动。策划案演讲通过陈述事实和论据,进行推理,最后得出结论,听众在这个过程中一般经历以下心理阶段:接触信息—理解信息—接受信息—指引行为。

首先,接触并注意到说服信息,如果听众从未接触并注意到信息,那么信息不会产生任何影响。演讲者传达信息的方式要直观、有冲击力,以视觉化的形式进行呈现较好,例如数据图标、产品效果图等;传达的方式不拘泥于口语表达,可以配合可视化的工具,增强说服力。其次,理解信息,即受众必须在一定程度上理解信息所主张的观点。演讲的实质是沟通,与听众充分沟通,产生交流。这里的交流是情感交流、精神共振。演讲者要感知现场氛围,确保听众与之同步,处于演讲语境中。再次,接受信息,听众态度发生改变的前提是接受信息。最后,指引行为,即态度向行为转变,新形成的态度在特定情境下指引行为。

(二)得体原则

得体原则是口语表达的最高原则,具体表现为适时、适量、适情、适度。适时,即"说在该说时,止在该止处",《弟子规》中的"人不闲勿事搅,人不安勿话扰"说的就是适时的道理。

适量包括两个方面:一是话量;二是音量。著名投资家詹姆斯·西蒙斯说过:"喋喋不休的人,就像一只漏水的船,每个乘客都想赶快逃离它。"首先,适量应该以达到表达目的为标准,什么时候言简意赅,什么时候必要重复,一定要看情况、看关系、看场合。其次,在不同环境下音量的大小也是有规律的,面对多人说话时,声音要洪亮、清晰有力;在较狭小空间时,以空间内最后一排的人能听到为宜。

适情和适度就是根据不同场合、不同对象以及不同身份把握分寸,调控交流时间和氛围。值得注意的是,不同特征的人有着不同的内在需求。

(三)情感原则

正所谓"感人心者,莫先乎情",演讲的实质是与听众产生交流,产生共鸣,精神共振。

美国总统就职演讲大概是民主共和制政体的一大特色,总统就职演讲同样和美国的政党制度——两党制息息相关。竞选是从两党党内就开始进行的活动,演讲是让竞选人脱颖而出的一种方式,而最终胜出者当选总统则像是对之前所有演讲的终极会演。美国总统就职演说是在总统就职日,由新当选的总统向国内外发表的政治演讲的一种。通过此演说,总统宣布自己的施政纲领,说服公众接受并支持自己的观点。从马丁·路德·金的"我有一个梦想",到肯尼迪总统的"薪火相传",历届美国总统都试图让美国民众感受到自身的真诚,以及他们的感染力、影响力与号召力。

在文化项目策划案的演讲中,要将项目逻辑讲清楚、内容论述得当,达到以理服人、以情动人的效果,同样在于从听众的角度思考问题,把听众放在心中。演讲者的情感直接影响听众的理解与接受情况,从而直接影响演讲的最终效果。可想而知,不痛不痒、毫无波澜地读策划书,很难让听众产生兴趣,也就难以达到演讲目的。

案例:景德镇生活陶艺文化创意产业化及项目策划研究

一、景德镇的生活陶艺现状

生活陶艺在国内得到关注从20世纪末开始,这种关注是在现代陶艺发展的基础上进行的,因此国内生活陶艺的开端有着现代陶艺的影子,运用现代陶艺的手法来进行生活陶艺创作是最直接的反映,但同时这种现代陶艺在使用功能上的无为,也促成了生活陶艺对实用性的追求。中华人民共和国成立后,景德镇日用陶瓷进入机械化大生产,由此带来的产品单一化及个性的缺失,也促进了生活陶艺的形成。而陶瓷艺术从诞生之日起就有一个很重要的功能——为生活服务。从这个角度来看,生活陶艺是对现代陶瓷的回归,是艺术生活化的表现。景德镇的生活陶艺就是在这样的背景下产生、发展的。"景德镇"是陶瓷文化与工艺的一个象征,"因瓷而生、因瓷而兴、因瓷而荣,千年的陶瓷文明,积淀了丰富的物质和文化遗产,它是中国乃至世界的文化瑰宝……"景德镇所积累的陶瓷文化与工艺技术是其他地方无法比拟的,它们对于景德镇生活陶艺发展而言是一个重要的基础。从目前生活陶艺的生产来看,景德镇的生活陶艺真正能够形成规模的屈指可数,能够做成文化创意产业的更是凤毛麟角,来自我国台湾的法蓝瓷或许是集大成者。

景德镇要将生活陶艺作为文化产业来发展,就必须突破诸多发展瓶颈。目前,景德镇本土的生活陶艺还没有形成清晰的发展思路,整体布局分散、没有合力,而创意方面缺乏保护导致的恶性竞争使产业难以做大……因此,景德镇生活陶艺的发展需要充分整合、发挥各方面资源优势,真正形成景德镇生活陶艺的文化创意产业。

二、景德镇生活陶艺的文化创意产业化

1. 生活陶艺的文化创意产业化是其发展的必由之路

文化创意产业是以创意为核心,为大众提供文化、艺术、精神、心理、娱乐产品的新兴产业,也是文化产业中最具有创造性和先导性的核心组成部分,是文化产业的高端形式,是文化产业的创新性产业。文化创意产业是集经济效益和社会效益于一体的新型产业,并在实践中证明是能够为社会带来经济效益和社会效益的新型产业。与传统产业迥然不同,文化创意产业更依赖于知识、技术和智力,是知识增长、技术进步和社会分工促进了文化创意产业的形成与发展。千年瓷都景德镇目前已经属于资源枯竭型城市,陶瓷所需的物质资源已经捉襟见肘,因此,景德镇陶瓷的发展不能再依赖于资源消耗或劳动力消耗,将生活陶艺作为文化创意产业来发展已迫在眉睫,生活陶艺的文化创意产业化是其发展的必由之路。景德镇生活陶艺的发展,落脚点必然在文化创意上,将文化创意作为生活陶艺发展的内动力,必须在创意上取得突破,否则容易沦为一般陶瓷工艺品,虽然消耗了大量资源与人力,但文化与创意的价值无从体现。文化创意将是景德镇生活陶艺发展的关键因素。我们要通过多种途径激发创意的源泉,解放从业者的创造力,同时要花大力气保护原创作品,保护知识产权,使文化创意能够成为手工生活陶艺发展的核心力量。对于景德镇的资源而言,文化创意也是其长远发展的重要战略。

2. 生活陶艺的文化创意产业化的实现

景德镇生活陶艺的文化创意产业化具体从两个方面来实现:一是内在的,从生活陶艺自身存在,如工艺技法、造型装饰上来实现;二是外在的,从生活陶艺发展的外部环境,如团队组建、形成产业链等来实现。

从内在方面来看,要实现以下两个方面的创新。一是工艺技艺上的创新。这里包括手工技法和工具的创新。《天工开物》提到制瓷工序时有言:"共计一坯之力,过手七十二,方克成器。其中微细节目,尚不能尽也。"因此,生活陶艺在每一道工序中都可以寻求到新的变化,在这些变化中蕴含着创新点。在手工制作过程中,工具是手的延伸,不同的工具留下的痕迹会有很大的差异,比如,轮制和手工盘筑的差别是不言而喻的。二是造型与装饰的创新。就造型而言,其千变万化为创新提供了无限的可能;同时,每一种成型方法在具体的实施过程中也是变化多端的,这也让成型方法的创新成为可能。就装饰而言,随着目前科技的进步,陶瓷的装饰材料和装饰方法变得丰富多样,在这里施展创新需要聪明的大脑和勤奋的实践。

从外在方面来看,要注意以下几点。第一,要建立专业的设计团队。建立专业的设计团队是实现景德镇手工生活陶艺产业化的重要内容。生活陶艺的专业性较强,需要由专业的人员组合成设计团队,这个设计团队既要熟悉陶瓷工艺技术,又要熟

练掌握设计的程序和方法,形成有特色的设计力量。在此基础上还必须有创新和团队合作精神,这是组建设计团队的灵魂。第二,形成生活陶艺文化产业链。文化产业链能够嫁接和融合传统产业,具有辐射、延伸、扩展和创新功能。生活陶艺要实现产品系列化的拓展,形成文化产业链,要与传统陶瓷产业相结合,实现生活陶艺产品的多样化和交叉化,这里包括横向和纵向两个方面。横向发展是在同一创意下同类产品的多样化,纵向发展是在同一创意下产品类型的交叉化。需要注意的是,新种类生活陶艺的创新,必须以生活的诉求为创意点。第三,品牌建设与知识产权的保护。企业是品牌建设的主战场,也是品牌的需求者和受益者,品牌形成的无形价值有时是不可估量的。目前,景德镇生活陶艺的制作生产中,品牌建设的力度还很不够,极少有重量级的企业品牌。品牌价值对于生活陶艺产业化有重要的作用,不仅有利于提升生活陶艺的附加值,对于生活陶艺的产业而言也有非常大的推动作用。文化创意产业属于知识密集型或技术密集型产业,没有对知识产权的保护,就不会有健康、蓬勃发展的文化创意产业。因此,要实现生活陶艺的文化创意产业化,知识产权的保护必须得到应有的重视。

三、景德镇生活陶艺文化创意产业化的项目策划

1. 项目策划是生活陶艺文化创意产业化发展的核心要素

项目策划是文化产业项目的核心。"项目策划是策划人员通过周密的市场调查和系统的分析,利用已经掌握的知识、情报和手段,合理而有效地布局活动的内容和进程。项目策划有两方面的特征,一是属于事前行为,二是行为本身具有全局性。因此,项目策划是对活动所进行的事前性和全局性的筹划与打算。"景德镇生活陶艺文化创意产业化过程中,项目策划是贯穿其中的重要内容。景德镇生活陶艺要走文化创意产业化的道路,重点就是将知识转化为经济力量,其中创意是关键,是项目策划的核心。项目策划能够很好地将创意实施。创意产业的巨大成就,很好地证明了现代经济发展的根本动力不是资本和动力,而是创新。景德镇生活陶艺的发展是建立在千年制瓷历史文化基础之上的,传统的制瓷技艺、传统的陶瓷文化是营养,但同时对于创新而言又是一种负担。生活陶艺的文化创意产业化就要对传统的陶瓷艺术进行思考,吸收营养卸去负担,发挥项目策划在文化产业中的核心作用,在传统文化中寻求创意。

同时,随着经济的发展,社会上出现了很多新技术、新材料以及新思维,这对景德镇生活陶艺文化产业化而言,更是增添了诸多创新可能性,这些可能性需要项目策划付诸实现。对于景德镇生活陶艺创意产业化而言,项目策划是其发展的核心要素之一。

2. 生活陶艺文化创意产业化的项目策划

项目策划生产的不是物质产品,而是一种科学化的知识成果。它对于企业的经济效益和无形资产的增值都有不可或缺的作用。项目策划一般包括项目调查、

项目目标的确定、项目对象的确定、项目内容、项目亮点及融资方向等各项工作。项目策划中策略的运用非常重要,是为达到预定目标所进行的系统全面规划。项目策划是对景德镇生活陶艺文化创意产业化过程中所进行的事前性和全局性的筹划与打算,在整个文化产业化过程中处于核心地位,并贯穿产业项目的各个阶段。

(1) 生活陶艺文化创意产业化中的项目策划的原则

景德镇生活陶艺文化创意产业化的项目策划原则主要有以下几个。一是指导原则。项目策划是对项目整体运作的指导性方案,策划的结果就是项目运作的蓝图。在景德镇生活陶艺文化创意产业化的项目策划中,要想使项目目标正确,就要尽可能减少项目实施中的无序性和不确定性。指导原则体现出其对项目运作中各个环节的关系处理。二是整体原则。要将景德镇生活陶艺文化创意产业化作为一个整体,策划工作是对整体目标进行综合分析、预测、评价和最优化,并把项目中复杂的层次组合成科学有序的状态。要权衡大系统与子系统、整体与局部、长远利益与眼前利益之间的关系,根据系统论的基本思想,系统化的整体功能要优于各个子系统功能的简单相加,只有这样才能保持项目整体的最优状态。三是调适原则。任何事物都处在不断的变化之中,项目策划也是如此。景德镇生活陶艺文化创意产业化的过程中,所处的市场环境以及人们随之产生的消费心理和需求也在变化,项目策划的重心要随着市场和消费者的变化而调整。四是效益原则。任何项目都必须考虑经济和社会双重效益。景德镇生活陶艺文化创意产业化项目策划既要考虑近期效益,也要追求远期潜在的利益;既要追求经济效益,又不能为了经济效益而损害项目的声誉。五是团队原则。项目策划需要众多科学知识的相互交叉和渗透,绝非一个人所能完成的。景德镇生活陶艺文化创意产业化项目,不仅仅是文化活动,也关系到企业品牌的增值、投资者的回报等,因此在项目策划中,一般需要组建一个策划团队,以集体的智慧来完成策划工作。

(2) 生活陶艺文化创意产业化项目策划的方法

景德镇生活陶艺文化创意产业化项目策划的核心内容包括以下三个方面:第一,景德镇陶瓷工艺材料的最大化合理利用;第二,景德镇生活陶艺与文化内容最适度的结合;第三,资本进入景德镇生活陶艺文化创意产业能够实现增值最大化和成本最小化。这些方面对景德镇生活陶艺文化创意产业项目策划方案的可行性评价有着重要影响。项目策划是一种创意行为,但也不是为所欲为的,而是有一些方法可循。第一,发现需求。需求的分析和研究是项目策划的基础和出发点。需求是项目的内在驱动力量,需求的提出引发了整个项目过程。而变化是需求产生的根源,变化产生,原来的需求就不复存在,新的需求就会出现。在景德镇生活陶艺文化创意产业化的过程中,要有意识地去识别需求,不仅要着眼当下,还要注意潜在的需求。识别需求以后,要清晰地表达需求,对需求做详尽的分析研究,只有对需求的认识深入仔细,才能保证策划的方向目标的正确性。第二,认准项目策划的目标。发现了项目需求,对项目需求进行识别和表达之后,就要确定项目策划的目标。这是项目策划的关键所在。具体到景德镇生活陶艺的创意产业化项目中，项目目标首先是对生活陶艺的功能要求。生活陶艺与现代陶艺一个很重要的区别就在功能方面，生活陶艺对功能是有要求的，要能够满足生活某一方面的需求；其次是对技术工艺方面的要求，生活陶艺要满足功能要求，就必须有一定的陶瓷工艺、技术要求做支撑，这里还包含材料、工具、成型、装饰等一系列内容。第三，形成项目策划的方法体系。首先，景德镇生活陶艺创意产业化是一个创意产业，需要大量的智力投资，因此对于人们在创意产业过程中的思维方式要有足够的重视。其次，在具体的方法运用上，有项目混合法、比较分析法、集体创造法等。项目混合法有两种具体形态：项目组合法和项目复合法。前者指两个或两个以上项目相加，形成新项目；后者则是将两个以上的项目根据市场需要，复合形成一个新项目，而新项目的性质不同于任何一个老项目。比较分析法是通过对已经掌握或熟悉的项目进行比较，可以纵向分析也可以横向联想，从而寻求项目投资的新机会。集体创造法指发挥集体的智慧和力量，取长补短。集体创造法又可以细分为头脑风暴法、集体问卷法、逆向头脑风暴法等，这些具体方法要视具体的情景合理运用。

（3）生活陶艺文化创意产业化项目策划的意义

在市场条件下，景德镇生活陶艺文化创意产业化项目如何抓住商机、开拓市场、引领消费，成为项目策划的重要命题，并对企业的生存、发展起关键作用。项目策划的意义正是在这些方面得以体现。首先，要使项目的策划目标明确。项目策划要按照一定的目标去实现，因此目标的明确非常重要，它的确立要考虑项目各方的相关需求，将项目目标进行整合，做到有效避免项目实施的盲目性。其次，要使项目具有显著的经济与社会效益。项目的策划要以市场为中心，对消费人群进行合理定位，考虑借助相关宣传媒体配合项目策划，充分整合景德镇生活陶艺的艺术与市场资源，追求最大化的经济效益和社会效益。最后，要增强项目及企业的竞争力。竞争力的表现就是对市场的把控，就是市场的竞争。项目策划要考虑企业已有的各种资料，认清自身的优势和不足。项目的策划就是市场竞争的另一种演绎，策划的高明与否，直接关系到市场竞争力的高下。

四、结束语

景德镇生活陶艺创意产业化是时代发展的必然，人们在满足了基本物质生活需要之后，必定产生精神需求，景德镇生活陶艺的发展必然要走文化创意产业化的道路。在其产业化的发展过程中，项目策划是核心内容，只有符合人们的需要，满足了消费者，才能创造物质和精神的双重利润，景德镇生活陶艺的文化创意产业化也会因此而迎来美好的未来。

（案例来源：黄焕义，丁传国.景德镇生活陶艺文化创意产业化及项目策划研究[J].南京艺术学院学报（美术与设计版），2014(1)：147-149. 略有改动）

影视产业创意与策划实训　第八章

随着社会的不断进步,影视产业的发展速度也越来越快。影视产业已融入人们的生活和学习,成为文化交流的重要媒介。伴随着科学技术的进步,影视媒体的文化传播功能也要随着社会的进步而创新发展。与此同时,要注重文化价值的传播,关注社会需求,打造具有地方特色的影视文化品牌,而不是漫无目的地传播。只有坚持明确的方向,才能坚定不移地前进。只有通过不断的努力和探索,中国影视产业才能在文化潮流中站稳脚跟,提高竞争力,走向国际舞台。[①] 本章将通过综艺节目、纪录片、电影等多个案例分析我国的影视产业。

第一节　影视产业案例分析

一、案例一:职场观察类节目《令人心动的 offer》

【案例描述】

目前,观众对综艺节目的偏好逐渐多元化,各种类型的综艺节目层出不穷。近年来,关于职场的综艺节目在市场上引起了特别的关注。天津卫视在 2010 年推出了第一档面向职场的真人秀栏目《非你莫属》,此后,《职行天下》《职来职往》《天生我才》等其他求职类电视节目不断涌现,但这类节目在内容和形式上大同小异,同质化现象严重,节目模式需要创新。而《令人心动的 offer》以独特的视角、新颖的表现方式、全新的节目模式等,迅速吸引了观众的目光。该节目由腾讯视频于 2019 年推出,是中国首个职场法律事务真人秀节目。8 名怀揣梦想的"普通"实习生在中国顶级律师事务所进行为期一个月的实习,并竞争两个职位。这种节目设置不同于以往的老式综艺节目,为综艺节目在职场领域开辟了新的主题领域和叙事脉络。

---

① 袁佳琦.基于影视传媒的文化传播功能研究[J].大观(论坛),2021(6):69-70.

【案例评析】

与以往的职场综艺节目不同的是,该节目深深扎根于一个专业领域,所有的故事都聚焦于一个行业。这样的内容设计决定了节目的高度专业性。结合社会热点的主题设计,让节目本身拥有流量,节目的话题性极强。

与《职行天下》《职来职往》《天生我才》等老牌同类综艺节目相比,《令人心动的 offer》不仅仅是求职,更是将观察与职场融为一体,聚焦职场生活,以全新的节目模式出现在观众的视野中,开辟了新的市场。

节目从受众的角度,观察"普通人"进入特定行业实习的真实工作生活经历。通过呈现当下职场生活的真实状态,与观众产生情感联系,同时用第二现场明星的观察搭建叙事空间,用"职场镜像"吸引观众的注意力。

《令人心动的 offer》的精彩故事主线围绕律师事务所的实习生展开,而它对于实习生的人物形象塑造无疑是成功的。它涵盖多个应届毕业生群体,在人设方面,每个人的性格都是鲜明的,观众或多或少可以从不同的实习生身上找到自己的影子,产生情感共鸣。

在节目播出期间,第一现场的普通人也会作为嘉宾来到第二现场。每次节目结束时,演播室的观察嘉宾还可以通过猜测项目的结果来预判最终胜出的实习生。简而言之,就是通过第一现场和第二现场的衔接,共同建构节目的叙事空间。

这种观察类综艺节目采用"嘉宾+观众"的双景模式:第一现场记录真实的工作生活,第二现场对其进行评论和补充。这种双景的设定有独特的优势:一方面,当节目中出现不易理解的法律知识时,第二现场的观察者会用简单的方式进行讲解,以生活化的语言解释专业词汇,让观众更容易理解;另一方面,节目组可以引导观众将关注点转向设定的话题,继而引发观众对这个社会现象或社会问题的讨论。

在目前的节目市场上,这样的职场综艺节目相对缺乏。《令人心动的 offer》通过第一现场律师事务所和第二现场演播室,构建了一个双层叙事结构,讨论与社会热点相关的话题,挖掘更深层次的社会价值,反映当下的社会生活。这种专业性强、内涵丰富、模式新颖的节目得到了大家的认可。节目一经播出,在关注度和话题度上都取得了很好的效果。新浪微博的数据显示,#令人心动的 offer#话题标签的阅读量为 87.6 亿次,讨论量为 1184.1 万次。在现场观察综艺类节目中排名第一,播放量超过第二名 70 亿次。[①]

(一)镜头语言的表现技术

节目可以通过丰富的镜头语言使观众充分地调动感官,从而给其留下更加生动、深刻的印象。通过包括镜头语言在内的电视技术打造和展示的综艺节目,可以强化传播内容,提升观众对内容的认知。这种潜移默化的方式可以达到一种循循善诱的效果,使受众的心理和行为受到影响。

---

① 闵晓妍.职场观察类综艺节目的创新发展研究——以《令人心动的 offer》为例[J].西部广播电视,2022(5):152-154.

《令人心动的 offer》经常会插入字幕特效,其作用有以下两点:一是对节目中出现的专业术语或者法律常识进行大众化的讲解,方便非专业人士理解;二是对节目中出现的某些片段场景或角色进行内心诠释或安慰。在镜头语言方面,将选手的状态、面部表情以不同的机位展现,可以更好地表现人物形象,将导演所要表达的意图体现出来。节目在剪辑的过程中也适当保留了一定的悬念。

(二)传播策略的表现方法

1. 粉丝传播策略

《令人心动的 offer》在腾讯视频独家播出,该节目定位为中国首档律政职场观察类综艺节目,它包含职场与观察两个关键词,暗含节目内容的理性和感性方面,为节目的传播提供了更多的切入点。在播放主平台腾讯视频上,节目组在正片之外设置了四个专栏,在视频下方还设置了热点话题的讨论。在 B 站、小红书等媒体平台上,粉丝自发创作与节目相关的文字话题内容。这些栏目和话题的设置延伸了节目正片中的内容,不断发酵节目的热度,让越来越多的观众参与到讨论中来,扩大了节目的宣传力度和受众面,起到了持续传播节目的作用。

2. 内容传播策略

《令人心动的 offer》引发广泛争议的一个重要原因是,当今社会现实的就业环境和年轻人的职场压力为真人秀节目提供了巨大的创作空间,填补了市场的空缺。它为观察类综艺节目带来了新的发展趋势。每一期都有一个任务主题,实习生们可以单独工作,也可以小组工作,在任务结束时宣布获胜者。悬念总是贯穿每一期节目。谁能在赛季结束时拿到最终 offer 是整个节目最大的悬念。[①]

二、恋爱社交推理节目《心动的信号》

【案例描述】

《心动的信号第四季》在 2021 年的婚恋题材综艺节目中,总体排名一直处于领先地位。从单期的播放量来看,正片播放量均超过 1 亿次。节目自上线以来,以 90 个相关的热搜索词频登微博热搜榜,且 60% 的热搜索与素人嘉宾相关。

《心动的信号第四季》中软广告类型数量多达 29 个,节目场景覆盖范围广。广告主共有 7 个,某电商品牌享有独家冠名权,且获得最多的曝光,其次为联合赞助品牌。

---

① 李皓月.媒介即隐喻视角下职场观察类综艺研究——以《令人心动的 offer》为例[J].新媒体研究,2022(2):96-98.

【案例评析】

（一）独特的嘉宾角色呈现

对于明星嘉宾来说，不同的工作环境和性格特点使得他们在相同的问题面前会给出不同的建议。在第一期节目前的自我介绍中，李雪琴声称参加节目是为了"升级硬件"。她希望通过观察别人的约会方式，学到一些对自己有用的约会技巧。而对于杨颖来说，她的主要目的就是"观察现在年轻人的恋爱方式"。两者之间的对比把李雪琴的直率和简单化处理方式的人物性格特点呈现在观众面前。节目尽量捕捉每个嘉宾的观点和个性，突出了"观察"和"推理"的节目属性。与主持人控制观众的综艺节目相比，该节目多样化的明星性格使节目进行得更加自然顺畅，节目更具娱乐性。娱乐类综艺节目更容易得到观众喜爱，引发观众讨论。与明星嘉宾的个性相比，节目的相关话题也呈现热议趋势。节目的播出提高了相关明星嘉宾的知名度，明星嘉宾的不同性格也促进了节目本身的发展。但在过度娱乐化的时代，节目本身还是要注意避免明星的过度营销。作为节目主观性的呈现，素人嘉宾与观众之间的自然亲密距离是节目策划中需要考虑的重要因素。

素人作为被观察的嘉宾，在彼此相处的过程中展现出更多的个人特征，增强了节目的可视性，也丰富了观众的观看选择。观众倾向于选择与自己性格相似的嘉宾，并对其给予更多关注，这是观众关注节目真实性的突出表现。爱情观察类综艺节目的核心是素人嘉宾之间的爱情过程，因此，当男嘉宾面对自己感兴趣的女嘉宾时，他们不同的行为、举止等都是展现他们个性的重要内容。嘉宾们都有自己的风格和特色，这使得综艺节目话题层出不穷。观众的不同意见证明了嘉宾的不同性格被详细捕捉并呈现在屏幕上，引发了观众一系列真实的观看反应。从观众的角度来看，真实性取决于节目能否根据自己的真实体验进行验证。

（二）过度的植入式广告

虽然《心动的信号第四季》在收视率上一直稳居前位，但美中不足的是，在观众对节目热点话题津津乐道的同时，节目中的广告投放和嘉宾的硬性广告宣传，使得节目的体验和口碑有所下降。节目一开始的冠名广告"唯品会心动的信号"，主持人的开场白"买衣服，上唯品会，超值同款，心动加倍，本节目由唯品会冠名播出"的病毒式广告植入引起观众的反感。当观众沉浸在某一场景叙事时，素人嘉宾意想不到的植入式广告频繁地打断观众的观看过程，降低了观众的良好期待效果。适度的广告推广可以让观众在休息时对产品给予更多的关注，而过度的广告投放只会产生相反的效果，甚至降低观众的观看欲望。综艺节目要在注重自身广告利润的同时注重用户体验，积极听取观众意见，以观众为中心，不断优化投放广告的手段、形式和内容，提高投放广告的效率，减少观众的逆反心理。只有这样才能避免节目广告过多引发逆反的问题，为节目的发展和创新提供新的思路。[①]

[①] 张雪.浅析恋爱观察类综艺节目的艺术特色——以《心动的信号》第四季为例[J].传媒论坛，2022(20)：66-68,87.

三、文化类综艺节目《故事里的中国》

【案例描述】

《故事里的中国》区别于传统综艺节目,打造国产综艺全新的节目模式。节目题材的选择是决定其节目方向的第一要素。区别于新媒体背景下许多综艺节目为了取悦观众,以明星为噱头获取流量的方式,《故事里的中国》在题材上选择聚焦现实热点,通过讲述平凡生活、国家大事、榜样人物等故事,从普通视角切入,让观众感受节目故事所带来的震撼。多元化的呈现视角、参与主体的多样化,也是《故事里的中国》在众多综艺节目中脱颖而出的关键性因素。

【案例评析】

《故事里的中国》综合媒体环境下的文化综艺节目进行创新。在当前的融媒体环境下,该节目在技术、内容、平台等方面进行了深度整合。其中,技术整合是媒体整合的关键,内容整合是媒体整合的基础,平台整合是媒体整合的方法和手段。《故事里的中国》的故事创作和传播实力得益于央视团队的技术支持,结合央视网络在中央广播电视台、腾讯视频播出,传播渠道一体化发展,实现了立体化模式,使媒体的功能发挥到更深层次,成为融媒体环境下媒介融合的典范。

(一)技术整合的关键

1.影像技术的整合应用

《故事里的中国》的影像技术特征体现在电视影像技术的整合与创新上,这不仅让故事得到了更充分的表达,还给观众带来了意想不到的审美体验。其中,折叠式影像效果和现场LED影像的卷帘效果巧妙而连贯地完成转场,营造气氛,让虚拟的视觉画面与演员的表演虚实结合,最大限度地将舞台艺术的感染力和冲击力不断地传达给观众,使观众沉浸在表演中,感受更多的震撼。

2.互联网交互技术的应用

《故事里的中国》以观众为核心,借助传统电视媒体,以大量观众为基础,利用微博热搜、微博话题和抖音截取短视频的形式向观众传达历史信息,让观众自觉地参与到历史中去,走进故事。

(二)内容整合的创新

《故事里的中国》不仅采用"1+N"的沉浸式舞台布局和多重叙事空间,完成视觉融合,展现独特的创作视角,拉近与观众的距离,让观众记住历史和英雄,还让观众在不知不觉中被经典精神影响。除主舞台外,《故事里的中国》还增加了第二舞台和第三舞台。主舞台将戏剧情节和冲突呈现给观众,第二舞台和第三舞台将不同时空和故事线中的人物和情节连接起来,用影视表演和蒙太奇镜头语言再现经典作品,弥补了单一舞台叙事的不足,增强了舞台表现力。节目向观众呈现了多个叙事空间,这些空间相互联系,形成了一个新的对话场景。

(三)平台整合的传播渠道

《故事里的中国》是由中央广播电视总台播出的一档文化类综艺节目,在央视综合频道播出,它以电视媒体为基础,创新传播方式,进行媒体整合,以影响更广泛的受众。

1. 基于电视媒体

《故事里的中国》在央视综合频道播出。央视频道凭借其优秀的制作口碑,至今仍是电视频道中最广泛的传播平台,拥有庞大的受众群体,在国内媒体市场具有强大的号召力和影响力。央视综合频道对《故事里的中国》采用制播分离的模式,立足于广播电视媒体,在融媒体时代积极寻求更加多元化的制作方式,使电视观众保持良好的观看习惯和观看状态,获得更大的受众群体。

2. 创新传播模式

在电视媒体的基础上,《故事里的中国》不断创新自己的传播路径,该节目主要关注电视媒体,并与央视网、腾讯等网络平台联合播出。此外,为了迎合时代的发展和当下的媒体融合环境,节目组还利用微信、微博、抖音等媒体进行话题式的讨论,让更多的观众参与到节目中,真正感受到那些难忘的英雄故事。[1]

四、户外真人秀节目《奔跑吧兄弟》

【案例描述】

浙江卫视《奔跑吧兄弟》在真人秀节目中一直保持着全国高收视率的好口碑。《奔跑吧兄弟》的情节植入主要是以实体产品出现在节目中,与剧情发展融为一体。随着情节的发展,实体产品的呈现主要有两种具体形式。一是以奖励的形式,即将广告商的产品设置为奖品,使其自然进入情节。这样的设置不仅有利于节目组节省资金,还可以引导嘉宾和观众将注意力放到对品牌的关注上,这对品牌起到良好的宣传作用。例如,OPPO手机多次被用作情节中的奖品。二是以道具的形式呈现。道具植入也是《奔跑吧兄弟》中常用的技术。成员需要不同种类的道具来完成他们的任务,这为广告商提供了方便,他们可以在合适的时间将产品植入节目的情节中,供成员使用。例如,节目组将任务隐藏在安慕希酸奶包装上,成员需要拿到酸奶寻找并完成任务。这不仅促进了节目的剧情发展,也增加了产品的曝光度,而且不会引起观众的质疑和反感。[2]

---

[1] 苗新月.融媒体环境下文化类综艺节目创新研究——以《故事里的中国》为例[J].采写编,2021(9):149-150.
[2] 王成福,文焱博.《奔跑吧兄弟》真人秀节目植入广告效果研究[J].新闻研究导刊,2016(24):15-17.

【案例评析】

(一)利用明星嘉宾年龄差吸引不同受众群体

在《奔跑吧兄弟》中,一些在荧幕前光鲜亮丽的明星们摆脱了银幕上的高冷,变得"接地气"起来。滚泥潭、跳水池、不扭捏、不做作,让这些明星们在游戏中褪去"光环",一个个抛下"偶像包袱"、全力拼搏的普通人形象,拉近了他们和观众、粉丝的距离,展现出自身更为亲近、更真实的一面,赢得不同观众的喜爱。

(二)巧妙的广告投放

虽然节目中插入了一些代言广告,但由于节目组精心编排,并不显得突兀,也没有像其他一些综艺节目那样让观众反感。例如,在分配任务或乘车这些必要环节,在细节把握得当的前提下,将广告与娱乐节目巧妙结合,实现节目、观众、品牌的双赢,因此,吸引了更多的投资,保证了资金来源,获得了收益。

(三)常驻嘉宾的选择

《奔跑吧兄弟》的每个常驻嘉宾的性格特征都很鲜明,可以满足不同层次观众的需求。[①]

五、"开心麻花"喜剧电影品牌

【案例描述】

"开心麻花"作为目前非常具有影响力的现象级喜剧品牌,归属于北京开心麻花娱乐文化传媒股份有限公司,开心麻花团队首创的"贺岁舞台剧",成功开启了喜剧话剧的商业化之路。

自公司成立起,开心麻花便秉承"为人民娱乐服务为宗旨"的理念,创作出《疯狂的石头》《夏洛特烦恼》《白日梦》等86部舞台剧。2014年,开心麻花正式进军影视行业,将独树一帜的麻花喜剧风格带入影视领域,打造全新的"开心麻花"影视品牌。

首部电影作品《夏洛特烦恼》改编自同名舞台剧,2015年一经上映,便以14.45亿元的票房成绩登上华语2D影片票房亚军的席位,之后又创作出《驴得水》《羞羞的铁拳》《西红柿首富》等多部爆款影片。开心麻花在电影方面的成就,标志着它达到了市场的新高度,形成了成熟的喜剧模式。回顾开心麻花的发展历程,从备受好评的舞台剧、小品到独具特色的电影,印证了这个喜剧品牌的影响力和研究价值,我们也可以从中看到中国喜剧电影市场的发展方向和趋势。

---

① 张力洽.简析《奔跑吧兄弟》创新性优点[J].中国高新区,2018(4):219-220.

【案例评析】

"开心麻花"喜剧电影不打算表现宏大的主题,而是关心小人物的日常生活状态,反映喜剧与人的血肉关系。与许多迎合大数据的"泛喜剧"电影不同,"开心麻花"喜剧电影旨在展现"现实的人"欢乐背后的"悲剧"因素。这种"底层凝注"是后现代主义用辩证的多元表达代替单向的价值度量表达的方式。"底层凝注"借助喜剧,让观众在体验现实的同时,弱化了对苦难的感知。这种高度兼容的视角强化了对"人"的关注,实现了"喜剧"的现实关怀。所以说,"开心麻花"系列电影能让观众感受到"接地气"的亲近感。[①]

"开心麻花"喜剧品牌的构建,也得益于其丰富而灵活的品牌传播策略。开心麻花将旗下的话剧、歌舞剧、网剧、影视综艺节目整合在一起,最大化资源优势,整合资源配置,让同一品牌的产品在不同市场发挥效益,扩大其在喜剧行业的影响力和号召力,提升了品牌形象。[②]

"开心麻花"喜剧品牌通过建立"麻花明星"品牌符号,以喜剧为核心的高度集中的品牌传播策略,并以加强企业间的品牌互动传播策略,不断挖掘品牌潜力,树立良好的品牌形象,提升品牌的市场吸引力等,成功打造了具有一定影响力的喜剧文化品牌。闫非、彭大魔、沈腾等团队也凭借自己的专业实力和创新能力成为开心麻花的"法宝"。[③]

"开心麻花"喜剧电影的发展离不开紧跟媒体发展的营销策略。例如,用明星私人微信公众号培育粉丝圈,增加粉丝黏性,同时借助极具影响力的媒体平台如新浪微博拓展受众面,借助自媒体宣传和提升电影影响力。

此外,舞台、电影、综艺的飞跃与融合也促成了"开心麻花"喜剧电影的发展。开心麻花是喜剧文化企业的先驱。在喜剧品牌建设与拓展的过程中,其清晰的品牌形成路径、精准的品牌定位、多元化的品牌传播策略,对众多文化企业具有重要的借鉴意义。

六、以《哪吒之魔童降世》看中国动画的整合式营销

【案例描述】

2019年《哪吒之魔童降世》(以下简称《哪吒》)上映后,票房高达50亿元,成为中国电影市场第二部票房突破50亿元大关的电影。它的成功得益于整合式营销策略的运用。

【案例评析】

1. 注意阶段:点映引爆热度

《哪吒》注重故事营销和情感营销,通过文化认同引起情感共鸣。第一,预告片的翻转营销。在《哪吒》首发预告片中,"最丑哪吒"另类的卖点吸引了受众眼球,但最终的预告片与最

---

① 王昕宇.后现代语境下喜剧电影的文化反思与展望——以"开心麻花"为例[J].剧影月报,2022(4):1-4.
② 张娜.浅谈开心麻花喜剧品牌的建构[J].记者摇篮,2021(12):14-15.
③ 程连佳."开心麻花喜剧电影"研究[D].重庆:西南大学,2020.

初的预告片完全不同,它呼应了"打破刻板印象"的中心思想和影片的情节节奏,将观众的观影欲望推向了顶峰。第二,情感营销。首先,英雄情怀得到满足。《哪吒》上映后,"哪吒热"席卷全球。粉丝们自发地与每个版本的哪吒互动,大量的娱乐活动触发了网友们的童年回忆,将潜在的观众吸引到电影院。其次,影片的细节唤起了共同的回忆。一些粉丝热衷于探究哪吒的细节,在其中找到感动的点。第三,大规模点映。超过5万场的排片,使得电影的口碑逐渐下沉,并向三四线城市扩散,这让之前没有排片计划的三四线城市观众有了很高的期望。

2. 兴趣阶段:制造话题热度

《哪吒》持续不断的话题营销将核心观众打造成了一个个社群。刻板印象和孤独的话题是《哪吒》营销的亮点。"打破刻板印象,做自己的英雄""你是谁,只有你自己说了才算"等话题,正好符合青少年敏感、孤独、叛逆的心理,容易获得同理心,创造情感维护。后来观众开始关注《哪吒》的市场收益,"哪吒票房"等话题开始流行起来。还有一个亮点是 IP 联动。《哪吒》先后与《流浪地球》《罗小黑战记》等优质 IP 进行互动推广,掀起了全民参与的营销热潮。IP 联动将国产原创高品质动画社区的注意力和忠诚度转移到《哪吒》身上,成为其核心受众。

3. 搜索阶段:社交媒体整合营销

议程设置理论认为,某一内容的高度集中传播会产生强大的传播力,受众会在特定时间内主动或被动地接收大量信息。一是微博营销。《哪吒》官方微博是用主角的声音来管理的,幽默有趣的再创作迅速传播开来。截至 2019 年 12 月 15 日,微博话题"♯哪吒"的阅读量已达 50.6 亿次。同时,哪吒在微博平台上搭建了立体传播矩阵,覆盖宣传团队、导演、歌手、声优,增强宣传力度。二是微信营销。这主要受益于自媒体对哪吒的深度分析和二次传播。三是 O2O 营销。O2O 是线上与线下的融合。在线上,《哪吒》进行了一系列的讨论活动,《哪吒》相关话题播放量突破 150 亿次,刷新抖音电影营销话题播放量纪录;在线下,宣传开发团队分别举办成都首映式和北京首映式,充分利用多种户外广告形式发布广告。

4. 行动阶段:众筹与跨界合作

与真人电影相比,动画电影更容易推出各种类型的衍生产品。首先是众筹营销。电影众筹不再仅仅是为了筹集资金,而是关注电影的宣传,评估电影的受欢迎程度、社区参与度和前景。《哪吒》在 Modian.com 上发起了四个众筹项目。截至 2019 年 12 月 27 日,官方衍生产品销售额超过 1890 万元,支持人数超过 6 万人,授权项目金额为 1509 万元,完成率极高。《哪吒》衍生品的同步销售和各种联名活动的开展,成为增加话题热度、电影收入和社区参与的重要动力。

5. 分享阶段:口碑良性循环

在分享阶段,《哪吒》的核心粉丝和"自来水"[①]自发地为《哪吒》做了宣传。制作的重点是高度活跃的粉丝圈,而乐视网等小众平台成为霍尔果斯彩条屋影业有限公司宣传的重点之

---

① "自来水"的意思是"自发而来的水军",是粉丝自愿发起的一种宣传行为。

一。值得一提的是,《哪吒》的大部分"自来水"本身也是国产动画电影的粉丝。他们对国产动画电影充满期待和自豪感,极大地增强了趣缘社区的文化认同。总之,这部电影得到了意见领袖的推荐,以优秀的品质感染了观众。多维度的传播矩阵构成了全民参与的营销狂欢,成为一部现象级国产电影。[①]

第二节　影视制作流程

一、影视制作的基本流程

1. 把握主题,确定主线

首先要根据客户的要求,选择对应的主题。很多客户其实对视频营销没有全面的理解,所以影视公司有必要帮助客户梳理需求,选择合适的视频类型。

把握好主题后,下一步就是确定影视制作的核心思想,也就是主线。策划人员需要对客户提供的素材内容进行整理、筛选、加工、提炼,从中发掘有表现力的内容,这就是主线。

2. 创意策划,脚本制作

确定好主线后,下一步就是进行创意策划,好的创意策划往往是影视制作成功的关键。

策划人员往往会根据主线表达的内容进行全方位的思索,从不同角度切入,产生不同的想法。多角度思考的创意往往更有新意,更能打动人。

确定好想法之后,就要开始编写脚本,此时应考虑如何将想法清楚地转化为文字内容和视觉表现。

3. 人员调配,镜头拍摄

确定脚本后,就要进行外场拍摄。一般来说,拍摄的时间要充分,特殊的可能需要两到三天。在整个拍摄过程中,跟组制片负责各个环节的进行,保证拍摄顺利进行。

4. 后期剪辑,适当使用特技

拍摄完成,需对视频进行后期剪辑。独特的拍摄手法、新颖的内容都需要通过专业的剪辑来展现给观众,只有具备专业技术知识的资深人员才能在构图、色彩、情节等方面进行掌控,产出令人印象深刻的好作品。

另外,随着近年来电脑特技的广泛运用,影视制作流程中越来越多地出现特技的影子,而恰当地使用特技,可以为视频内容增添亮点。

---

① 何颖晴. 我国动画电影整合营销路径研究:以《哪吒之魔童降世》为例[J]. 中国多媒体与网络教学学报(上旬刊),2021(3):181-183.

5. 对整体节奏的把控

视频内容的节奏包括画面和声音两大方面。它决定着作品的有机性和完整性,同时带动观众情绪的发展和变化。

不同的节奏感发挥着不同的作用。缓慢的节奏给人带来宁静、平和的感觉;而急速、跳跃性的画面富有动感和视觉冲击力。节奏的变化应该根据影视制作的情节发展进行准确把握。

二、影视制作人员必备技能以及工作内容

1. 工作人员

(1) 制片人

要学会统筹规划整个拍摄流程,包括出行、吃饭、拍摄时间等。

(2) 美工和编剧

要有强大的知识背景,包括宗教、哲学、艺术理论、乐理等。这一点和文学从业者类似。

(3) 摄影师

需要熟悉各种摄影相关的器械使用方式,包括相机、脚架、灯光系统、稳定系统、录音设备。

2. 后期工作

① 剪辑师将拍摄素材采集到影视非线性编辑系统,整理素材。

② 导演和剪辑师根据影片创意脚本,初剪、精剪画面。

③ 动画师根据影片创意脚本中规定的特效画面,进行动画制作、视频特效制作、视觉艺术包装。

④ 客户试听录音小样,选择合适的配音员,剪辑师完成配音配乐、音效合成。

⑤ 剪辑师和动画师完成影片整体形象包装合成、输出送审片。

⑥ 客户根据影片创意脚本审片,并提出具体的修改意见。

⑦ 根据客户提出的具体审片意见,修改完善,经客户同意输出成品片,客户签收。

三、影视制作常识

1. 视频分辨率

视频分辨率简单地说是视频画面的大小,它以显示器像素为单位。选择的大小直接关系到制作视频的清晰度和文件大小。

2. 视频长宽比例

视频长宽比例是用来描述视频画面与画面元素的比例。传统的电视荧幕长宽比为4∶3。HDTV[①] 的长宽比为 16∶9。

---

① HDTV 是 High DefinitionTelevision 的简称,中文意思是"高清晰度电视",源于 DTV(Digital Television)"数字电视"技术,采用数字信号,拥有最佳的视频、音频效果。

3. 较流行的视频格式

① MPEG：其全称为 Moving Pictures Experts Group，即动态图像专家组。较常用的为 MPEG-4。

② AVI：这是压缩文件体积最大的一种，但是图像质量比较好。

③ FLV：FLV 流媒体格式是一种新的视频格式，它形成的文件极小、加载速度极快，全称为 Flash Video。

4. 常用软件

① 剪辑软件：Adobe Premiere Pro、Canopus Edius、Sony Vegas、绘声绘影等。

② 合成软件：Adobe After Effects、Discreet Combustion 等。

③ 三维软件：Autodesk 3D Studio Max、Autodesk Maya 等。

④ 辅助软件：Adobe Audition、Cool3D、AI 和 PS 等；

思考练习

1. 根据上述案例学习，分析网剧《猎罪图鉴》如何在上映时便快速"出圈"，及其营销模式有哪些新颖的地方。

2. 分析国产电影传统营销的弊病，以及《哪吒》在宣传发行方面的可借鉴之处。

延伸阅读

［1］ 许鹏：《新媒体节目策划论》，中国人民大学出版社，2009 年版。

［2］ 谭天、王甫：《电视策划学》，中国国际广播出版社，2001 年版。

［3］ 李东：《广播节目创优论》，中国广播电视出版社，2003 年版。

［4］ 胡智锋：《中国影视文化创意产业发展创新研究》，中国传媒大学出版社，2014 年版。

［5］ 张洪波：《全媒体视域中的影视文化与镜像修辞》，北京大学出版社，2021 年版。

［6］ 李骏：《电影视听语言——视听元素与场面调度案例分析》，北京大学出版社，2021 年版。

［7］ 彭吉象：《影视美学》（第 3 版），北京大学出版社，2019 年版。

［8］ 黄玉迎：《中国广播电视节目改革研究》(1992—2012)，中国传媒大学出版社，2013 年版。

［9］ 崔建成：《影视动画创意赏析》，北京大学出版社，2020 年版。

［10］ 张爱凤：《源与变：中国电视原创文化节目发展史论》，中国传媒大学出版社，2019 年版。

［11］ 王兰柱：《中国电视节目创新与收视》，中国传媒大学出版社，2010 年版。

出版产业创意与策划实训　第九章

出版产业是新闻传播信息产业的重要组成部分。在理论章节我们已经认识了出版的概念与性质，以及出版产业的特征、创意与策划的基本方法和基本要求等。那么，作为出版产业的从业人员，应该怎样进行出版物的创意与策划工作呢？本章通过两则经典案例进行解读，同时对出版策划方案格式与写作进行介绍。

第一节　出版产业案例分析

一、《东方娃娃》品牌的创意与策划

【案例描述】

《东方娃娃》是1999年由凤凰出版传媒集团倾力打造、江苏少年儿童出版社和南京师范大学出版社联合创办的幼儿杂志。该刊秉承"打开一扇阅读的门，开始一生爱的旅程"的宗旨，贴近幼儿的生活、学习特点，注重情感世界、人格的培养，打造以幼儿为目标的专属读物。

目前，《东方娃娃》逐渐形成与《东方宝宝》《绘本英语》《创意美术》《游戏大王》《保育与教育》等期刊为主的矩阵，并连续获得"中国百强期刊""中国最美期刊""江苏十强期刊""国家新闻出版署向全国少年儿童推荐的优秀少儿报刊"等荣誉称号。

为顺应时代发展，《东方娃娃》开通了线上销售渠道，并从当初的一本幼儿期刊发展成为一个集刊群、图书、幼儿特色课程、儿童教育培训、儿童文教生活产品研发于一体的多元化企业，在品牌发展方面进行了不少尝试。

【案例评析】

(一)设置品牌定位策划,提升产品辨识度

期刊品牌关系到自身在读者群中的辨识程度,是一种无形资产,决定了其特点和特色。《东方娃娃》在创刊初期进行了前期调研,研究后发现,江苏省已经拥有众多针对青少年的读物,但是面对婴幼儿的期刊比较少,因此《东方娃娃》把握住这一痛点,将自身的品牌定位于0~8岁的幼儿、家长、幼儿园老师等。由于读者群定位清晰,《东方娃娃》迅速打开了市场。

在期刊命名上,《东方娃娃》为了使读者容易记住名字,强化品牌效应,采用了言简意赅、朗朗上口的命名方式。"东方"表明了出版的面向受众群体和文化表达方式,"娃娃"则进一步强调目标读者是学龄前儿童。

目标定位是期刊的灵魂所在,选题策划、栏目编排、营销发行、宣传推广,都需要围绕期刊的定位进行。只有拥有了明确的定位,期刊的发展才有稳固的基础,品牌才能进而得到长远的发展。《东方娃娃》以"打开一扇阅读的门,开启一生爱的旅程"为出版宗旨,并以此为核心延伸出"蹲下来和儿童说话""亲近儿童,尊重儿童,引导儿童""为孩子说话,让孩子说话,说孩子的话"等一系列办刊思路。该定位阐释了《东方娃娃》品牌的内涵,即以"爱"和"阅读"为核心,在孩子心里播下一颗"爱"的种子,让其发芽、开花、结果,伴随着孩子成长,产生影响孩子一生的正能量。

(二)增强内容创意策划,巩固用户体验度

1. 以主题方式进行内容编排与分发

《东方娃娃》每期都围绕不同的主题来编创内容,涉及科学探索、心理健康教育、幼儿成长等方方面面,如"洞、探索""爱与成长""感恩,对阳光的礼赞"等。主题贯穿当期的封面和各个栏目,让孩子对每一期的内容都能有更加深入而立体的认知。

2. 以新媒体方式进一步延伸纸质读物的实用性与传播性

为了增强孩子在阅读时的趣味性,同时顺应当前数字化时代的趋势,《东方娃娃》新增"点点读诗"和"跟着点点妈妈学认字"两部分延展内容。家长扫描里边的二维码,幼儿就可以听读诗栏目,还可以看到很多有趣的动图,边听边看边学,让孩子在游戏中认字,寓教于乐。

3. 以设计与内容相结合的方式拓宽用户阅读视野

《东方娃娃》封底的故事选用"金子美玲诗歌选",让孩子感受诗歌带来的美感与快乐,进行美育教育。金子美玲是活跃于20个世纪20年代的日本童谣诗人。她的作品《金子美铃童谣全集》一经出版,就让日本文学界大为震撼。时至今日,金子美玲的多首代表童谣被收录于日本的小学国语课本,其作品已被翻译成包括中文在内的多国文字。她在诗中用儿童最自然的状态来体验、感觉这个世界。

4. 以"用户为中心"的运营方式创新编辑出版创作理念

首先,在策划方式上,《东方娃娃》是中国首家提出"绘本"理念的出版期刊,引进了大量世界优秀儿童绘本,如《十一只猫》《第一次旅行》《第一个朋友》《托托与帕德》等。一方面,绘本的出版使很多小读者与家长第一次接触到国外优秀的绘本故事,在阅读的过程中,既增加了亲子之间的交流,又大大丰富了孩子们的情感体验,提高了阅读的能力和动力。另一方面,《东方娃娃》通过引进优秀绘本,不仅推动了中国幼儿阅读现状的变革,也极大地提升了中国幼儿读物的编辑水平。其中,绘本刊是《东方娃娃》众多产品中的"第一明星"。其总编和主编都是著名的绘本作者,《东方娃娃》每年斥巨资从全球各地引进优秀绘本,同时为了使孩子和家长感受到绘本的魅力,《东方娃娃》专门配备专家导读,让作家、画家、文学评论家从美术、文学角度解读、分析绘本。

其次,在人员配备方面,《东方娃娃》的工作人员以文学、美术、儿童发展、学前教育专业为主,严格保证了内容的专业性和儿童期刊的审美艺术标准。在绘本理念的编辑思路下,《东方娃娃》对内容品质有着严苛的要求,以期构建孩子的品格,增进其语言能力,使孩子从小养成爱读书、读好书的习惯,传承中华民族的优秀传统文化。《东方娃娃》有着先成"人"再成才的教育理念,凸显儿童教育中的人文关怀思想。

5. 以创新性的编排方式吸引用户注意力

《东方娃娃》创刊多年来,坚持使用纯手绘创作绘本故事,并根据孩子每个阶段的身心健康发展,打造相应的主题。目前,不少儿童刊物为了节约时间、人力和物力成本,选择使用电脑或网络素材库的方式,创作图画作品。但是这种绘图方式,会造成千篇一律的画面效果,一些粗制滥造的儿童刊物严重影响了儿童的身心健康发展。为了避免这种情况发生,《东方娃娃》坚持从创刊开始就使用手绘图本,手绘细腻的笔触和丰富的色彩元素,既能吸引幼儿注意力,又能表达温暖的情感色彩。

在知识主题上,《东方娃娃》为了给孩子提供各年龄阶段应具备的知识系统,将智力提升、科学知识与绘本相结合,通过"图文互补、图文相乘"的编排手法,以关门折、挖洞设计等独特的方式,培养孩子的兴趣。

在艺术主题上,《东方娃娃》专注自身的绘本定位,组建专业化的绘本画家团队,并根据每期不同的主题风格,选定相应风格的作者去完成当期的主题设计。通过多元化的设计风格,展现出不同于其他儿童刊物的风格特色。为了更好地贴近小朋友的日常生活,《东方娃娃》还邀请国内外优秀画家、设计师共同创作绘本内的游戏场景。市面上许多儿童期刊以填色、贴纸为主,游戏方式比较单一,不容易使儿童长时间集中注意力。为了克服这一弊端,《东方娃娃》结合装置艺术、影像、建筑、音乐、戏剧等内容,实现儿童的多元化发展,提升儿童审美和创作能力。

6. 以现代美术理念迭代推动品牌与内容的影响力

《东方娃娃》尤其注重品牌栏目创新。《东方娃娃》刊内开设了"自然博物馆"和"怪事多多"栏目,这两个栏目是该刊的优秀原创栏目,共结集出版了23册,曾获得江苏省期刊"明珠奖·特色栏目"奖。为了更好地满足各阶段儿童的美育需要,《东方娃娃·创意美术》在创刊初期,就划定了适合的年龄范围,即针对3~8岁的儿童创意设计启蒙,经过十余年的发展,它已经成为美术领域幼童杂志的排头兵。为进一步帮助孩子打开想象和创造的思维,激发发展潜能,提高审美能力,《东方娃娃·创意美术》紧跟国内外儿童发展教育的潮流,利用现代美术理念,迭代升级内容,通过专业编辑、作者长达几个月的专业化设计,让孩子在实操中提升动手能力。

7. 以精准明确的印刷方式改善期刊的可读性

为了符合儿童的阅读习惯和阅读特点,《东方娃娃》在进行装帧设计时,采用大开本、大图画设计,具体包括:在版式设计上,《东方娃娃》充分运用了绘本理念,采用图文融合、扫描二维码听故事的方式,增强儿童的阅读趣味;在印刷和装订设计上,《东方娃娃》自2006年起,就统一采用铜版纸和大豆环保油墨印制,这种绿色环保印刷方式可以保护儿童的眼睛;为了凸显风格,《东方娃娃》有时还根据不同主题选用不同材质的纸张,比如胶片纸、硫酸纸、泡沫纸、瓦楞纸等,增强了儿童阅读的趣味性和期刊的可读性。

(三)革新产品经营理念,建设新媒体矩阵

今天,我们不得不面对这样一个事实:在移动互联网的迭代升级与普及的情况下,传统出版行业,尤其是纸质期刊,已经衰落了。而在这种情况下,靠纸质期刊起家的《东方娃娃》却逆势而上,迎来了新一轮高速发展。数据显示,截至2020年底,《东方娃娃》期刊订阅渠道已经形成网络订阅为主、地面渠道为辅的格局,网络订阅占比65%,网络年订阅收入达到4000万元;年发行量比2008年增长了5倍。[①]

其背后的逻辑很简单:《东方娃娃》在新一轮的数字化出版转型中取得了较好的成绩。《东方娃娃》成功的原因有以下两点:第一,在形式多元化和产业化的发展上进行了积极探索;第二,积极迎合出版业数字化发展的趋势,进行组织结构、内容生产模式和制作团队的深度融合改革。

1. 创新产品传播理念,制定新型出版行销策略

在积极迎合出版业数字化发展趋势的过程中,《东方娃娃》建设了较为成熟完善的运营渠道和线上平台。目前,《东方娃娃》已拥有线下实体渠道和以微信、天猫为主的新媒体渠道,并通过这种立体的多元的新媒体平台进一步实现品牌价值升级和整合营销传播策略。

在行销策略上,《东方娃娃》奉行"以传播理念为先导,以品牌经营为核心"的理念。经过数年耕耘,目前采用多种类型、多种方式进行行销。

第一,尝试举办各类论坛,推动本领域学术科学研究和应用研究,以推动本行业的基础性发展,提升教育从业者和儿童家长的理论水平和实操能力。

第二,紧跟市场风向,积极探索新技术的实际运用,并结合自身实际情况做出相应调整。2008年前,随着网络购物方式的流行,电商平台中出现大量低价售卖《东方娃娃》的商家。

---

① 《东方娃娃》:积极探索多元化产业化[EB/OL]. (2021-05-25)[2022-12-29]. http://www.zgjx.cn/2021/05/25/c_139968552.htm.

为了整顿乱象,同时顺应用户购买习惯和阅读习惯,《东方娃娃》管理层决定快速建设新媒体渠道。到了2008年,《东方娃娃》已经逐步建成天猫直营店、天猫授权店、京东自营店、公众号、社群、有赞分销、小程序等自有销售平台矩阵。

第三,及时了解用户数据、用户画像和销售数据,设置差异化交易场景。《东方娃娃》在建成新媒体矩阵型渠道后,便立刻展开"以用户为中心"的服务模式。根据用户信息、用户属性、用户来源、用户购买喜好,《东方娃娃》在不同的平台和渠道中,精准推送个性化信息。同时,《东方娃娃》会根据平台特色、销售时节,对所有期刊进行划分,以新媒体传播的特性设置商品的标签,进一步将商品精准匹配给目标用户,实现差异化销售。

第四,完善用户服务体系,以用户体验为核心进行服务模式的更迭。理论上来看,电子商务平台最需要关注的问题,就是服务者进行商品、内容营销时的主动性和完整周到的售前售后服务。《东方娃娃》从制定策略、信息传播、用户沟通、商店订单、封包发货、商品售后到用户管理的全链条,始终以用户的实用体验和用户的满意程度为核心标准,进而全方位提升其为用户服务的能力。目前,在解决用户售前、售后、投诉、咨询等问题方面,《东方娃娃》的基础服务和社群服务体系已经建设成熟,不仅常态化运营7×12小时淘宝、天猫、微信、QQ社群线上服务,还为开通用户开放了7×8小时服务热线,同时在仓储物流上下足了功夫,不仅保证下单12小时内发货,而且保证物流时效可控、信息可查;此外,还在各类渠道运营形成的50余个群聊中,定期举办经验讲座、优质内容分享、移动直播等。

2.加速数字出版转型,实现新型双向出版格局

随着数字化的不断推进,数字阅读已经成为当下潮流,《东方娃娃》也在不断探索内容、发行和传播上的数字化。

要做到数字化,首先要打造新媒体平台矩阵。早在2011年,《东方娃娃》就在网络购物平台上搭建起官方销售渠道,并建立了官方微信公众号、编辑部公众号、文创微信公众号等。目前,《东方娃娃》形成了属于自己的"三微一端"网络平台,组成了完备的新媒体平台矩阵。

其次要进行数字化资源建设与积累。《东方娃娃》与互联网新技术进行融合,开发数字资源,数字资源涵盖艺术、文学、语言、科学等多个领域,并进行相关内容衍生,如对书本进行专业化配音,让家长可以通过扫描二维码,带领孩子参与数字资源互动,这些资源集音视频、线上服务于一体,大大增强了内容的可读性和游戏的互动性。

最后要利用互联网进行资源整合,满足消费者移动化阅读需要,满足不同读者的需求。《东方娃娃》将自身的数字化内容与家庭、幼儿园教育资源进行整合,这种整合符合当下互联网在线平台的发展势头,《东方娃娃》的"移动学习社区"能较好地满足孩子、家长的线上学习、教育的需求。总的来说,《东方娃娃》这种数字化资源整合方式,是互联网时代寻求出路的必然之路,它实现了传统出版与数字出版的均衡发展,通过融合网络新技术和多元化终端,实现了数字出版内容和形式的多样化。

二、《瑞丽》品牌的创意与策划

【案例描述】

《瑞丽》创刊于 1995 年,创办至今拥有《瑞丽·服饰美容》《瑞丽·伊人风尚》《瑞丽·时尚先锋》《瑞丽·家居设计》等知名刊物。《瑞丽》凭借精彩的内容、专业的观点、精美的图片、高品位的审美情趣开创了独到的时尚实用化期刊模式,是集趣味性、思想性和知识性于一体的期刊,在全国有着较高的知名度和广泛的社会影响力。

【案例评析】

(一)明确品牌策划,提升期刊传播力与影响力

期刊市场竞争十分激烈,要想在这样的态势中立足走稳,就必须在创刊前期策划时,设立明确的办刊理念,了解目标用户群体,寻找正确的市场定位。做好这一步,就基本确定了期刊未来发展的方向。《瑞丽》以女性用户为主要面向,内容坚持"东方风格、女性视角、实用导向"的创作方针,关注女性的生活方式、人生际遇和生活经验,并且鼓励中国女性打开格局视野,增强女性理想信念,成为由内而外有着新风貌、新特征、新精神的新时代女性。

"东方风格"主要体现为期刊中的人物模特、服装穿搭、文化气息等都十分贴近中国特色与中国风格,这不仅使本国用户群体在心理上、地理上具有接近性,而且与同时期"崇尚西方风格"的其他流行杂志形成强烈对比。

"女性视角"主要体现在内容创作上以女性关注的内容为主,包括服饰穿搭、饰品使用、美容美妆、健康运动、社交礼仪和热点话题等,关注女性群体情感与生活,以女性群体能接受的语言进行叙事,针对性地为女性群体提供定制化内容。

"实用导向"主要体现在期刊风格偏向高品质生活,同时照顾用户的阅读体验,从语言叙事上给人一种"这是努力就可以实现的生活"的感受,在一定程度上决定了期刊用户规模的延续性与扩张性。

总的来说,《瑞丽》不是用"标题党"风格来吸引用户的注意力,而是以一种务实的风格,将"时尚元素""实用主义"与"热点话题"有效结合,用比较接地气的语言、图文创新表达,让用户有较好的阅读体验,能有所启发,并将其运用于自身实际生活中,以重塑个人信心,提升自我形象。

《瑞丽·服饰美容》的主要栏目内容聚焦于中国女性如何穿搭、如何美妆、如何选饰、如何认识女性市场的流行趋势等热门话题。《瑞丽·伊人风尚》主要栏目内容聚焦于女性主题故事、美容妆容、通勤衣橱穿搭和发型改造等热门话题。由此可见,《瑞丽》期刊精准聚焦于女性群体,并将女性群体的信息需求进行细分,通过开辟不同的栏目,为目标女性群体提供源源不断的信息。因为信息垂直、内容丰富且多样,所以《瑞丽》赢得了不少女性读者的喜爱,并且其中时尚的着装和得体的搭配总能出现在丰富多彩的生活场景里。

(二)加强用户定位,增进期刊内容生产力与引导力

从《瑞丽》发展的过程中,我们可以发现,由于品牌定位非常明确,其读者用户群体数量增长迅猛,获得了丰厚的利润。那么,在品牌定位明确的情况下,如何进一步加强用户定位呢?

期刊用户定位的方法主要有两种:一种是按照用户的属性特征来划分,可以根据当前的需求,或以年龄划分,或以文化层次划分,或以职业工种划分,或以用户属性的不同特征组合划分;另一种是按照用户的兴趣爱好或情感需求,划分不同的垂直型目标用户群体。无论以哪种方式设置用户定位,最终目的仍然是满足用户的信息需求。

《瑞丽》自创刊以来,就将"伴随女性生命的每个阶段"作为自身的出版理念。1999年,《瑞丽》明确提出以用户属性特征划分细分用户群体,并将其实际运用于《瑞丽》的业务工作,这也是我国期刊界第一次以这样的理念划分垂直型用户群体。这样划分垂直型用户群体,可以使原本庞大的用户群体,被分成许多特征明显、标签明显的小用户圈层。在期刊品牌定位和细分用户定位的基础上,《瑞丽》为不同年龄层和生活方式的女性群体定制了四类风格不同的读物:第一,针对16~18岁的女孩出版期刊《瑞丽·可爱先锋》;第二,针对19~25岁女性群体出版期刊《瑞丽·服饰美容》;第三,针对26~35岁的女性群体出版期刊《瑞丽·伊人风尚》;第四,针对城市家庭用户的装修、装饰、搭配和家居物品等信息需求,推出期刊《瑞丽·家居设计》,这也是国内第一本设计生活的实用时尚型家居期刊。

同时,《瑞丽》还运用资源策略,从期刊整体内容的层面,以创新性视角进行了内容扩展,对品牌进行了再策划,之后,在吸取成功经验的基础上,利用书刊互动模式,进一步出版了十多种《瑞丽》迷你版丛书,为目标女性群体提供了多元、多样、热门的流行资讯,让《瑞丽》成为都市女性时尚生活的指南。

(三)创新编辑方式,激发用户阅读灵感与思考欲望

从期刊定位、内容策划、落地执行再到编辑出版这个动态过程中,编辑主体发挥着集大成与总把关的作用。靳青万在《编辑定义论》中强调,在人类精神文化创造与传播活动中,编辑始终处于一个关键环节。编辑即人类在创造先进文化的过程中,对精神方面的原创型产品进行收集整理、择优劣汰、加工改造、整理提高、组合编次、规范定型等再创造,使之优化成为适宜人们共同使用或传播的完善型产品的实践活动。从这个层面来看,编辑的优化工作就是一种创新实践,优质的期刊离不开具有国际化、前沿性视野格局的专业编辑。

《瑞丽》的编辑方针主要依据国内读者的信息需求设置。在具体的编辑形式上,《瑞丽》突破了以往"内容分栏式"的编辑风格,在内容编排上充分考虑东亚用户群体的使用体验,进行灵活式操作。《瑞丽》经常会联络用户熟知的业界名人,制作封面,或者策划主题报道或专题采访,语言叙事上尽可能贴近我国用户的情感倾向。从某种程度上来说,这种本土化的编辑方针,一方面避免了期刊内容严重同质化带来的困境,用创新策划、创新表达方式将新鲜、实用的时尚资讯传达给用户;另一方面优化了用户阅读体验,避免因为文化差异而引起的用户认知难题和心理接受难题。

《瑞丽》的编辑业务模式,采用了首创的图文一体化版面设计语言。首先,图片选用标准为精致、可看、可用;其次,在保证优质照片素材的基础上,进一步提炼、打磨文字的叙述能力;最后,图文排版的风格要舒适,要有明显的高级感和沉浸感,商品图片与文字说明要形成一种有机结合,营造原生设计感。从整体上来看,每一页的图文设计必须经过这样的千锤百炼方可出炉。

此外,无论是四本期刊中的哪一册,编辑风格都必须贴近目标用户群体的具体需求和实际特点。例如,面向26～35岁女性群体的《瑞丽·伊人风尚》,根据这类群体"追求事业进步、工作压力偏大"的生活特点,针对性地推出了健康专栏、杰出女性成功故事等专栏,语言表达细腻,从个人事迹的实践层面、精神文化层面和情感层面进行叙事,给予用户舒适的阅读体验。再如,《瑞丽·服饰美容》在了解用户群体具体生活方式和行为特征后,针对性地推出了美容瘦身领域的专题页面,详细解读了女性应季美妆方式和应对身材管理的美体方案,帮助女性群体用户提升自我形象。

总的来说,《瑞丽》的编辑无论是在刊物设计,还是内容设计上,都在努力向着激发用户灵感与欲望尝试,他们鼓励不同年龄层的女性群体在注重自身形象的同时,发展个性。但就时尚内容本身而言,编辑很少表达主观性言论,而是把视角更多地聚焦于分享国际流行资讯,以独到而深刻的解读影响用户。此外,编辑不是"闭门造车",而是及时吸收学界、业界新鲜养分,把一些具有建设性和启发性的建议或言论,运用到实际的内容生产工作中,不断改进内容生产质量,进一步保持自身的市场竞争力和生命力。

(四)创新经营模式,扩大品牌市场传播力与影响力

互联网时代,新媒体的发展带来移动通信和广告业的飞速发展,为了应对国际知名时尚刊物进入引起的竞争,《瑞丽》没有故步自封,死守平面媒体,而是积极利用自己的核心品牌策略,在盈利的模式基础上,开拓出"发行＋广告＋物流＋媒体整合"的新型运营模式。具体包括以下几点。

第一,积极拓展品牌,扩大系列产品。《瑞丽》自1998年开始出版系列杂志,目前有多种系列产品,累计销量达400万册。为了实现资源的二次利用,《瑞丽》的编辑会根据往期内容,重新进行专题性融合,进行再出版。

第二,利用互联网平台进行品牌营销。早在2005年,《瑞丽》就成立了自己的官方网站,向互联网媒体发展。经过数十年的发展,《瑞丽》的官方网站拥有了服饰、美容、生活、轻奢、视频等多个栏目渠道,从多个角度展现品牌定位的时尚主张。

第三,不断延伸业务领域,开拓品牌市场。延伸品牌市场是企业发展的重要部分,《瑞丽》除了精耕时尚领域,也积极向金融领域延伸。如和银行合作发行联名卡,包括与光大银行发行的阳光贵宾卡、与招商银行发行的联名信用卡等。

第二节　出版选题策划方案格式与写作

一、出版选题策划方案写作模板

选题报告一般称为选题策划书。它既是出版物进行选题论证时的关键文件,也是出版物进入生产环节的起点文件。这种文案的写作与应用,主要是为了体现编辑对出版物的选题构思与设计的书面表达,直接反映编辑对出版物的创新理解能力和学术文化功底。

需要注意的是,在现实出版业务策划工作中,出版选题策划方案可以根据实际需求对方案模板格式进行相应变动,各项内容的顺序是可以调整的,但策划文案的基本要素不能缺少。以下是选题报告的主要内容。

关于《××××》的出版选题策划

一、选题名称

×××

(此处一般写出版物名称,有多个选题名称可以同时写入,但要求名称简洁明了,能吸引用户注意力。)

二、选题背景

(一)××××××

(二)××××××

(此处应该交代基于什么样的社会背景策划这样的选题,可以结合社会现象、社会事件、社会报告、同类竞品分析、用户信息需求等材料进行说明,需要点面结合、精辟完整地表达。)

三、选题价值

(一)××××××

(二)××××××

(选题价值可以从经济效益、社会效益、文化价值和出版价值等角度简要说明。)

四、选题内容和形式设想

（一）××××××

（二）××××××

（三）××××××

（这里一般需要将出版物的主题和内容构想充分结合，写清楚出版物的具体内容框架，并结构清晰、逻辑清晰地展开说明。）

五、读者对象

（一）××××××

（二）××××××

（三）××××××

（这里需要指出出版物服务的目标用户群体，他们有怎样的特征，以及如何为他们服务等信息。）

六、作者介绍

（这里需要大致介绍出版物作者的基本情况，尤其是作者与该选题相关的经历和学术背景等核心信息。）

七、时间安排

（一）从×年×月×日到×年×月×日，进行××××××的策划工作

（二）从×年×月×日到×年×月×日，进行作者文稿写作工作

（三）从×年×月×日到×年×月×日，进行交稿与编校工作

（四）从×年×月×日到×年×月×日，进行印刷工作

（五）从×年×月×日到×年×月×日，进行出版发行与营销宣传工作

（注意，这里需要将时间规划展开说明。例如，进行出版发行与营销宣传工作，至少应该说明发行出版和营销宣传的具体工作在时间上怎样规划。）

八、营销建议

（一）××××××

（二）××××××

（三）××××××

（这里需要写清对于该出版物来说，应该采取什么样的营销方式，应该利用哪些宣传资源进行推广，宣传工作应该怎么推进，如面临难题应该怎样解决等。）

二、出版选题策划方案范文

1080数字编辑室图书编辑童蟹蟹（化名）关注到一个事实：在中国，每年有数百万的学生进入大学读书。大学的选择、专业的选择，会直接影响到学生未来的职业规划，甚至影响到学生整个人生路径；目前，市面上虽然已有一些相关题材的图书，但这些图书大多是对相关报道、数据等资料的罗列，很少能够为准大学生提供较为务实的职业规划指导。

为此，编辑童蟹蟹经过细致周到的调查研究，准备请师范大学招生办的萧萧（化名）主任编写一本对大学职业规划进行指导的图书。

《大学专业解读与选择》选题报告

一、选题名称

《大学专业解读与选择》

二、选题背景

高考往往是每年全民热议的话题和媒体舆论关注的重点。考生十二年寒窗苦读，为的就是这个特殊的日子——选择人生关键路径。而在面对关键路径选择的时候，各种各样、五花八门的专业、学校常常让考生及家长犯难。

现有的志愿填报书籍，以及市场上相关的专业书籍，内容上大多是材料的堆砌罗列，针对性不强，指导性不足。

本书将立足于行业发展前景、高校地理位置、专业实力排名等信息基础，针对学生的兴趣爱好和未来规划，同时按不同层次划分学生成绩，以精准辅助学生选择院校和专业。

提供配套的小程序，在小程序上提供各地五年来的录取分数线、录取人数等数据，以及MBTI职业性格测试、霍兰德职业兴趣测试等增值服务，形成集数据分析与专业指导于一体的集成式新媒体服务。

三、选题价值

在社会效益方面，本书为考生提供有助于减少迷茫情绪、厘清人生规划的院校和专业指导，力求使学生在今后的日子里，深耕专长，成长为高层次人才，为实现中华民族伟大复兴的中国梦提供人才支撑，为社会发展提供更多高素质的专业人才。

在经济利益方面，每年从高中进入大学的学生有几百万人，而这本书和高中毕业生的需求是高度匹配的，市场潜力巨大，经济效益将会非常可观。

四、选题内容和形式设计

内容上,全书分为三个部分。

第一部分介绍主要学科门类、主要专业大类的详细情况、信息解读和近年来热门专业的前景解析。

第二部分解读高分尖子生、普通本科学校及以下分数段学生,应该如何因地制宜进行高考志愿填报。

第三部分对报考志愿中容易"踩坑"的一些问题进行"排雷",避免因信息不对称而导致志愿错填。

同时,书中附有二维码,读者使用其中配套的小程序既可查询全国各院校近5年专业录取分数线,了解志愿填报基础数据情况,也可以进行MBTI职业性格测验、霍兰德职业兴趣测验等,为自己的兴趣爱好和职业发展提供借鉴。

形式上,本书为平装16开,正文使用轻型纸,封面用铜版纸。

五、读者对象

高中毕业生、高中毕业生的家人、提供高考志愿填报服务的相关工作者。

六、拟请作者

本书拟邀请师范大学招生办的萧萧主任担任本书的主编。萧萧主任从事招生工作十余年,有丰富的招生就业指导经验,对于专业和就业有系统而独到的见解。

七、时间安排

2022年3月底作者交稿。

2022年5月底交付印刷并整合发行营销部门开展售前推广宣传工作。

八、效益预测

本书拟定价49元/本,考虑到受众和市场需求建议首印5万册。

九、营销建议

本书的市场生命周期短,内容上具有高度的时效性和针对性。所以,在图书的营销宣传上,应该充分考虑市场实际情况分别制定营销策略,做好营销工作。

(一)线上

在微博发起#如何填报高考志愿# #高考志愿这样报就对了#等话题,并邀请知名教育工作者张雪峰在该话题下发文,提高话题热度,激发网友主动参与讨论的兴趣。

在有道词典、金山词霸、小猿搜题等学习类 App 中,投放屏幕启动广告,在腾讯课堂、学信网等教育信息平台精准投放贴片广告。

高考结束后,邀请数位教育领域的热门作者及本书主编萧萧主任,在抖音短视频、快手短视频、微视短视频等社交平台,开展"高考志愿怎么填"的公益直播活动,并在直播中推广本书,进行直播带货。

在京东读书、当当网和阳光高考网做书讯宣传。

(二)线下

高考结束后,选择部分省份有代表性的高中开展"高考志愿怎么填"的讲座巡回活动。同时,利用人脉资源与当地教育部门合作,推广并销售此书。

同各地的出版营销商合作,疏通本书的实体经济营销渠道,扩大图书在市场上的覆盖面。

在《中国青年报》《意林》《读者》等报纸期刊上,为本书制订连载宣传计划。

为进一步提升图书的宣传力与传播力,出版社要参加订货会。

思考练习

1.《新闻战线》是由人民日报社主办的中文期刊,主要聚焦于新闻传播领域内容信息,研究新闻传播规律,探求新闻宣传艺术,力求提高舆论引导水平,积极反映媒体在改革创新中的探索。请结合该期刊实际发展情况,分析出版产业如何实现符合当代发展趋势的品牌创意与出版策划实践。

2. 请选择某一领域(如校园教育、人文社会科学或社会民生等),根据当前市场需求,写一份关于该领域的杂志(或书籍)的出版活动策划方案。

延伸阅读

[1] 耿相新:《论数字时代出版活动的新定位》,《科技与出版》,2022年第11期。

[2] 吴昉、汤宛英:《出版融合新格局中数字创意营销模式探究》,《中国出版》,2022年第13期。

[3] 石蕊:《文化创意产业视阈中少儿出版商业模式研究》,《现代出版》,2015年第2期。

[4] 李雪、黄崇亚、邱文静等:《科普期刊全媒体出版创意探析》,《编辑学报》,2015年第3期。

[5] 王巧林:《数字出版产业的创意特性》,《现代出版》,2014年第3期。

广告产业创意与策划实训 第十章

广告产业作为文化产业的重要组成部分,在移动互联网快速发展的大背景以及全球经济、文化、技术的共同作用下,在数字化转型、商业化和文化价值协同等方面取得了明显的进步。《2022中国互联网广告数据报告》显示,2022年全年中国互联网广告收入为5088亿元人民币,其中短视频广告是增长速度最快的品类。[1] 中国的广告产业也呈现同样的发展趋势,尤其是短视频广告,稳居网络广告媒体投放第一位。本章立足中国广告价值观,结合展现中国家庭文化的方太集团《油烟情书》这一刷屏级案例,以及致力于传播中国文化的头部互联网公司——腾讯的非遗文化数字营销案例,深度阐述我国广告产业创意与策划的现状、特色以及发展趋势,并通过详细解析来介绍广告策划与创意的方法与技巧。

第一节 广告产业案例分析

一、广告产业中的"中国文化"

【案例描述】

当所有的油烟机品牌都在主张"超强吸力"的广告诉求时,有一个品牌开始在新的赛道上发力。2017年中国国际厨房博览会上,全球近千家油烟机厂商齐聚一堂,以展览的形式谈论油烟的危害以及各家产品的优势。而方太集团在此时却用油烟做了一件有爱的事。它上门收集了方太油烟机真实用户家中油盒中的废油,将其转化成油墨,再结合现代工艺和文化,将"油烟"印制成书籍并命名为《油烟情书》。通过这一创举,方太集团不仅将拥有高新技

---

[1] 《2022中国互联网广告数据报告》正式发布[EB/OL].(2023-01-12).[2023-02-21].https://baijiahao.baidu.com/s?id=1754822274656302264&wfr=spider&for=pc.

术的油烟机产品传递给大众,还传递了中国的家庭文化与方太集团的人文情怀。下面是《油烟情书》的文案节选——

丈夫:两个人相遇,就像两种食材,从天南海北,来到了一口锅里。

妻子:那年下乡,我嘴馋,你嘴笨,每次你要讨好我,就会给我做些叫不出名字的东西。

哼,果然,食物中毒了。

丈夫:得亏了这次中毒,我终于有机会在诊所和你朝夕相处了。

妻子:可是,刚在一起,没多久你就回了城。

186天,每天给你一封信,对未来却越来越没有自信。

丈夫:想你的时候,就做个你爱吃的菜。思念和油烟,也说不清哪个更浓。

妻子:记得那天,你突然出现在我面前,说,结婚吧,要是我还敢吃你做的菜。

丈夫:就这样,我们过起了柴米油盐的日子。锅碗瓢盆里,装满了苦辣酸甜。

妻子:你再忙也会回家做饭。你说你爱吃青椒,把肉丝都留给了我。

妻子:后来,我们俩变成了我们仨。

丈夫:我就再也没有和你吵过架,一对二,我赢不了的。

妻子:时间走得太快,我没还吃够你做的菜,牙齿就快掉光了。

丈夫:你还是每天给我写信,字还是那么秀气,只可惜,我戴着老花镜也看不大清。

妻子:50年了,我给你写过1872封信,你做饭时升腾的油烟,

就是你一天三封,同我的情书。

最终,这封充满中国美学的《油烟情书》获得了业内及大众的高度喜爱,120名方太用户向创作者提供了油烟,并获得了这本书,14家实体店免费为《油烟情书》举办书展,4位名人在电视节目中朗读自己的《油烟情书》,6400万观众看到了隐藏在油烟中的爱。本次品牌传播活动共获得149302849次媒介曝光量、4023条媒体报道、4700000条关于烹饪和爱情的留言。[1] 这一作品不仅获得了现象级传播,成为业内外人士心中的佳作,更体现了中国广告创意的进步与中国广告产业的内涵式发展。

【案例评析】

作为中国厨电的领先品牌,方太一直将"因爱伟大"作为自己的品牌主张。此前已经以《妈妈的时间机器》之《方太梦想宋》为铺垫去诠释这一伟大的爱。而《油烟情书》的出现则迅速成为方太的封神之作。时至今日,《油烟情书》依然被创意行业作为优秀典范。在2022年,方正推出了《油烟情书》系列篇《地球情书》。这一作品不仅为方正品牌赢得了销量与口碑,其成功经验也为中国广告产业其他领域所借鉴和学习。

---

[1] 油烟情书丨2018金投赏商业创意奖获奖作品. http://winner.roifestival.com/cn/winners/detail/c54b9mn?year=2018.

(一)用东方美学,开拓广告产业创新思维

1. 创意先行,执行加分

当人们看到好的广告作品时,常常会发出"这个创意真不错"的感叹,那什么是创意呢?"创意"是时代的产物,它标志着一个注重创新思维的时代的到来。早在 20 世纪 60 年代,"创意"的概念便在美国广告大师研究广告表现创意的著作中出现,如詹姆斯·韦伯·扬的经典著作《创意的生成》(*A Technique for Producing Ideas*),而"创意"一词的问世是在 1984 年以后,20 世纪 90 年代初期这一概念在中国普及开来。创意思维在广告行业中的巧妙运用,推动了广告产业的创新式发展,随着时间的推移,广告产业逐步跻身各国文化产业首位。

方太《油烟情书》的创作对于中国广告产业有着里程碑式的意义,在此之前,在广告作品中融入家庭情感的作品不在少数,但创意及执行相对中规中矩。而方太不仅创新了油烟机广告的创作视角,转常规的产品导向为情感导向,从以理服人转变为以情动人,将油烟转化为爱的印记,而且通过浓浓的东方美学赋予整个广告片独到的视觉审美。具体来看,主要表现为以下几个方面。

首先,使用巧妙的镜头语言。《油烟情书》是一部叙事感强且有视觉张力的广告作品,在镜头语言、色彩搭配、人物配音、色调处理等细节上均渗透着温柔的东方美学,细腻且富有情感。广告片中,男女主角化身小人,以微距视角在巨型书信上游走(见图 10-1)。原本作为背景的字,在广告片中成为突出的主体,并契合着故事情节的走向。画面克制且多留白,符合方太一贯的审美——东方意境,而文字的笔触意境,与电影《黄金时代》有异曲同工之妙,整体来说,观众代入感极强。而这一审美,在方太集团的中秋宋词广告《爱若无缺事事圆》中也体现得淋漓尽致。通过《蝶恋花》《点绛唇》《相见欢》三篇极具宋代美学的广告画面及宋词古

图 10-1　方太《油烟情书》TVC 截图

风文案,表达了家庭之中,爱是最重要的,只要爱没有缺陷,生活就是圆满的新式"爱的哲学",不仅在美学和文学造诣上打造了广告行业的新标准,更在广告创意思想层面有了明显的改变与提升。

其次,使用超级创意物料。这一次,方太真的在用油烟写情书。中餐爆炒煎烧的烹饪方式,人情味最浓,但中国厨房里产生的油烟也最重,我们研究油烟、吸除油烟、驯服油烟,最后却发现,油烟是家人下厨的痕迹,也是家人爱的印记。因此,方太通过与实验室合作,使"油烟情书"由概念变为可能,首先由工作人员去往不同的方太用户家中,收集油烟机油盒中的废油,用玻璃罐装好并做好标签;接着将它们拿回实验室,让油烟沉淀48小时,再从中提取油脂,放入试管后进行每分钟1200转的超离心提纯,之后加入乳化剂及联储高纯度油脂;随后,油烟中的油脂,被送到印刷厂,作为黏结剂以23%的比例加入色料与辅助剂,调和成符合印刷要求的油墨。从厨房里收集的油烟,就这样变成印刷机里的油墨,印成充满烟火气的情书并装订成册,68封书信、209页,从名人大家到寻常人家,有堪称经典的情书,也有珍藏至今不曾面世的家书。没有跌宕起伏的剧情,人们眼中最美好的情感,就是日常生活中的柴米油盐。

最终,方太集团通过"从油烟中提取油脂"—"调制油烟油墨"—"印刷油烟情书"这三步,用来自平凡人家中的油烟,记录了柴米油盐中隐藏的情感。在《油烟情书》出版成册后,方太还把厨电展变成了一场"书展",观众通过现场互动即可获得纸质版《油烟情书》。传统的油烟机展厅,变身为书店中的阅读场景,那一刻仿佛家就在会展中心。

2. 匠人精神,东方传承

《油烟情书》是对创意实物化的一次全新探索。很多品牌在进行广告创意时,会把故事凝聚在一件实际物品上,例如肯德基的"可以吃的指甲油"、绝味与小红书联名的限定版"摇摇杯"。但《油烟情书》不只是让人们体验书籍本身,还用它讲述了关于柴米油盐的故事。不管是根据真实故事改编的广告片,还是50年写了1800多封情书的老夫妻,抑或通过工作人员从一家家厨房收集来的油烟制成的油烟情书,都体现了中国人涓涓细流的情感以及一丝不苟做事的匠人精神。广告解构重组了电影《黄金时代》和PILOT签字笔海报的构图方式,《山楂树之恋》和《金婚》中的生活细节……这些动人的情感因素和视觉元素融入视频之中变成流动的影像,把观众的情绪拉回到两位老人的柴米油盐之中,引人回味。每一个宣传细节都经过了精心思考和细细打磨,电视商业广告透着浓浓的电影感,海报也拥有优秀摄影作品的质感。高品质广告作品的出现,对广告产业的向前发展有着积极的推动作用,尤其是"油烟情书"从提取到拿回实验室制作并出版的全过程,包含募捐油烟、书信采编、排版印刷,历时数月,它更清晰地体现了中国广告人对中国家庭文化的认同和对优秀作品的匠人精神。

如今,中国广告行业中拥有越来越多的表现传统与科技之间工匠精神的广告,它们被称为"东方艺术广告"。如国货美妆品牌花西子,一直坚定地走东方美学路线,从产品到包装到营销,每一个细节都用心良苦。花西子"苗族印象"系列,更是将民族艺术与东方美学发挥到极致。通过深入苗寨探究国家级非物质文化遗产苗族银饰锻制技艺,以苗族元素为设计灵感,通过熔炼、锻打、压制拉丝、錾刻等工序,复刻逐渐失传的民族工艺,并用于产品的包装设计,对中国传统文化进行创新传播与传承。与此同时,以"苗族女童助学"为第一站,开启"花西子百花计划"公益项目,助力苗族女童接受更好的教育,传递其"扬东方美学,铸百年国妆"的品牌愿景。可以看到,越来越多的企业和品牌加入东方传承的行列,它们通过优秀的广告作品,传播优秀的中华文化。这一现象也成为近年来中国广告产业发展中的可喜的变化,国人的文化自信在越来越多的广告作品中得以体现与传播。

(二)用中国式情感,升级传统品牌认知

1. 用故事提升品牌说服力

在《油烟情书》广告的片头中出现了"本片采编自李建国、丁琳夫妇50年来往书信"字样,简单的一行字,却勾住了观众的心。整个画面中并没有出现两位主人公的脸部特写和具体形象,因为他们的身份无须精准对应,具有普遍性,这样观众在看影片的时候也会更有代入感,能从中看到自己的影子,引发共情,产生对品牌的认可和对产品的购买欲。在广告片之外,方太也发起了"油烟情书征集令",一共向社会征集了68封书信,并制作成系列海报,这一举动进一步增强了故事的真实性,提升了品牌的好感度。

而胜加广告作为《油烟情书》的幕后英雄,被誉为"中国最会讲故事的广告公司",它不仅为方太集团提供了近20年的广告传播服务,更创作过无数个动人心弦的故事。胜加信奉"观点,用故事表达"的创作准则,致力于为品牌在中国消费升级时代和中国消费价值观与生活方式重构阶段,塑造独一无二的社会公众角色,以及完整的品牌传播体系。在一批优秀的创意热店的推动下,中国广告产业从单一的广告创作代理服务向整合传播运动、品牌IP管理、沉浸式内容分发与创作等新赛道转型升级,凭借精准锐利的策略思维和创意能力,创作出《后浪》《踢不烂》《啥是佩奇》《三分钟》《最后一公里》等优秀的故事型广告。

2. 用情感塑造品牌感染力

除了高品质的视觉体验,《油烟情书》中最让人动容的是父辈的爱情观。"在一起吃好多好多顿饭""想你的时候,就做个你爱吃的菜""思念和油烟,也说不清哪个更浓",句句不提爱,但处处都是爱,这就是父母这一辈朴素而又浪漫的爱。在这个什么都快的时代,父辈细水长流的感情更能抚慰人心。而这一主旨与方太"因爱伟大"的品牌理念十分契合。《油烟情书》最大的成功之处在于它彻底改变了人们对油烟的看法。过去,人们提及油烟多为负面意见,认为它损害身体健康、影响厨房清洁等,而经过本次品牌传播活动之后,油烟也成为爱的代名词,它是为家人下厨的痕迹,也是爱的印记,而方太所扮演的角色就是为人们滤掉油烟伤害,只留下柴米油盐中的爱。通过《油烟情书》中老夫妻细水长流的爱情对话和具备东方美学的广告画面,这张"情感牌"获得了极大的成功,不仅帮助方太钻进了消费者心里,更提升了方太品牌在大众心中的好感度。

品牌强国工程是中央广播电视总台于2019年启动的品牌工程,依托全媒体传播品牌强国战略,培育代表中国参与全球经济文化交流的新时代国家级品牌。各企业与品牌,通过在品牌传播中注入情感因素和中国广告价值观,实现以品牌之光照强国之路的战略目标,并推动中国广告产业的可持续发展。

3. 用场景帮助品牌立体化

除了传统的品牌营销活动,"油烟情书"的主题还走进了江苏卫视的"阅读阅美"栏目,通过更多的曝光与探讨,让大众感受到方太赋予柴米油盐的美好情感。至此,《油烟情书》先后推动了油烟收集、情书征集、视频广告、平面广告、情书展览、电视节目等立体传播场景,同时还推出英文版《油烟情书》,方便海外受众购买。

在场景传播视角下,移动终端、社交媒体、大数据、传感器、定位系统形成的"场景五力"为广告产业发展提供了新的可能性,人、物、场之间能够建立新的连接,每个人都可以发布、传播信息,分享真实可见的体验。同时,充分释放个人的情感和价值诉求,激发场景参与欲望,为信息传播带来温度,并成为当代广告创作的新的时代背景。最终通过构建立体传播体系,助力品牌出圈。《油烟情书》的成功在于,从品牌层面开始提供颠覆性的想法,改变了大众对"油烟"的传统认知,赋予其新的内涵,再结合巧妙的创意与故事,重新定义了油烟,旨在通过广告的传播突出方太改变人们生活的使命感,提高品牌影响力。未来,在更多新兴技术的加持下,品牌传播的立体化将获得更多的资源与平台,为中国广告产业发展转型带来新的机遇。

二、广告产业中的"青年文化"

【案例描述】

乔丹质燥是乔丹体育旗下的高端系列产品线,也是乔丹对自身品牌的一次升级。"质"代表对品质的注重,"燥"则体现当下年轻人的态度。质量与态度双重展现,是国货乔丹给自己定下的使命,在国潮力量不断壮大的市场中,乔丹希望借由自己的力量让中国设计走出国门。因此,该系列在近年来不断尝试触达更多的年轻消费群体,从而完成这一品牌愿景。

乔丹质燥试图将"青年文化"与"传统文化"强强联合,于是,选择深受年轻人喜欢的历史文化IP陕西历史博物馆进行合作。首次合作是2021年9月,乔丹质燥在拥有600多年历史的西安北城墙举行了2021联名系列时装秀,古朴的城墙与现代的时装碰撞,为大众带来了一场跨越数百年的视觉盛宴。随后,乔丹质燥以"质燥唐潮"之名,与陕西历史博物馆推出联名产品,联结Z世代与唐朝盛世,表达潮流态度。2022年9月,乔丹质燥再次与陕西历史博物馆合作,联手打造元宇宙"历史大展"IP,以大唐的盛世潮流为锚点,以潮流鞋服为画卷,用潮流语言为画笔,举办"西安城墙大秀",展现古典之美与时尚"唐潮"。在数字经济不断深化的今天,将厚重的历史文明赋予现代潮流的生命体,是当下广告产业开拓的新方式,其中,品牌对元宇宙的实践,必将给广告产业带来新一波冲击。

乔丹质燥借助虚拟技术结合兵马俑创造了新的"国潮icon"(见图10-2),为Z世代消费者打造了一场历史与未来融合、时尚与传统碰撞的元宇宙潮流生态,希望通过本次跨界合作,打造世界级IP。研究发现,秦朝的铠甲不仅有防御作用,还体现着军队森严的等级制度,远看整齐一致的兵马俑其实是各不相同的,他们的铠甲会因为兵种和职位的不同而有显著差别。于是,"不做创意人,只做创作者"的 W 公司帮助乔丹质燥以受众更为熟悉的"机甲"为本次核心创意切入点,将兵马俑与机甲的冲突与融合打造成赛博朋克的世界。此外,通过头冠、甲胄、领结、鞋履等细节还原,尝试更好地融入秦朝历史文化基因与内涵价值,同时以电雕满印工艺等技术呈现古今结合之感,以崭新的 IP 形象触达年轻消费者。

图 10-2 陕西历史博物馆×乔丹质燥元宇宙 IP

(图片来源:数英网《陕西历史博物馆×乔丹质燥:
打造元宇宙「历史大战」IP. https://www.digitaling.com/projects/225091.html)

【案例评析】

(一)注重精神与情感交流,重视身份归属与价值认同

2022 年 6 月南都民调中心发布《00 后消费观洞察报告(2022)》,通过对比分析"00 后"与"90 后"消费观念与行为发现,"90 后"消费偏向于家庭,"00 后"则更注重自我发展,以"悦己"为主,愿意为自己的兴趣爱好及自我提升付费。通过报告可以看出,Z 时代更加注重精神与情感的交流,重视身份归属和价值认同的深度连接。在广告产业之中,我们不难发现,Z 时代更注重沉浸式体验,注重精神与情感交流,重视身份归属与价值认同。

乔丹质燥正是通过观察年轻一代喜好的变化与趋势,不断探索青年内容的潮流与走向,找寻与年轻人更有效的沟通方式。乔丹质燥洞察到 Z 世代消费者对元宇宙和潮玩手办的兴趣,于是联合陕西历史博物馆推出 2022 国潮 icon"燥令秦潮",并以此为主题打造系列鞋服、手办和 NFT 数字藏品,上演秦朝·元宇宙的时空穿梭之旅,进一步塑造该品牌时尚潮流、运动年轻化印象,并不断强化乔丹质燥的国潮基因,以新鲜有趣的"秦潮"文化打动年轻消费者,实现声量与销量的双赢。同时,以"未来俑士"的概念,发布创意短视频,讲述考古学家勘探神秘 Z 号坑,挖掘装备有未来机甲的潮俑的故事。以元宇宙为创意场景,以虚拟人承载创意内容,通过数字藏品、短视频、直播连线等方式开展了一系列社交、数字化的品牌营销活动,从不同触点与消费者连接,不仅获得了极高的话题热度,更有效提升了品牌形象,并带来有效的商业转化。

本次乔丹质燥所打造的 4 个潮俑 IP 形象分别是"足智多谋的将军俑""不让须眉的女将俑""奔波沙场的战马俑""倾肝沥胆的士兵俑",它们从不同性别、不同个性、不同视角打入 Z 时代青年的内心,甚至成为他们的自我代表,以千年前的战场传奇故事,代入消费者的情感,从而引发其身份归属与价值认同。同时,随着国人文化自信的提升,越来越多的中国品牌开始立足于中国传统文化,搭建与消费者的情感连接与理念共鸣,并赋予其全新的生命力。

(二)洞悉 Z 世代的相处之道,实现品牌的跨场域传播

近年来,广告产业发展迅速,5G 时代的到来及短视频行业的迅速发展促进了广告内容的多样化,同时也对行业发展带来了全新的挑战。作为消费力的重要组成部分,年轻群体的话语权及消费方式也越来越多地影响中国广告产业发展变革的方向。胜加广告 CEO 马晓波认为,品牌年轻化背后需要思考的本质问题是,在当今社交媒体环境下,品牌如何浸入年轻人的生活之中。品牌应该思考与年轻消费者的相处之道,找到自己在年轻人生活中的位置或能扮演的角色,并且,这个位置或角色需要和品牌的调性匹配。然后再用丰富有趣的形式和玩法与消费者进行持续沟通。本次乔丹质燥与陕西历史博物馆的跨界合作,整合了国潮运动品牌与历史文化的力量,也打破了大众对潮流的固有印象,围绕数字藏品的稀缺性与独特性,让大众看到了品牌发展的更多可能。

目前,中国广告产业在元宇宙领域尚处于摸索阶段。在技术不断更迭的今天,消费者已经不再满足于物理产品的供给,尤其是游戏行业的发展让 Z 世代青年的想象力在虚拟世界得到了更多满足。因此,实体、数字与虚拟的有机结合,为未来广告产业的多元化发展开拓了路径,也为乔丹质燥这一品牌的传播升级奠定了基础(见图 10-3)。本次联名是以年轻人喜闻乐见的方式吸引他们进行自传播,用充满吸引力的产品和新鲜的传播方式融入年轻人的社交,引发年轻人的讨论。

整体来说,当下广告业的创新模式已经涵盖虚拟 IP 营销、短视频宣发、热搜话题、开箱种草、明星引流、关键意见领袖内容共创等复合形式,传播平台也从官方权威纸媒到潮流杂志,从线上到线下,覆盖微博、B 站、微信等多个社交平台和商场、艺术展等多个线下场所,辐射文化、潮服、潮玩等多个圈层群体,形成完整的品牌营销链路闭环,带来感官与互动的狂欢。因此,传统的广告路径已经不能满足广告产业发展的新要求,广告人也需要不断开拓创新。

图 10-3 "燥令秦潮"线上线下融合艺术展

(图片来源:数英网《陕西历史博物馆×乔丹质燥:
打造元宇宙「历史大战」IP. https://www.digitaling.com/projects/225091.html)

(三)文化与创新并重,技术与公益齐飞

透过乔丹质燥的案例,我们能清晰地认识到文化与创新并重的重要性。随着我国科技实力的提升和品牌建设的持续推进,越来越多的"中国制造""中国创新""中国产品"享誉世界。文化是一个国家和民族软实力的象征,通过广告产业中"国潮崛起"的现象可以清晰地看到我国文化软实力在不断增强。类似的案例还有腾讯云《守护黄河文明,探索数字非遗馆》。2020 年,叮当互动联合腾讯云为"老家河南黄河之礼"创作了"黄河文明唤醒师"招募令,用数字创意唤活黄河非遗。本次创意在内容上,尽可能地和黄河九地非遗以及六大主题丝巾进行融合,用黄河文化长卷的形式落地;在形式上,以创新的 3D 数字交互形式,打造数字非遗博物馆,让非遗产品在线上被更多人看到。整个 H5 以年轻化的方式,将非遗产品巧妙自然地植入游戏中,用游戏思维,吸引年轻人关注非遗(如图 10-4)。同时整个 H5 引流至黄河非遗数字馆小程序,在线上形成营销闭环。在长卷中,用龙马作为开篇,在黄河之水上,各类远古文化元素依次出现,随着时代的更迭,非遗礼品也随之出现,在画面中,植入六大主题丝巾图案。用户收集到九个非遗产品后,自动生成 3D 数字非遗博物馆,在博物馆内可查看非遗文化知识,购买非遗产品,保存分享海报,完成整个交互逻辑。在此案例中,品牌通过以下三种方式进行了文化传播的创新。

1. 用年轻的方式,说正经的历史

在传播黄河非遗的形式上,品牌方用游戏思维,结合先进的交互技术及数字呈现形式,

图 10-4 腾讯非遗数字馆海报

承载厚重的非遗精髓,在轻松有趣的氛围中吸引年轻用户主动探索。整个创意主题围绕"守护黄河文明,探索数字非遗馆"来进行。将黄河九地非遗和丝巾元素融入手绘长卷中,用一镜到底的创作手法展现黄河九地非遗。在长卷中设置趣味交互动效,以寻宝的形式巧妙引出黄河九地非遗,为用户带来视觉和文化的双重体验。用户通过浏览长卷收集非遗宝藏后,合成 3D 数字非遗馆。在非遗馆,通过探索非遗展品,可引流非遗数字小程序。

2. 用游戏长卷承载厚重文化

在长卷中,将黄河文明和九地非遗深入结合,融入龙马、女娲、黄河之水、凤凰等多种意象元素,同时按照历史朝代及文化关系,将九地非遗之礼进行串联,结合每个非遗之礼的特色,设置对应的展示场景,使整个画面内容更丰富。随着滑动,龙马吐出黄河之水,带出黄河文明的许多故事,鲤鱼、大象、飞鹤等元素随之出现,女娲吹动花瓣,始祖黄帝高举旗帜,历史在不断向前。大门自动打开,古代女子对坐饮茶,三彩马眨着眼,唐代小人在奏乐,李白伴着山水高歌,凤凰吐出火焰冶炼钧瓷,太极仪前一招一式平衡自如。在长卷中还埋了一个小彩蛋,六个丝巾主题图案隐藏在长卷中,它们分别是唐宫夜宴、锦鸡、天鹅、牡丹花、仰韶彩陶、河南博物院五福盘洪福齐天。

3. 创新交互打造云上 3D 数字非遗馆

用户集齐九个非遗之礼可生成丝巾,随着丝巾的生成,云上 3D 数字非遗馆慢慢浮现。在 3D 数字非遗馆内,九地非遗放于展台上,用户可 360 度旋转,探索九地非遗,也可购买六大丝巾主题的非遗产品,点击非遗之礼后生成分享海报。对于如何玩转非遗,让黄河文明传播"出圈",用非遗之礼连接年轻人,叮当互动这次给出了完美的答卷,希望能有更多人关注本地非遗,用新的形式让非遗在当代焕发出新的生机。

同时,借助科技的力量,越来越多的"不可能"和"第一次"在广告产业中出现,大众也越来越深刻地发现,广告创意的价值不仅在于推广产品,还能够改造世界。如让救护车的鸣笛不被紧闭的车窗阻隔的"Hear Life"项目。严重的空气污染、高温和嘈杂的环境,让大多数车主选择紧闭车窗,同时还有车内音乐播放的影响,车辆与外界产生隔绝,当救护车发出鸣笛声时,车主可能因为没有听到而未及时让路,延误十万火急的救护行动。于是,有品牌通过与汽车品牌进行企业社会责任合作,让车主免费安装 AI 侦测系统,自动识别车身附近的救护车,从而及时让行。看起来非常简单的创意想法,在实际执行时遇到了巨大的技术障碍,AI侦测系统需要通过大量的声音样本学习与判读,才能提高其识别精准度,从嘈杂的环境声音中,正确判别救护车的声音特征。通过技术的不断优化与AI系统的反复练习,最终在真实环境中的测试准确度为99.9%,当救护车行驶至车辆附近,Hear Life将主动降低车内音响系统声量,并立即显现视觉闪灯警示。被誉为全球第一套"经济车辆AI侦测系统"的Hear Life通过技术的力量,将公益做到高精准度,为病患赢得了宝贵的抢救时间。

人们常说"广告不一定能改变世界,但一定能改变你看世界的方式"。近年来,高科技发展为广告产业带来了巨大的变化。第一,广告地位与作用日益提升。广告在提供商品和理念等宣传的同时,也为现代社会提供了全面的信息服务,它在人们生活中发挥的作用越来越显著,同时,对社会经济与文化的影响日益深远,它同时满足了大众的信息、文化、经济等需求。第二,广告自身的社会责任不断提升,我们可以看到,越来越多的优秀广告出现在我们的视野之中,它们不仅突出品牌个性,更突出人的价值,传播社会正能量,传递社会真善美。它教会人们热爱国家、家人、朋友等,热爱生活和自己,它教会人们更加自信,放下焦虑、放下内卷,更关注内心的感受。第三,广告的技术性越来越突出,一方面,AI、AR、VR等新技术、新形式全面进入广告产业,另一方面,广告人积极探索元宇宙等新领域。全球广告将向着数字化、现代化、艺术化、空间化的方向发展。正如2022年上海国际广告节的会议主题"创意有数",未来广告产业的根基将建立在数字化的基础之上,这也是广告产业在国家发展战略中占据重要位置的因素之一。

总之,广告产业是国家文化产业的重要组成部分,同时也是理论与实践并重的学科。"广告产业创意与策划"通过理论与实践两章内容,帮助学生有效掌握广告产业创意与策划的知识点和全流程,同时,进行相关实践练习。学生要在理论中学习广告调查、广告战略策划、广告创意及执行、媒介策划、广告效果测评等;在实践中通过广告学科竞赛及企业项目的引入,将理论知识有机运用于实践之中,最终成为符合市场需求且具有创新精神的复合型人才。

第二节 广告策划书格式与写作

一、广告策划书写作模板

广告策划书是根据广告策划的结果,对市场分析、广告策略、广告计划等进行详细说明,并提供给广告主加以审核的广告活动的策略性指导文件,也是广告活动开展的指南针。一份完整的广告策划书写作模版参考如下。

前言

第一部分 市场分析
  1.品牌介绍及产品分析
  2.消费者分析
  3.现有市场竞争状况分析

第二部分 广告策略
  1.广告目标
  2.目标市场策略
  3.产品定位策略
  4.广告诉求重点
  5.广告表现策略
  6.广告媒介策略

第三部分 广告计划
  1.广告发布计划
  2.公关促销计划
  3.广告费用预算

二、广告策划书范文

广记养生园广告策划书

第一部分 市场分析

1.品牌介绍及产品分析

(1)品牌介绍

广记养生园店铺于2004年5月在福建福州成立,并已在广州、福州、厦门成功直营7家分店。该公司2007—2011年计划在广州、福州、湖北、南昌、重庆、江苏、上海等地发展直营店铺30家,2015年在全国已拥有50家直营店。它是具有广州甜品风味的老店,无论是店铺的装饰格调还是甜品的味道都非常有粤系风。广记养生园新产品系列特色港式甜品,在同行中独占鳌头,其产品讲究"色、香、味、形、意、养",一个"养"字把"药食同源"的理念点透。它强调饮食科学,营养搭配合理;滋补调理,清润美容,特别是取材新鲜,富含维生素,是现在人们消费的时尚产品。以其特有的融汇香江两地的产品特色和饮食文化而形成的独特的甜品店,必然在"专、精、巧"等方面有更强的竞争力。

(2)产品分析

① 产品特性分析。

科学饮食,药食同源;选材新鲜,精练;产品有超多风味选择,四季养生;口味偏清淡,对于部分口味偏重的湖北人来说不太适合;产品美味平价,比起周边快餐店来,性价比较高,并赠送免费的大麦茶;店内环境装修古香古色,餐具有特色,环境优雅,店内布局干净整洁,错落有致。但店内面积较小,人多的时候会显得较为拥挤、嘈杂。木制桌椅虽然多了古朴之感,但相对皮质桌椅舒适度欠佳。

② 产品品牌形象分析。

广记养生园以养生为主题,符合工作繁忙的白领和学习忙碌的学生对饮食的要求,也符合新时代人们对健康饮食观念的追求。无论从就餐环境还是店内产品来讲,健康养生都是广记养生园重要的品牌形象,并且已经拥有一批忠诚的消费者。但其品牌认知广度不够,大多消费者对广记养生园甜品认识不全面,大多数消费者到店是进行主食消费,导致14—16点店内消费近乎空白。

③ 产品市场定位。

让消费者一想到甜点,就想到广记养生园的养生甜点;让消费者一想到广记养生园的甜点,就是联想到健康、美丽、滋补、美味。

④ 产品分析总结如表10-1所示。

表10-1 产品分析总结

	机会	威胁	主要问题
产品特征	养生产品,符合现在消费者对健康的追求;台式小吃,添加了多风格的饮食风味	店内消费以快餐为主,甜品需求不大;口味清淡,对大多数重口味的湖北人来说缺乏吸引力	产品多而杂,主打产品定位不明确;没有适应本土化需求
产品形象	健康、时尚、粤系风味小吃	养生主题不突出,很容易让消费者误认为其与周边小吃店没有什么区别	养生的主题不突出,甜品需求不及主食需求量大,导致店内14—16点间的消费近乎空白
产品定位	健康、美丽、滋补、美味	湖北周边以养生为主题的餐饮业崛起	在发展养生快餐的同时,强调甜品的养生;开拓下午茶时间

2. 消费者分析

通过对店铺内以及周围的人群发放调查问卷,得出以下调查结论。

(1)消费者总体消费态势

"民以食为天"在中国是亘古不变的道理,中国人在吃的方面有着悠久的历史文化内涵。而当今社会,很多大街小巷体现的都是快餐文化。随着工作节奏越来越快,大部分人选择省时便捷的快餐。人们闲暇时也以喝咖啡、下午茶为主。大多是附近的白领人群选择在中午的时候在该店进餐,以主食为主;学生主要是在周末或闲暇时到该店购买甜品。

(2)现有消费者分析

白领人群主要根据方便、省时、快捷、价格实惠的消费理念来选择就餐地点。他们大多具有较高的文化水准和欣赏水平,注重健康和饮食,尤其重视养颜美容,因此会青睐价格实惠且健康美观的养生类食品。当他们对产品产生认同时,会成为品牌的忠实消费者,多次进行消费。学生消费者属于年轻群体,平时健康、养生的概念较为模糊,不会刻意注重。他们喜欢尝试新鲜事物,由于养生类食品在周边地区还未普及,这类食品对学生群体来说新颖独特,具有很强的吸引力。本店美观大方的装饰风格和健康美味的甜点类食品会促使他们再次光顾。同时,他们对产品的价格要求较高,经济实惠又不失美味的食品会是他们的首选。

根据问卷调查结果可知,在11—13点半、17—18点半这两个时间段到店内消费较为集中,各占4成以上。在店内消费的产品还是以主食类食品为主,频率较为固定。学生群体消费时间波动性大,其中以周末的12—22点为主。消费食品主要为甜品类,以女性、情侣为主。顾客对该品牌的认知度较高,所以对该店品牌指名购买程度高,大部分顾客也在食用该产品后表示满意。针对这类消费行为和心理特性,应加大产品宣传力度,赋予产品更多的附加值,如健康、时尚、个性等精神内涵,使消费者在消费过程中拥有独特的消费体验,从而增加对本产品的好感度,增强品牌效应。

(3)目标消费者

主要以××集团附近白领为主,以××高校学生为辅。针对白领的服务,要以能够合理搭配营养并省时、快捷为主,需要扩大本店的产品量,提高供应速度。而学生是该店甜品的主要消费者,女同学喜欢三五成群地在店内聊聊天或叙叙旧,针对他们的服务,要注意甜品甜而不腻,提供更多的品种选择。

3.现有市场竞争状况分析

(1)企业的主要竞争对手

主要竞争对手有功夫小子养生快餐、糖溯港式甜品店、肯德基。

(2)企业与竞争对手相比较

广记养生园与竞争对手相比较的优劣势如表10-2所示。

表 10-2　广记养生园与竞争对手相比较

机会	威胁	优势	劣势	主要问题
现代人越来越注重健康,越来越注重食品的营养作用。广记养生园推出养生菜品,正好迎合了这种潮流。"养生菜"概念的提出,使广记养生园在湖北市场具有广泛的群众基础,而且与周边竞争对手的经营定位和特色相比较,有很大的差别,有利于展开差异化竞争	现在许多餐饮企业瞄准了"养生"这块市场,因此要脱颖而出,还需要应对很多方面的挑战	广记养生园产品是全系列特色港式甜品,在同行业中独占鳌头。广记养生园产品讲究"色、香、味、形、意、养",一个"养"字把"药食同源"的理念点透。主打"养生",很容易得到顾客的关注。店内各种养生食品和甜品相结合,既具有养生价值,又能满足顾客对于休闲吃喝的需求,发展前景分广阔	广记养生园的知名度比较低;养生食品不够专业化和细分化,没有针对不同群体的特色养生食品;越来越多的餐饮加入"养生"这一餐饮市场,广记养生园面临很多挑战	广记养生园要解决的主要问题是如何走特色化发展之路,提高老顾客的忠诚度,并且在此基础上发展新的顾客,从而进一步占领养生餐饮的市场,否则,极有可能被竞争对手模仿甚至赶超,错失良机

第二部分　广告策略

1. 广告目标

(1) 商家提出目标——希望通过此次策划活动进一步巩固老顾客、发展新顾客扩大每天 14—16 点的甜品消费群体;使更多的顾客了解积分换招财猫的活动并参与其中,从而扩大忠实消费群体。同时,通过抖音团购活动吸引大量新客户。

(2) 对广告目标的描述

广记养生园目前的主要消费人群是附近的白领,他们会利用中午休息时间去广记养生园进餐。正因如此,中午和晚上下班后的正餐时间是广记养生园主要的工作繁忙期,但广记养生园所经营的养生食品除了主食外,还有不少甜品及休闲食品,是逛街娱乐之余享受美食的最佳伴侣,因此 14—16 点的休闲时间段的消费推广是很有必要的。

通过初步考察,休假的上班族和附近学校学生是下午这一时段的主要消费人群,通过此次推广,可以使他们对广记养生园有更深入的了解,并在享受美食的过程中了解健康的重要意义,逐步将这一时段的消费人群发展壮大。

2. 目标市场策略

(1) 对企业原来市场的分析和评价

① 企业所面对的市场。

目前的市场主要由追求时尚与健康生活的年轻群体组成,有上班族也有大学生。他们选择广记养生园是因为他们想在饮食的过程中获得健康,在健康的基础上享受美食。这也是当今社会的一种潮流趋势。位于人流密集区域的广记养生园,秉持着健康与美味并存的主旨,吸引了很多年轻群体的关注,企业所面对的市场具有很大开发性。

② 对企业现有市场的评价。

机会:养生食品在当今社会颇受关注,人们渴望在享受美食的过程中有健康的保证,女生渴望在"吃"的过程中仍能保持完美的身材,因此,以满足这些需求为宗旨的广记养生园,市场很开阔也很有发展潜力。

威胁:现在食品的口味和外观不再是饮食类行业商家的追求重点,很多商家在原来的基础上增加了自己的健康诉求。目前,广记养生园不是市场上唯一追求养生与美味兼备的商家,因此,市场竞争也是很激烈的。

优势:广记养生园的产品价位适中,口味宜人,在心理和生理层面都能满足消费者的需求;广记养生园店面装饰优雅,品味独特,为消费者营造了很好的饮食环境;店面一般分布在繁华的商业地带,可以为更多消费者提供便捷的服务。

劣势:广记养生园目前的知名度不高,很多人对它不了解;很多人对"养生"食品的概念比较模糊,目的式营销没有收到很好的成效。

③ 主要问题。

加强关于"养生"概念的宣传;在广告宣传中注重提高店面的知名度;扩大14—16点的甜品市场。

(2) 市场细分

① 市场细分的标准。

按人口因素中的职业来分,可分为附近的大学生和周边企业的白领阶层。这两类消费群体以女生为主,她们在饮食过程中对产品功效的要求比较高,同时对时尚的追求比较明确。养生食品对她们来说非常具有吸引力。

按时间段的消费者选择来分,可分为正餐消费群体和休闲食品消费群体。其中正餐消费群体以附近上班族为主,而每天14—16点的下午茶时间的消费群体比较分散,具有很大的开发空间。

② 对各个细分市场的评估。

女大学生和女白领一直是广记养生园的主要消费群体,这一市场具有比较稳定的发展态势,配合店铺的招财猫积分制,能将这两类群体进一步发展壮大。

对于就餐时间上的市场细分,问卷调查显示,大多数人还是会选择在正餐时间光顾广记养生园,下午茶的时间是一个相对空白的时间点,但广记养生园主打的养生食品以休闲产品为主,因此,下午近2小时的空白点具有很大的发展空间,很有利用价值。

③ 对企业最有价值的细分市场。

周一至周五的14—16点以及双休时间进店进餐的消费群体。

(3) 企业目标市场策略

① 目标市场选择的依据。

在周一至周五的14—16点以及双休时间可能在广记养生园购买甜品的消费群体。

② 目标市场选择的策略

目前广记养生园的定位是年轻的消费阶层,也就是年轻白领阶层。这一类消费者的消费特点是追求时尚、追求新奇,他们的消费理念非常超前,舍得花钱,也愿意花钱。广记养生园产品风格独特,价位适中,可以向消费能力相对薄弱的大学生群体扩张,以独特的经营理念和新奇的产品特色吸引他们的关注与参与。

3. 产品定位策略

(1) 企业以往的产品定位

调查发现店里产品在说明上没有突出养生效果,产品多而杂,使消费者误认为广记养生园跟普通的小饭馆并无差别,并且容易忽略店内提倡的养生这一主题。

(2) 定位的目标效果

要切实打"养生牌",同时赋予产品健康、美味、美丽与时尚的印象,树立广记养生园养生这一品牌形象,在原有消费群体基础上吸引消费者在14—16点时间段光顾此店消费本店的甜品。

(3) 对以往定位的评价

广记养生园定位混乱,并没有特别提倡甜品这一主打品牌,店内既有甜品又有饭食,所以大多消费者进店内是去吃午餐和晚餐。

(4) 产品定位策略

从消费者需求的角度出发,强调产品的养生特效,从四季养生的角度出发,每个季度推出不同功效甜品,如春季滋补双皮奶、水果豆腐牛奶羹;夏季主打降火去燥的龟苓膏、酸梅汤等。从养生美容的角度出发,区分出美白养颜类、瘦身纤体类、滋补强身类等不同种类的产品。

从产品竞争的角度出发,大打养生牌,树立与周围竞品不一样的健康美味品牌形象。

从营销效果的角度出发,树立美味、美丽、健康、时尚的品牌形象。在14—16点,凭借古香古色的环境,力争成为消费者进行朋友聚会、商务谈判、小资聚集之地,尤其夏季可作为避暑好地方,让消费者以一本杂志、一份甜品,加上简静的心情,在噪杂的城市里觅到一片"室外桃源"。

4.广告诉求重点

(1)广告的诉求对象

① 诉求对象的表述。

广告的诉求对象,从营销的角度来说,就是那些已经购买、使用广告品牌或将来可能购买、使用广告品牌的消费者。但是这样的诉求对象概念通常是比较模糊的,不便于把握和操作。一般来说,广告的诉求对象至少要满足以下三个条件:第一,能够被明确界定;第二,广告诉求对象范围要足够大;第三,广告信息必须能够通过广告或促销活动送达广告诉求对象。

根据前期对广记养生园的市场调查、消费者分析和产品分析,诉求对象可以确定为以下几大群体:白领群体、学生以及每天14—16点在商圈闲逛的人群。

② 诉求对象的特性与需求。

白领群体主要根据方便、省时、快捷,且价格实惠的消费理念来选择就餐地点。他们大多具有较高的文化水准和欣赏水平,注重健康和饮食,尤其重视养颜美容,因此对价格实惠且健康美观的养生类食品会很青睐。当他们对产品产生认同,会进行再次消费,成为品牌的忠实消费者。

学生消费者属于年轻群体,平时健康、养生的概念较为模糊,不会刻意注重。他们喜欢尝试新鲜事物,由于养生类食品在周边地区还未普及,对学生群体来说新颖独特,具有很强的吸引力。他们消费具有很大的随意性,可能逛到哪里,看一眼感觉还不错,就会去消费,所以店铺招牌的装修和门口的活动宣传对他们来说非常具有吸引力。

(2)广告的诉求重点

① 对诉求对象需求的分析。

白领群体一般有固定的就餐时间,他们工作日的时间比较紧,就餐时比较倾向于选择省时、快捷的用餐方式;但他们也有着较高的生活标准,比较注重饮食的健康、营养和美味,因此营养健康的养生类食品和餐厅更容易吸引他们的眼球,也容易让他们对这方面的餐饮店产生品牌忠诚度。

学生群体崇尚流行、时尚、新鲜的事物,他们年轻有活力,愿意尝试新的事物,平时很少注重健康、养生,而且经济水平有限,因此他们很少会长时间去固定餐厅消费,愿意尝试新花样的餐厅和餐品;而养生类的餐厅目前是一个新概念,学生这一年轻群体愿意去尝试,尤其是节假日的时候他们光顾的可能性更大。

② 广告诉求重点的表述。

养生、休闲和实惠,突出食品美味、种类多、营养价值很高以吸引新顾客,并进一步留住老顾客;还要突出店里"积分换招财猫"的活动以吸引老顾客。

(3)诉求方法策略

首先,通过吉祥物"招财猫"吸引顾客注意,然后用短视频及文字说明,告诉顾客明确信息——在店内消费可以获得积分,积分能够换取礼品。两者结合能够最大限度地加强广告信息的趣味性和说服力,可以很好地达到向消费者宣传此活动的目的。

5. 广告表现策略

线下店铺 DM[①] 和 POP 广告[②] 单及 POP 广告;线上短视频广告及团购券。

6. 广告媒介策略

一个好的广告运作就像一座桥梁,能将商品和消费者紧紧地联系在一起,而好的广告效果的获得,离不开对产品本身价值的深入研究和对消费者需求的准确把握。在有了对产品本身价值深刻认识的同时,还需要对消费者需求的变化做出积极及时的反应,消费需求的变化是个常数,因此广告也应该随之不断改进。主要选择媒体组合策略,确定具体的媒介组合之后,根据商品存在的明显的季节性来决定广告投放的时间和时段,把握广告的时机,使发布广告的效果达到最大化。

本次策划以线上短视频广告及团购券的投放为先导,做试探性宣传,同时辅以线下 DM 广告的配合,提醒消费者购买已经有了感知信息的商品,产生强力推销的效果;在用印刷媒体做强力推销的同时,可以在网络媒体方面对商品对店铺做进一步的宣传,以拓宽市场和巩固已有市场。

第三部分 广告计划

1. 广告发布计划

(1) 广告发布时机策略

×月中旬着力宣传养生,在周边工作区、居民区及学校派发 DM 单,引起未接触人群兴趣。强调广记养生园四季养生,营养、健康、美丽,是绿色饮食店铺,制作 POP、海报、短视频,加深消费者印象,引起好感。通过线上线下载体,扩大宣传力度。×月下旬主打宣传广记养生园的特色港式甜品系列,制作 DM 详细介绍其产品与养生功能,并进行发放;制作相应海报、POP、团购券,推出消费赠送之类的活动,刺激消费。×月初主要制作海报,起到"提醒"作用,巩固消费人群。

(2) 广告发布频率策略

根据市场调查分析来看,主要广告发布频率策略是在×月中上旬实行集中式排期,在较短时间内集中多种媒体进行广告宣传,引起消费的注意和兴趣,以此来宣传养生和可口美味的特点,从而扩大消费市场,填补广记养生园 14—16 点这个时段甜点消费的空白。在×月后实行脉冲式排期,连续地以一般水平投放广告,积累广告效应,维持消费者的记忆,持续刺激消费动机,对于某些存在明显季节性的产品,可以在一定的阶段加大广告投放量。

---

① DM 是英文 Direct Mail 的缩写,意为快讯商品广告。
② 指在各种营业现场设置的各种广告形式。

2. 公关促销计划

(1) 在店面放置海报

在店面放置海报,并主体突出表现每天14—16点,消费者点一杯茶即可在此店休息闲聊,并非需要很高消费。

(2) 在店里放一些轻缓的音乐

在店内放轻缓音乐来吸引顾客,体现一种小资情调。

(3) 开展有奖竞答的活动

商圈内电影院的开放,使人们在电影开始前的这段时间里,可以选择在此店等候。在周末,可以针对"养生"的问题开展有奖竞答活动,答对可获得积分,达到一定积分可换招财猫,也可以到店里兑换甜点。活动主要采用问卷的形式,这样方便快捷,总共10道题,答对8道可获得1点积分,全对可获得2点积分。

(4) 限时降价

下午茶时间段进行限时降价。原价×元的广记凉茶和原价×元的阿胶补血茶,只需×元即可购买。这两款属于0利润促销,为了增大店内流量,在顾客进来喝茶聊天休息的同时,可在一定程度上促进其他甜品的消费。

3. 广告费用预算

(略)

附录:市场调查问卷

广记养生园问卷调查表

民以食为天,在当今社会,饮食健康受到越来越多人的关注,此次问卷调查的目的是更好地了解不同消费人群对养生食品的需求状况,并通过此次调查对本店面及产品进行改进,为新老顾客提供更优质的服务!请抽出一点您宝贵的时间回答下列问题,非常感谢您的参与和支持!

基本情况:

1. 您的性别是(　　)

A. 男　　　　　　　　　　　　B. 女

2. 您的年龄是(　　)

A. 18岁以下　　　　　　　　　B. 19—35岁

C. 36—50岁　　　　　　　　　D. 50岁以上

3. 您的职业是(　　)

A. 上班族　　　　　　　　　　B. 学生

C. 自由职业者　　　　　　　　D. 其他

调查内容：

1. 您通常在什么时段来广记养生园？（   ）
   A. 午饭时段　　　　　　　　　　B. 下午茶时段（下午2—4点）
   C. 晚餐时段　　　　　　　　　　D. 不定

2. 如果您在下午2—4点来本店，一般出于何种原因？（   ）
   A. 这家店子不错，每天下午都有固定时间来
   B. 附近逛街时会来消费
   C. 刚好经过广记养生园，进来试试
   D. 其他

3. 您认为本店甜品的口味如何？（   ）
   A. 非常好　　　　　　　　　　　B. 不错
   C. 一般　　　　　　　　　　　　D. 差

4. 你喜欢本店的哪些甜品？（   ）（可多选）
   A. 双皮奶类　　　　　　　　　　B. 龟苓膏类
   C. 水果拼盘类

5. 您对本店的会员积分制是否了解？（   ）
   A. 是　　　　　　　　　　　　　B. 否
   C. 了解一点，具体不太清楚

6. 您对本店"积分换招财猫"的会员奖励形式有何看法？（   ）
   A. 很感兴趣　　　　　　　　　　B. 可以接受
   C. 不支持　　　　　　　　　　　D. 无所谓

7. 您愿意用积分换取店内吉祥物招财猫吗？（   ）
   A. 非常感兴趣
   B. 更青睐于换取甜品饮料或其他指定礼品
   C. 无所谓

8. 如果本店推出下午茶阅读时间，您希望在下午茶时间增加哪些类型的书籍？（可多选）（   ）
   A. 时尚杂志类　　　　　　　　　B. 养生类
   C. 娱乐类　　　　　　　　　　　D. 其他（请填写）_____

思考练习

请根据上述案例学习，选择一个自己喜欢的品牌，针对其目标受众，撰写一个春节广告策划案。通过本次策划，实现品牌好感度的提升与相应产品销量的提升（撰写框架可参考下面的广告策划书框架图）。

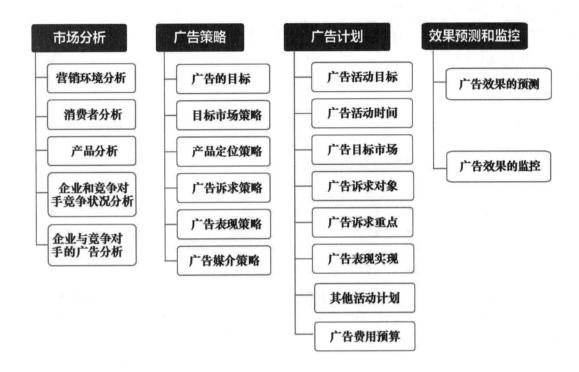

延伸阅读

[1] ［美］威廉·阿伦斯、迈克尔·维戈尔德、克里斯蒂安·阿伦斯：《广告创意与文案》（第 11 版），丁俊杰、程坪、陈志娟等译，北京：人民邮电出版社，2012 年。

[2] 杨雪：《中国广告产业转型研究》，北京：中国社会科学出版社，2017 年。

[3] ［比利时］帕特里克·梅斯：《销售赋能：新技术引爆数字营销》，胡晓红、郭玮钰译，天津：天津科学技术出版社，2019 年。

[4] 郑龙伟、刘境奇：《数字广告——新媒体广告创意、策划、执行与数字整合营销》，北京：人民邮电出版社，2019 年。

动漫产业创意与策划实训 第十一章

动漫产业是文化产业的细分产业。近年来,在政策、经济、技术的合力推动下,我国动漫产业向纵深发展,市场规模、受众规模进一步扩大,内容生产实力进一步提升。根据艾瑞调查数据,2020年我国动漫产业总产值达到2212亿元。[①] 本章从立足本国文化土壤,取得中国动画电影飞跃和突破的国产动画电影《哪吒之魔童降世》(以下简称《哪吒》)到中国动漫融入主流社会文化的现象级案例——品牌定制动漫作品《我是江小白》中探索我国动漫产业创意的发展趋势,再到国际动漫IP产业链领航者——漫威,进一步延伸动漫产业价值链的方法和技巧。

第一节 动漫产业案例分析

一、传统文化+动漫产业

【案例描述】

2019年7月26日,一部改编自中国神话故事的国产动画电影《哪吒》横空出世,点燃了中国观众对国产动画电影的信心。《哪吒》是中国动画电影的飞跃和突破,在品质过硬的表现水准和诸多有利因素的叠加下,该片首日票房1.38亿元,周日票房2.81亿元,连续实现票房逆跌,首周票房6.34亿元,打破了动画电影内地首日、单日、首周、单周票房纪录。2019年8月2日晚间累计票房达16.96亿元,正式超过《疯狂动物城》,创中国内地动画电影票房榜记录。《哪吒》超50亿元的国内总票房使得中国动画电影的天花板呈指数级抬升,在燃起观众热情的同时也重燃了行业的信心。

---

① 2020年中国动漫产业研究报告[R]. 艾瑞咨询,2020. https://www.iresearch.com.cn/Detail/report? id=3580&isfree=0.

《哪吒》是由霍尔果斯彩条屋影业有限公司出品的动画电影,由饺子执导兼编剧,该片改编自中国家喻户晓的神话故事哪吒闹海,讲述了哪吒虽"生而为魔"却"逆天而行斗到底"的成长经历的故事。该片在故事改编、叙事结构、人物刻画上大胆创新,在特效制作、美食设计上独具匠心,制作精良。本应是灵珠转世的哪吒,阴差阳错变成魔珠,成为人们口中的"魔童",受千夫所指,世人怕他,对他充满了抵触和敌意,他因此被束于高楼之内,他有不解和气愤,想要去寻找答案。魔的外表下是他善良纯真的内心,他始终只想证明自己,与天命作斗争。最终,哪吒在家人、朋友、师傅的爱中找回本心,喊出"我命由我不由天"的宣言,燃爆泪点。电影《哪吒》引发万千受众强烈共情,也折射出当下的社会现实,呼应歧视、霸凌、原生家庭、偏见等社会热点话题,在吸收中国传统文化的基础上融入了时代元素,有着对当下的思考和表达,值得业内深思。挖掘中国神话传说进行创作,可能是未来国产动画电影创作的新路径。

【案例评析】

自上映以来,《哪吒》这部原本不被看好的动漫电影实现了逆袭,成为 2019 年电影暑期档的"黑马"。猫眼专业版数据显示,《哪吒》上映第 19 天观影人次突破 1 亿大关,豆瓣评分一直维持在 8.7 分,成为近 30 年来评分最高的国产动画电影。《哪吒》成功的因素很多,比如精良的制作,富有传统文化内涵的故事,深厚的受众基础,恰当的播出时机和良好的宣发工作等。归根结底,《哪吒》充分运用了中国传统元素,致力于提高作品质量,以创新和敬业的态度获得了市场成功,打造出国产动漫电影创新融合的新路径,其成功经验值得处于爬坡阶段的国产动漫学习和借鉴。

(一)融入传统文化元素,传播当代社会价值

从国内外动漫影视作品来看,融入文化元素是影片成功的重要因素之一。一部动漫作品如果缺乏文化内核,就很可能只是徒具表象的平庸之作。日本动漫之所以吸引了全球众多粉丝,主要原因也在于它不仅吸收了本民族的文化,还将域外的优秀文化要素融入本土的动漫创作之中。

1.融入中国传统文化

博大精深的中华传统文化对国产动漫电影来说,是取之不尽、用之不竭的宝贵资源。从这些年口碑好的国产动漫电影来看,受到受众喜爱和好评的电影基本上不同程度地融入了传统文化元素,并擅长发掘传统文化中的积极内容。例如,《三国志》《水浒传》《西游记》《封神演义》等经典名著,目前都已经有相关的动漫电影面世且口碑较好。从 2015 年田晓鹏导演的作品《大圣归来》大获成功以来,将传统文化融入国产动漫电影的发展中已经成为重要的创新方式。《哪吒》之所以能在短时间迅速走红,甚至引起人们对国产动漫的关注,其重要原因之一在于"主人翁"哪吒是中国传统文化中《西游记》《封神演义》等多部经典著作中出现的人们耳熟能详的神话人物,因而具备了一定的感情基础。

2.巧妙设计文化符号体系

文化符号体系是动漫电影成功塑造动漫人物形象的重要因素。如果文化符号体系设计

得不好,就很难让作品成为长久的文化符号,受众的印象也会很快减弱和消退。要设计好文化符号就必须让故事中的角色、道具、场景高度符号化,以提高其辨识度和记忆度。《哪吒》之所以成功,其中一个重要的原因是对传统文化符号体系进行了精巧设计。例如,在电影的人物海报设计上,6张具有中国风的人物海报都采用了水墨重彩的风格,通过莲花、烈焰、骁龙、祥云、牡丹等众多元素的烘托,将天地、山海等场景表现得淋漓尽致。而哪吒与敖丙两个人物形象被符号化为混元珠炼化而成的魔丸灵珠双位一体的化身,正邪相生,不仅抓住了符号与文化母体之间的关联,也抓住了符号与人的情感之间的联系。

3. 创新传统文化内涵

在融入传统文化元素的同时,《哪吒》在人物塑造、故事架构等方面都有很大幅度的改编。其中,最大的创新之处是利用传统故事讲述了当代人的价值观,从而使电影情节亦真亦幻,引人入胜。在1979版的《哪吒闹海》中,哪吒被塑造成一个为集体牺牲的形象,而这次新版动漫电影展现的却是一个追求自我身份认同的"熊孩子"形象,更符合当代人的心理,也更容易被受众接受。从人物造型来看,这一版电影中哪吒顶着锅盖头和黑眼圈,人物造型跟以往差别非常大,看起来玩世不恭甚至有点丑,这样的设计意味着打破偏见,这与哪吒用自己的力量打破外界的成见主题一致,也可以通过哪吒的心路历程鼓励每一个人。《哪吒》的成功再次表明动漫创作中的传统文化元素不仅非常重要,而且需要对其进行创新,在创新的过程中,创作者需要从原著中发掘能够连接时代和现实的情感关系,任何文化都只有跟当代产生对话关系才能真正体现其价值。

(二)探索精品发展模式,精耕细作动漫细节

在层出不穷的动漫作品中脱颖而出的作品数量很少。这些作品能够受到关注,与创作者的精湛技术、精良制作密不可分。越来越多的业内人士已经认识到国产动漫在原创内容方面的竞争进入了精品时代。那些能够生存并获得市场的动漫公司,绝大多数都有一定的核心竞争力,它们对动漫电影的细节精耕细作,以此探索其精品化发展路径,而这也需要资金、人才、技术的有力支撑。

1. 资金保障是基础

无论是《大圣归来》还是《哪吒》的导演组,提及最多的都是"难",前者难在资金保障,后者难在制作。在很长一段时间里,国产动漫面临的最大难题是资金问题,这直接导致动漫作品没有足够的资金来提升人才和技术水平,特别是在《大圣归来》之前,外界普遍不看好国产动漫,资本市场在国产动漫上的投资上也非常谨慎。而《大圣归来》的成功在一定程度上使投资方对动漫市场有了更多信心。《哪吒》成功的一个重要因素是资金已经不再像之前那么困难,充足的资金为其提供了重要的基础保障。

2. 动漫人才是根本

资金的保障只是基础,优秀的动漫作品必须要有人才团队作为支撑。成功打造一个优质完整的动漫作品关键在于拥有高质量的创作团队。《哪吒》的创作团队技术水平精湛,而且知道如何利用技术来表现和理解影片中的人物个性,可以说,在动漫制作的每个环节,制

作人员对作品设计效果和目标追求都比较了解。这种高质量的人才团队保证了影片的创作效果。如果说《大圣归来》是市场资金的一个转折点,《哪吒》的成功将有助于动漫行业留住更多的专业人才。

3. 精耕细作是关键

与其他国产动漫相比,《哪吒》的成功更在于其精耕细作的专业精神。导演饺子曾透露,这版的哪吒形象耗费 5 年时间制作而成,剧本打磨了 66 稿,近 70 家公司参与制作,相关制作人员高达 1600 多位。对于一些细节问题,团队都认真对待,如为了"陈塘关大 PK"短短两分钟的完美呈现,团队 10 多人连续奋战了 2 个多月,先后演绎了近 20 个版本,最后导演还亲自拍摄示范。这种不断追求高质量的创作过程,确保了《哪吒》的高质量输出。

正是资金、人才和技术的多重保障促成了高质量《哪吒》的诞生,但客观来讲,国产动漫还有很大的改进空间。在动漫技术上,需要继续缩小与好莱坞的差距,并善于在故事创意上有所突破;在人才集聚上,需要改变动漫人才多但较为分散的局面。例如,参与制作《哪吒》的 70 多家公司分散在天南海北,这也增加了实际工作时的沟通难度。在未来的发展中,人才与产业的集聚需要受到进一步的重视。

(三)打造动漫产业链条,重视品牌价值延续

动漫产业的高度发展体现在完整的动漫产业链上,除了动漫作品之外,还可以基于动漫形象或创意挖掘周边潜在资源,研发各类产品,形成完整的动漫衍生产业。通过对《哪吒》的分析可以看出,国产动漫在产业链方面已有一些探索,但总体来看还有很多需要改进的地方。

1. 运用"互联网+",打造动漫产业链

任何一种艺术作品的提升都需要一系列成功的作品来实现,这样才能形成一个比较完整的产业链。《哪吒》在产业链布局方面已经有所突破。例如,影片宣传上既有最初的宣发造势,也有后续的"好口碑"效应,再加上遍布各地的 70 多家公司参与其中,形成了相对完整的产业链。尽管国产动漫有《大圣归来》《哪吒》等成功代表,但总体上看还没有形成较为成熟、制作精良的良性循环。而互联网为动漫产业链的升级提供了难得的契机,未来的产业链发展可以借助"互联网+"实现突破。例如,可以借助受众反馈和大数据分析明确受众需求并据此进行创作,或通过互联网塑造动漫形象,使基于动漫形象的动漫衍生品更加贴近受众、贴近市场,并有效解决长期以来我国动漫衍生品过多模仿美日而创新度不够的问题。

2. 延续品牌效果,打造国产动漫"封神宇宙"

《哪吒》的爆红使受众对国产动漫有了更高的期待。新华社针对国产动漫的一项调查结果显示,86%的人对国产动漫在未来几年能否开启"封神宇宙"充满期待。要打造出国产动漫的"封神宇宙",首先需要确定一个完整的品牌延续过程和预期效果。传统文化中的神话人物处于一个完整的体系中,尽管作品的主题、情节等不同,但相互间有所关联,这就为"封神宇宙"提供了坚实的基础,但最终能否成功则需要后续创作跟进。然而,在改编神话的过程中,创作者和出品方的不同改编思路,使神话改编中的角色形象、定位等没有统一的构架。

因此,在未来发展中,国产动漫还需要在成功作品的基础上,延续已有的品牌效果,推出更多成熟的作品。

3. 创新打造"超级IP"

动漫行业已经进入IP时代,一个经典IP可能会带动整个行业的发展。动漫IP的活力有赖于神话故事的全新演绎,以回应当代精神文化需求和审美标准。例如,《哪吒》重新叙述了人物矛盾,将主人公设定为阴差阳错之下"魔丸"投胎的"坏孩子",在注定的劫数中逆天改命,故事理念上宣扬的是"我命由我不由天"的"个人英雄主义",这在传统的悲剧性人物色彩中注入了现代精神,因而其精神内核更容易打动观众。同样,与《大圣归来》相比,《哪吒》的故事和人物也更为丰满。"超级IP"所必需的文化符号系统的丰富性有助于国产动漫IP在全产业化扩张中,体现更强大的影响力。《哪吒》为动漫IP创新提供了成功经验,将来的国产动漫发展还需要不断创新IP,以打造属于国产动漫的"超级IP"。

《哪吒》为国产动漫的发展提供了一些有益的思路,传统文化、产业链与IP创新是其中三个重要的方面。对中国动漫产业来说,《哪吒》的成功是毋庸置疑的,甚至已经被视为《大圣归来》之后的又一次突破,它标志着中国动漫产业进入了一个新时期。但是,中国动漫产业依然有一些问题亟待解决,在全球化浪潮下,国产动漫壮大乃至走出国门,需要融入中国传统文化元素和创新思维,更需要一个完整的产业链支撑。

(案例来源:刘怡辰,郏建业.文化引领与IP创新:国产动漫的发展路径探析——基于《哪吒之魔童降世》的分析[J].传媒,2020(2):82-84.略有修改)

二、品牌文化+动漫产业

【案例描述】

动漫番剧如何与品牌结合?动漫内容跨界合作现象级案例《我是江小白》通过动漫内容推动跨界宣传和定制营销,触达年轻的二次元群体[①],实现江小白品牌的营销领域的纵深拓展。

2017年及2018年,两点十分联合江小白酒业连续推出两季爱情都市系列动画片《我是江小白》,人气迅速攀升,成功帮助江小白酒业品牌打破"95后""00后"次元壁。两季全网播放量达到11亿+,"我是江小白,生活很简单"这句江小白酒业的品牌标语,也成为都市年轻群体的集体宣言。由于"我是江小白"个性鲜明,富有时代感和文艺气息,所以颇受青春群体的热捧和喜爱。当今社会"小白"已经成为一个中性词,更多的是"菜鸟、新手"的意思,是当代新青年群体向往简单生活,做人做事追求纯粹,标榜"我就是我"的自信自谦的一种表现。"我是江小白,生活很简单"是江小白追求的生活态度,也是肆意青春真我性

---

① 从文化范畴上看,二次元是指动画、漫画、游戏小说作品中所营造的虚拟世界,有别于现实世界构成的三次元。从产业角度看,动漫、游戏、轻小说和广播剧构成的产业集合被称为二次元产业或二次元经济。

情的一种表达。"生活很简单"可以说是当代新青年的集体宣言,也成为传递品牌精神的经典文案。

针对江小白酒业以年轻消费者为主,在品牌营销上以青春文艺风格为主打的品牌定位,两点十分动漫确定了动画主人公江小白文艺青年的人设。为了贴合江小白酒业的品牌调性,两点十分在画面上以唯美清新的风格为主,在音乐上采用了民谣风的歌曲作为动画的片头曲、片尾曲和插曲,由擅长制作温情作品的韩国导演金承仁担任动画导演,它以青春文艺为基调,却不落俗套。江小白酒业基于对年轻人的洞察,主动贴近年轻人的生活,抓住年轻人的心理特点和情感诉求,重构年轻人的白酒文化认知。

【案例评析】

近几年我国政府加强了对国产动漫行业的扶持力度,加上互联网的迅速普及以及各个平台方的投入,我国动漫产业产值突飞猛进。但与此同时,中国动漫市场仍旧存在优质的原创品牌稀缺、动漫产品低幼化、难以形成系列的动漫品牌效应等问题。所以在中国动漫产业快速发展的今天,《我是江小白》无疑成了动漫行业新的合作样本和范例。

(一)寻找细分市场,建立独特商业背景品类区隔的品牌定位

目前中国的动漫产业中,最常见的是动漫作品改编自某知名 IP 著作,动漫的宣传方积极和原著方合作,把原著粉丝吸引到动漫产品上,从而再一次获得盈利,因此目前大部分原创动漫的知名度远不及原著 IP 改编的动漫作品。"江小白"品牌本身的客户群体基数大,"跨界式"产品——动漫《我是江小白》的诞生不同于普通的 IP 改编,它拥有更多的商业资源和更广泛的知名度。

对目前国内的动漫市场而言,几乎所有的作品产出都来源于完整的产业链。我们一般将动漫作品分为 IP 改编和原创,包含出品、创作、传播、交流、衍生这样几个制作环节,之后通过出品、创作、传播三个层面触达用户;无论是原有 IP 创作的动漫还是原创的动漫,形成自己固有的 IP 之后,作品衍生都是其必不可少的环节,以此来促进动漫与其他行业的合作。但随着时代的变化和发展,国产动漫市场的产业链也在不断发生变化。从产业价值来看,如今各大视频网站已经开始布局动漫市场,从上中下游全面贯通产业链,以加速产业价值的实现。上游的内容制作由巨头领跑,引导各视频网站入局;中游的播出平台,让视频网站与电视平台共同发力;下游的 IP 开发,引导衍生能力逐渐增强。《我是江小白》逐渐向全产业链运营的方向发展。动画与漫画的联动,实体衍生品的开发和售卖,与各大品牌商例如良品铺子的合作等,都是在破次元开发、泛次元用户拓展的同时,更深一步地实现 IP 价值的深度挖掘。

当前的国产动漫市场呈现百家争鸣的状态,《我是江小白》动漫通过其原有品牌——江小白的独特商业背景,在众多的动漫作品中显示出特有的价值。通过建立这种独特的商业背景的品类区隔,动漫企业可以在所有的国产动漫产品中形成自己的"防火墙",更快、更好、更稳地在国产动漫市场上找到属于自己的位置。

(二)多维运营,建立全媒体多渠道的整合品牌营销

《我是江小白》动漫通过出品、创作、传播、交流以及衍生环节等多个维度的运营,借用时下最流行最具传播力度的微信、微博、短视频平台等多种呈现方式,建立多渠道的整合品牌营销,让潜在用户在各个层面都可以关注到这部动漫,从而帮助动漫获得更高的播放量,挖掘出更多的品牌价值。

目前的国产动漫市场,产品大部分是完全针对二次元用户设计的,而其实没怎么接触过动漫产业的潜在用户即"泛二次元"用户,往往也蕴含着很大的消费市场。《我是江小白》动漫通过与众不同的重庆实地取景,真实的生活细节还原、场景还原等方式,打破次元壁,让二次元(虚拟世界)与三次元(真实世界)相呼应,也由此打造出属于《我是江小白》的品牌特性。

(三)利用品牌热度和品牌身份进行延伸,为品牌创造更多溢价和增值

通过动漫"我是江小白"前期优质内容的持续输出和前期对动漫所做的一定程度的推广和宣传,并利用前期积累的一定数量的忠实粉丝,进行"我是江小白×"式的品牌联合主题活动和品牌联名款产品两种方式的延伸。通过这两种方式的延伸,使"我是江小白"动漫品牌的用户及其合作品牌的用户进行交叉覆盖,刺激更多的用户了解和参与活动,在控制成本的情况下达到更好的宣传效果,实现双赢。

动漫产业的产值主要来自动漫上游的内容市场和下游的衍生市场两大块,其中下游的衍生市场是动漫产业产值的主要来源,而在全球动漫产业发展成熟的日本动漫市场中,衍生市场的产值相当于内容市场的8~10倍。随着我国近几年非低幼向国产动漫质量和产量的提升,我国衍生市场的产值伴随着内容市场的丰富也在不断攀升。这表明未来国产动漫相关产品会越来越受到市场欢迎,但与此同时也会遭遇更多的市场竞争。

对于中小型的动漫制作公司而言,公司自负盈亏非常困难。动漫作为主流的文创产业之一,其对于资金的需求远大于其他类型例如网文之类的文创产业类型。企业大多依靠外界的资本注入,动画作品制作成本高,现阶段难以变现快速回收成本。在国产动漫市场不断受到关注的同时,其行业痛点也在不断凸显,具体表现为用户付费习惯尚未完全形成,用户版权意识仍然不强。

(案例来源:王晨曦."我是江小白,让故事继续"——《我是江小白》动漫品牌推广策划案[D].武汉:中南民族大学,2020.略有改动)

三、跨产业交融与创新

【案例描述】

漫威漫画公司创建于1939年,于1961年正式定名为Marvel,旗下拥有蜘蛛侠、钢铁侠、

美国队长、黑寡妇、雷神托尔、绿巨人、金刚狼、超胆侠、恶灵骑士、蚁人等8000多名漫画角色和复仇者联盟、神奇四侠、X战警、银河护卫队等超级英雄团队。

在70多年的时间里,漫威公司从纽约一家默默无名的漫画出版社逐渐发展为横跨动漫、影视、游戏多个产业的超级英雄王国。在最近几年,漫威公司在全球发行了《超能陆战队》《银河护卫队》等票房超高的一系列电影,让世界看到了漫威产业的雄心壮志。漫威坐拥8000多超级英雄、超级IP,吸金能力可见一斑。

凭借8000多个英雄IP,漫威提出了"电影宇宙"计划,公司的排片计划已经安排到了2028年。系列电影能赚钱,"电影宇宙"更是具有乘数效应。超级英雄角色成了漫威生财的永动机,也使其长远的拍摄计划得以实现,并吸引着越来越多的观众。

2009年底,迪士尼以近600亿美元的高价收购了漫威。迪士尼打造了一条电影、电视、主题公园、衍生品的全产业链,而有了迪士尼作为身后的大BOSS,漫威如虎添翼,后续推出的复仇者联盟,每一部都是大手笔,疯狂氪金,也让迪士尼获得100亿美金以上的投资回报。[①] 漫威借用迪士尼收购了美国广播公司(ABC),让《神盾局特工》《特工卡特》这些从漫威电影宇宙衍生而出的故事在电视网继续扩展着影响力。随后,DC漫画公司也在《绿箭侠》后,接连推出《闪电侠》《哥谭》《康斯坦丁》等剧,超级英雄之间的战火延续到了电视平台。动画方面,迪士尼旗下针对男孩子开通的"迪士尼XD"频道和漫威推出了《终极蜘蛛侠》《复仇者集结》《浩克与海扁特攻队》三部动画。每一部都和漫威的同期电影战略高度同步,不仅在剧情上会提前带入未来漫威电影的相关角色让观众先睹为快,在笑点的制造上也大量使用电影梗,更是大胆使用了家庭录影带,情景喜剧的视听元素强化剧集的幽默效果。二三线漫画角色的大量涌入在动画领域扩张了漫威宇宙的版图。

除了漫画和电影,迪士尼和漫威在模玩衍生品方面的合作也甚为紧密,除了《迪士尼无限》系列手办之外,迪士尼还联合"漫威精选"(Marvel Select)模玩品牌,推出一系列漫威英雄的"迪士尼限定版"人偶来迎合同期电影的上映。而漫威的另一大合作商则是世界最大的玩具厂——孩之宝,它拥有"漫威传奇(Marvel Legends)"和"漫威宇宙"(Marvel Universe)两大品牌。每年圣地亚哥漫展和纽约漫展上我们都会看到这三大品牌齐聚亮相。

2013年,迪士尼和皮克斯联手打造了迪士尼角色大乱斗的沙盒游戏——《迪士尼无限》,该游戏自发售以来为迪士尼创造了5亿美元的巨额利润。《迪士尼:无限Disney Infinity》是迪士尼与皮克斯联手打造,由《玩具总动员3》开发商Avalanche Software负责制作的一款以众多迪士尼动画明星为主角的开放性沙盒游戏。而2014年的《迪士尼无限2.0》则是迪士尼和漫威在游戏领域的首次合作。《复仇者联盟》《终极蜘蛛侠》《银河护卫队》等漫威英雄陆续登陆游戏平台。

漫威版图的拓展也体现在全球性扩张上。2011年漫威登陆中国,在第七届中国国际动漫产业博览会中,Marvel宣布其中文名为"漫威"。有了中国"户口"的漫威也从此开始了和国内厂商的一系列商业合作。迪士尼中国与漫威的首次合作则是《钢铁侠3》,该片于2012

---

① 漫威80年,超级英雄背后的产业故事[EB/OL].[2022-10-20]. https://ishare.ifeng.com/c/s/v002xBUPYeTHY2TIBcSw2bcIauuaKeYrIIOiFm-_0YZqUokQ__.

年5月在美国开拍,同年12月10日在北京取景,中国影片市场人数众多,消费能力强,所以成为近年来不少国际电影的兵家必争之地。漫威在中国有众多电影观众群体以及游戏粉丝群体,有专门的漫威粉丝官网,以及漫威游戏粉丝联盟等。漫威把钢铁侠、蜘蛛侠等漫威公司的知名漫画角色植入中国背景,同时还正在创作开发更多中国角色。

【案例评析】

IP产业链在美国和日本的开发比较成熟,以动漫、电影、游戏和周边产品为主。比如电影的周边产品,在经历了几十年的发展之后,已经成为国外电影产业的一个重要组成部分。在美国,电影衍生品的收入远远高于电影票房,例如经典电影《星球大战》的衍生品收入为45亿美元,超过其电影三部曲的票房总收入。而漫威影业的钢铁侠、蜘蛛侠、美国队长系列,DC漫画的超人、蝙蝠侠系列在动漫的市场化运作上走在了前面。在国内,对IP的开发主要是网络文学和网络游戏的改编。欢瑞游戏就提出了"IP3.0时代"的概念,即以知识产权IP为核心,通过电影、电视剧、动漫、手游、页游等形式进行形象及周边的授权,实现全产业链条的运营。

(一)漫威电影的IP模式分析

漫威娱乐旗下拥有享誉世界的漫威漫画,以及后来成立的漫威影业。电影主要是以漫画中的超级英雄人物为基础,其电影代表作有《钢铁侠》《复仇者联盟》等。单电影《复仇者联盟》第一部就创造了15.18亿美元的票房,位列影史第三,IMDb(互联网电影资料库)评分8.2,电影在票房大卖的基础上赢得了口碑,在全球掀起超级英雄的热潮。漫威的成功让大家看到了漫威IP的价值潜力。漫威对IP的开发倾向的是重产业链模式,正是全产业的配合造就了每个IP的生产,而每一次的IP套现和延伸都是一次完整的开发和培育过程。

1. 人物与故事

漫威的英雄角色很注重塑造人物的IP形象,人物性格刻画的贴切程度成就了一个个小众的IP品牌。比如雷神原型是北欧神话中的托尔,武器是召唤风雨雷电的锤子。然而雷神又不仅仅是神,而是一个敢爱敢恨有血有肉的角色;钢铁侠更是拥有英雄和普通人两个身份,比起小心翼翼的英雄形象,酷炫、土豪、幽默的特质更加迎合年轻人的胃口;绿巨人一方面是天才物理学家,另一方面情绪激动又会变成大怪物。各式各样的动漫角色、英雄人物和魔幻道具在电影中的展现,成为后续作品及其衍生品开发的灵感和源泉。漫威在场景设计、电影配乐等方面也都做出了适当的安排,《银河护卫队》就是基于对庞大宇宙空间以及类似地球景观的构建,配合20世纪80年代的音乐,和核心形象格鲁特、火箭浣熊构成一幅庞大的电影图景。漫威在故事情节设置上可谓比较模式化的超级英雄类电影,有着正与邪的二元对立结构,以及开端、发展、高潮的三幕形式,然而观众却不厌其烦地走进电影院。其成功因素除了突出的个性人物形象,还有影像与故事带来的视觉奇观和合乎时宜的笑料相结合,极大地满足了受众的感官体验与娱乐需求。

2. 并购与经营

漫威能发展到现在，并不是单有人物与故事就能成功的。曾经漫威的发展遇到前所未有的危机，由于漫画实体出版业的衰落，漫威需要通过不断出售自己的超级英雄人物来维持生存与运转。后来漫威开始改变，注重经营，于 2005 年成立了漫威影业公司。《钢铁侠》系列的大获成功给漫威带来了新的机遇。到 2009 年，迪士尼收购了漫威，这次的收购无疑对双方来说都是共赢，一方面，漫威为迪士尼提供更多富有魅力形象的角色；另一方面，漫威也可以通过迪士尼成熟的全球化运作经营实现品牌增值。然而，漫威是拥有一定"自主权"的，漫威的电影工作室是独立运作的。不仅如此，漫威和迪士尼还尝试了初次合作，2015 年上映的《超能陆战队》，电影故事情节颇具漫威风格，再加上迪士尼最熟悉的动画领域，票房与口碑的双收也在意料之中。

3. 交融与创新

漫威电影在成立之后，就不断地将自己的超级英雄搬上银幕，可以说，漫威是不缺素材库的。而其作品之间又保持着极大的关联性，比如《雷神》就为《复仇者联盟》铺垫。而漫威的每部电影之后的片尾彩蛋更是吊足了观众的胃口，也引发了观众的无限猜测与想象。《复仇者联盟》系列的漫画角色和剧情是数十年前的，伴随着人们记忆成长。通过漫画、动画和电视剧的不同展现形式，它不仅能满足漫画忠实观众，而且会迎来新的观众群体。不同媒介之间打破壁垒，不同媒介的作者相互分享，并且吸收其他创作者的创意。电影改编自漫画，但电影也同样影响漫画的创作。漫威的画家和编剧可以独立地创作自己所想的故事，但电影的定位会在漫画上寻求突破。比如《美国队长》就将政治惊悚片模式与超级英雄模式相结合，打破超级英雄电影固有模式。除了漫画的自创 IP，漫威也有一些改编漫画作品，比如《星球大战》《终结者》《安德的游戏》等，改编的电影也获得了成功。而漫威通过为 IP 创作漫画的过程，以及真人电影化的改编，不断地吸收与创新，为漫威电影走向成功助力。

4. 开拓与衍生

漫威影业已经铺开了一张大网，从点到面，以消费者为中心，用纵横交错的故事与人物主线以及周边产品销售牢牢地将其包裹住。漫威为了保证漫威超级英雄的形象以及作品的质量，组建了一个包括漫威影业、出版、作家在内的委员会，广纳多方建议。另外，改编成电影的漫画形象并不一定是人气漫画，而是需要综合考虑多重因素。比如漫画改编成电影剧本的可能性、故事的精彩程度，以及电影放映时给观众带来的视觉效果程度。由于漫威的全球化策略，还必须考虑跨文化之间的观众接受度，尽可能满足不同文化范围的观众。比如，《蚁人》虽然不是人气漫画，但是其召唤昆虫的惊人机能的形象却非常适合大荧幕。同时，电影的上映也能再一次实现漫画的热销。除此之外，漫威把漫威电影中出现的二线角色制作成衍生电视剧。除了《神盾局特工》与《特工卡特》之外，漫威也与 ABC 电视制作公司合作，推出电视剧《夜魔侠》《卢克·凯奇》《铁拳》与《杰茜卡·琼斯》，而这四位英雄也像"复仇者联盟"的组合一样，以"防卫者"的形象出现在观众面前。除了衍生电视剧，漫威也通过游戏以及周边产品来实现增值，增加用户群。比如《复仇者联盟 2》的周边商品除了与品牌合作推出经典的人偶、T 恤之外，还推出了零食、剃须刀、定制手机、汽车等各种衍生品，让超级英雄们从吃穿到用行全方位地走入我们的生活。

(二)对中国动漫产业的启示

IP建立的关键可以说是动漫虚拟人物形象,通过这些形象形成动漫形象独特的标签与视觉符号,再通过树立品牌来完成一系列的产品开发。品牌强度越大的动漫人物形象,其相关系列电影及衍生品就越受欢迎,在开发及销售的过程中,也相应地会加深受众对电影或电视剧的认同度及忠诚度,形成良性循环,形成良好的效应及口碑。国外对IP产业链的开发及运作为我们提供了很多借鉴及经验,虽然我们没有好莱坞大片的高科技与成熟的运营模式,但是我国的动漫企业正在IP的开发经营上不断地进行尝试与探索。这里针对国内IP的现状,提出一些发展建议。

1. 开发本土P

中国作为拥有五千年灿烂文明的大国,文化资源丰富,相比美国借鉴其他国家的元素来塑造自己的角色和人物,我们有得天独厚的优势。中国的神话故事或民间故事内容体裁多样,人物形象突出,我们可以试着挖掘其中的精品故事与人物。除了大众所熟知的明星IP,小众作品的开发将成为新的机遇。众所周知,漫威作品也经历了一个从亚文化到大众文化的过程,所以我们应该多注重原创优秀小众作品。而在故事和形象的塑造上,我们可以借鉴漫威,将传统与现代元素相结合,进行适度娱乐化的改造,吸引年轻观众。虽然现在购买国外IP很火,短期经济效益利润大,但是中国要真正发展IP产业,就必须开发有价值的IP,而有价值的IP就蕴藏在我们深厚的文化之中。

2. 品牌经营模式

在IP的运营方面,漫威的模式非常成熟。漫威在迪士尼的成熟运作下实现品牌增值。产品的品牌意识非常重要,品牌所承载的是文化价值的巨大传播力,而如今国内已经出现不少有影响力的IP,在影响力的基础上也逐渐形成了自己的品牌。比如腾讯的战略就是开发潜力明星IP,包装改造IP,除此之外,我们还要注意在工业化流水线制作过程中,避免过度开发、急功近利、粗制滥造,不要为了经济效益而消耗品牌的价值。

3. 实现互动联合

漫威的影视作品虽然是基于漫画创作的,然而最宝贵的是做到了创作者之间的交流,启发了双方的后续创作,并且乐于听取来自粉丝们的声音。而在国内许多文学作品IP改编成影视基本就是将内容精简然后直接搬上荧幕,效果不仅不尽如人意,还招致一大批原著忠实粉丝的不满。在这方面我们可以多听取原著作者与原著粉丝的建议,实现联动,并且依托互联网新平台,打破创作者和消费者界限,促进IP作品的全面发展,拓宽产业链条,促使IP作品获得更为持久、旺盛的生命力。

4. 矩阵式延伸

阿里巴巴试图利用自己在电子商务、大数据等方面的优势,与多家民营影视公司合作,打造自己的"影视矩阵王国"。然而除了融合投资之外,要在影视各领域实现全面发展,专业创作团队的沟通与协调是关键。淘宝网的平台为衍生品的开发与售卖提供了更方便的途径,衍生品的开发售卖不只是单纯形象的授权IP产品,在这方面,漫威的精细包装与制作值得我们学习,产品也不是越全面越好,而是要有针对性。比起单纯售卖衍生品,与故事内容本身进行互动跟对应更重要,因为吸引受众的是整个氛围的体验感受,并且引起受众对作品的联想与回顾也是对原本内容的诠释与延伸。

漫威电影的产业链模式对我国 IP 产业链模式的开发运营有很大的参考价值与借鉴意义。如今大家逐渐关注到 IP 的价值,媒体通过 IP 商业化系统,打破了媒体和原有文化产业间的壁垒。IP 最关键的是内容,漫威电影如果没有硬性的内容质量,单凭 3D 技术也无法真正获得观众的喜爱。在国内市场火爆的情况下,要做好 IP 就应该注重内容,并且更多地应用用户思维去分析 IP。从漫威的运营模式也可以看出,IP 的开发与运营必然是一个长期的过程,不仅涉及 IP 工具性的部分,如何打造一个完整的系统生态更是值得长期思考的问题。

(案例来源:邹怡婷.互联网时代"IP"产业链初探析——以漫威电影模式为例[J].东南传播,2015(8):59-61.略有修改)

第二节 动漫产业衍生品营销策划书

动漫产业分为内容生产、内容传播和衍生变现三个环节,动漫产业的策划贯穿产业链的各个环节,动漫产业的经济增长点来源于衍生品的开发与营销。掌握动漫产业衍生的营销策划书的写作思路,有利于动漫产业策划人员对动漫产业链进行缜密思考、统筹规划。

一、动漫产业衍生品营销策划书模板

《××××》衍生品营销策划书

一、项目简介

二、项目的可行性

三、目标市场营销战略

　1. 市场细分

　2. 市场选择

　3. 市场定位

四、营销组合策略

　1. 产品策略

　2. 价格策略

　3. 分销渠道策略

五、促销策略
    1. 广告策略
    2. 营业推广与公关策略

二、××动漫手办整合营销策划书

××动漫手办整合营销策划书

一、项目简介

以动漫人物为原型的模型(手办)动漫周边产品的开发与营销。

二、项目的可行性

动漫衍生品市场潜力巨大。基于中国动漫产业有非常大的发展空间这一基本情况,我们针对××市场上的动漫模型需求状况进行了一次较为全面的调查,对在校人群进行了问卷调查,同时网上收集资料,整理得出以下与动漫产业发展相关的因素。

从宏观角度来看,有经济因素和文化因素。

1. 经济因素

得益于国内外优质动漫作品的涌现,二次元用户规模进入平稳增长期,2015年开始,中国动漫产业进入行业发展的高速增长期,维持着较高的增长率。2018年后,借助优质动漫内容的进一步涌现,网络动漫市场进入稳步增长期,以用户付费为代表的增值服务增长强势,推动市场规模持续增长。

2. 文化因素

随着动漫作为一种内容的创意和实现形式不断触达更广泛的大众群体,动漫内容和二次元文化也开始打破次元壁,向主流文化和受众进行交流和融合。2016年,洛天依出现在湖南卫视小年夜春晚中,与杨钰莹合作演出,成为一大标志性事件。此后,二次元文化和动漫的内容形式加速主流化,动漫内容的受众和影响力与日俱增,并逐渐得到社会大众的关注和接受。一些品牌方也选择以动漫内容的形式进行品牌推广和受众沟通,从而从侧面印证了动漫内容的主流化发展。

从微观角度来看,有市场需求、消费者需求和竞争者分析。

1. 市场需求

动漫模型市场潜力巨大,在中国14亿人口中,约有5亿动漫迷或动漫爱好者。

2.消费者需求

① 消费者的娱乐心理。
② 消费者宠爱、精神寄托心理。
③ 消费者情感寄托心理。
④ 消费者认知心理。
⑤ 消费者购买心理。
⑥ 消费者审美心理。
⑦ 消费者从众心理。
⑧ 消费者排斥心理。

手办模型是动漫衍生品的一种,动漫爱好者——目标顾客作为动漫产品的消费者,具有以上八大消费心理。通过此次问卷调查及问卷分析,得出以下消费者心理现状。

第一,了解动漫与喜欢动漫的人越来越多,动漫市场在不断扩大。动漫爱好者对动漫相关产品的兴趣愈加浓厚,购买欲望不断加强,尤其是网购。

第二,在动漫模型中,人物手办是最受欢迎的,一般爱好者能接受的价位在百元左右。中国动漫市场虽较以前已有了很大的发展,但较日本、欧美而言,还有非常大的发展空间。目前,中国动漫市场产业链并不完善,有较大提升空间。

第三,动漫爱好者们对未来动漫发展抱有期待,乐于提出自己的意见与想法,参与度强,市场反馈积极。

3.竞争者分析

竞争者优势分析:动漫品牌产业链完善,全球影响力强;具有一定的创造性,宣传力度强。

自身劣势分析:产品创新和更新速度快;知名度还不够高。

竞争者机会分析:产品种类全面;全球化营销策略,对下沉市场具有较强的吸引力。

竞争者威胁分析:产品创新和更新速度快;品牌整合传播能力强。

三、目标市场营销战略

1.市场细分

在当今中国,动漫产业快速发展,随着消费者动漫消费能力不断提升,动漫消费者的群体细分愈加明显。由于我国政策的演变与动漫产业的不同历史阶段的发展,不同年龄层的消费者有着不同的属性。

第一层次是儿童层消费者,基本特征是还不能熟练地通过网络获取信息,对动漫内容作品的接受渠道单一,接触到的绝大部分动漫作品是国产动漫玩具。他们虽然对动漫作品的选择范围有限,却直接把控着一个家庭内动漫玩具的支出欲望,同时是现阶段国产动漫玩具的消费主体。

第二层次是青少年层消费者,他们能够熟练使用网络收集信息,对动漫模型的选择范围扩大,因为在动漫模型品质方面的平行比较,他们通常会迅速接受国外动漫里的角色模型,同时降低对国产动漫和动漫衍生品的消费热情。

第三层次的成人层消费者对动漫的审美标准较高,国内面向儿童层消费者的动漫作品不会引起他们的消费热情,但是对偶尔出现的面向成人的思想内涵较深的动漫作品,即使是制作技术方面落后于国外的同类型动漫作品,他们也不吝惜自己的支持,他们对于国产动漫作品与衍生产品存在极大的潜在性消费欲望。这个层次的消费市场也是国内各企业不断试水的巨大潜在市场。

2. 市场选择

针对以上细分人群,主要选择第×层次的消费者。

3. 市场定位

消费者对于模型的购买往往是感性的,受很多外界因素的影响,要想消费者主动购买模型饰品店的产品,要立足目标受众找到产品卖点。

四、营销组合策略

1. 产品策略

产品策略主要以动漫模型为销售产品来获取盈利,主要款式和种类有任务模型、SD娃娃、手办、杂志、手表、抱枕、钥匙扣等一些列人物周边,还有盒装的拼装类型与制造好的立体类型两大类。

2. 价格策略

价格策略强调低价时尚概念,超过80%的模型售价在30元左右、饰品售价在10元以下,其"新品平价"和"低价位高品质"的市场策略是打动消费者和战胜竞争者的利器,并以成本为基础,以同类产品价格为参考,使产品价格更具竞争力。

3. 分销渠道策略

独立分销、线上线下同步。

五、促销策略

1. 广告策略

① 象征广告策略:通过IP来代表品牌形象,给予人们情感上的感染,唤起人们对产品质地、特点、效益的联想。

② 广告宣传语:Q我动漫,爱不释手。

2.营业推广与公关策略

① 举办动漫模型拼装大赛(线下门店)。

② 新媒体平台话题互动;短视频平台变装视频竞赛。

(参考案例:豆丁网.动漫周边市场营销策划书[EB/OL].[2022-11-05]. https://www.docin.com/p-848584324.html,有改动。)

思考练习

1.试分析目前我国动漫产业创意与策划存在的主要问题。

2.谈谈提升我国动漫产业品牌建设的策略。结合案例一动漫电影《哪吒之魔童降世》撰写品牌推广策划案。

延伸阅读

[1] 过莎、吴建丹:《传统文化元素在动漫设计中的应用》,《大众文艺:科学教育研究》,2017年第23期。

[2] 刘长欣:《国漫崛起,靠〈哪吒〉扛旗还不够》,《南方日报》,2019年8月8日。

[3] 郑曦:《"互联网+"环境下动漫衍生产业创新发展研究》,《传媒》,2017年第15期。

[4] 刘远举:《〈哪吒〉的成功源于对传统IP的大胆创新》,《经济观察报》,2019年8月2日。

[5] 陈刚:《电商时代的贺岁档电影营销》,《当代电影》,2015年第4期。

[6] 孙志超:《IP大热多为虚烧》,2014年8月20日,http://wwww.huxiu.com/article/40209/1.html。

[7] 三文娱:《漫威、DC、IMAGE与黑马漫画:美漫四巨头如何看IP》,2015年3月30日,http://www.huxiu.com/article/111485/1.html。

[8] 《解读漫威IP崛起:复仇者模式所向披靡》,2015年5月7日,http//news.pcgames.com.cn/510/5106644.html?ad=2740。

[9] 杨照帅:《电影成功因素探析——以威漫公司科幻系列电影为例》,《美与时代》,2014年第10期。

[10] 张品良:《视觉文化语境下的网络狂欢》,《江西财经大学学报》,2008年第6期。

文化旅游产业创意与策划实训　第十二章

作为绿色朝阳产业的文化旅游产业,文化与旅游两大产业的融合发展决定了其创新性。尤其在数字时代,文化旅游产业的发展日新月异,不断创造出满足不同人群需求的新兴的文化旅游内容及形式。文化旅游产业的内容十分广泛,本章精选了文化传承、社会实践、乡村振兴和文化旅游产业融合的三个案例,一方面,探索文化旅游产业的创新内容和数字时代的创新发展;另一方面,使学习者掌握策划具有可行性、操作性的文化旅游项目方案的方法和技巧。

第一节　文化旅游产业案例分析

一、互联网+文化传承+文化旅游产业

【案例描述】

"网上重走长征路"党史故事高校接力讲述活动

(一)活动组织

为深入贯彻落实习近平总书记在党史学习教育动员大会上的重要讲话精神,大力发扬红色传统、传承红色基因,在中国共产党成立100周年之际,进一步推进"网上重走长征路"暨"四史"学习教育工作,助力我省广大师生做到学史明理、学史增信、学史崇德、学史力行,根据教育部和湖北省"网上重走长征路"活动党史故事高校接力讲述活动安排,结合我校实际,特制定本方案。

成立学校"网上重走长征路"党史故事高校接力讲述活动工作专班(以下简称活动工作专班),具体由××部和××学院负责组织实施。

组　　长：××
副组长：××
成　　员：××

活动工作专班负责活动的方案审定、具体组织和全省展示。

(二)活动主要思路

① 以革命老区为核心，确定"网上重走长征路"活动范围和具体地点。
② 制订活动计划，讲好党史故事，深入挖掘先进党史人物。
③ 确定视频拍摄具体形式，拍摄"红色传承，强师铸魂"主题视频，宣传推广先进党史人物。

(三)活动讲述稿及视频分镜头设计

1. 党史讲稿

【教师】　大家好，我是××学校的思政老师——××。在思政课教学过程中，同学们有时会有一些疑惑——到底是什么支撑革命先烈在关键时刻做出英雄壮举的？我现在所在的地方，是我校10年对口帮扶的革命老区——鹤峰县，这里曾是"跟着贺龙闹革命"的地方。在我身后这座烈士陵园内，长眠着贺龙的大姐——贺英同志。

1928年，南昌起义失利后，贺龙回到家乡准备发动武装起义，但是，此时身边只有18位同志。这个时候，贺英带着自己300多人的队伍找到贺龙，说道："我的队伍连人带枪统统交出来，算我首次向共产党献的礼。以后，我的人也是共产党的了。"

她为什么会这样抉择呢？这是因为在之前与共产党人的交流中，她明白了杀掉一个坏人，后面还有一批坏人，只有跟着共产党搞工农革命才能改天换地。正是怀着为工农改天换地的初心，她才在最关键的时刻做出这样的抉择，展现出对党的无比忠诚。

正如习近平总书记所说的，共产党人坚持的初心，就是对党和人民事业的永远忠诚，这是激励一代代中国共产党人前赴后继、英勇奋斗的根本动力。

【学生】　是的。习近平总书记也说过，忠诚和信仰是具体的实践的。正是本着对党的事业的忠诚，××学校的党员干部们，从××年开始，一头扎入大山深处，在贺英同志曾经战斗过的地方，投入到与贫困的斗争中。

××学校持续开展师资培训、送教下乡、师生"三下乡"、农村中小学心理援助等教育特色扶贫项目，广泛深入老区为党员群众宣讲党的政策，助力老区如期脱贫摘帽、迈入乡村振兴的新征程。××学校因此获评湖北省脱贫攻坚先进集体。

教师是立教之本、兴教之源。作为一名师范院校的学生，我们有幸跟随老师参与老区帮扶，探寻红色精神，更加激励我们大力发扬红色传统、传承红色基因，立志做有理想信念、有道德情操、有扎实学识、有仁爱之心的"四有"好老师。

2. 贺龙希望小学发言稿

各位贺龙希望小学的同学们：

大家好，我是来自××学校的××。作为大学生代表，我很荣幸能够受邀参加今天的升旗仪式。

我跟随"网上重走长征路"项目组，来到鹤峰，拍摄革命先烈贺英的光辉事迹。同学们应该对"贺英"这个名字并不陌生，我们贺龙希望小学的前身便是贺英创办的游击队子弟学校。

了解鹤峰的英雄事迹以及贺龙希望小学的光荣历史之后我们深受感动，虽然我们的学校远在武汉，但我们和鹤峰心系一起。今年暑假我们希望能够在贺龙希望小学开展"暑期书院夏令营"。

此次活动，我们将从学业辅导、亲情陪伴、感受城市、自护教育、爱心捐赠以及阵地建设等方面开展夏令营活动。在这里我正式邀请同学们来参与"暑期书院夏令营"活动！

最后，我祝愿大家学业有成，茁壮成长。

谢谢大家！

3. 视频分镜头设计

结合场号、镜号、画面文字内容、参考画面及配音稿，详细撰写视频分镜头设计稿。画面内容包括以下几点。

广角，镜头下移，从烈士陵园的牌头摇至走近的教师。

航拍门头、整个烈士陵园、烈士纪念碑等。

航拍走上台阶的教师，教师走上台阶的背影、陵园全景、侧面近景，教师爬上楼梯（坚定）。出标题：××学校"红色传承，强师铸魂""网上重走长征路"党史人物讲述（贺英）

贺龙雕像航拍，航拍环绕，贺英同志墓碑推，贺英烈士碑头拍摄（全景推、特写从上向下摇）。

教师讲述镜头（如影跟），红色元素的贺英同志图像，在画面左边或右边对应加字幕。

贺英牺牲出航拍，加字幕"烈士贺英牺牲处"（白字）。

教师在贺英牺牲处讲述，教师在贺英牺牲处参观的相关镜头。贺英牺牲出相关镜头特写，若没有就用照片代替。

教师讲述画外音。黑场字幕："20世纪30年代，鹤峰只有6万人口，却有2.4万人参加了共产党、共青团、红军、游击队等，占成年总数的80%，3千多人为此献出了生命。"

学生在贺龙希望小学走廊里边走边说。穿插鹤峰扶贫时期的照片。

贺龙希望小学校牌头大景拍摄。字幕："贺龙希望小学始建于1929年，是贺英创办的游击队子弟学校。"

学校教师上课镜头、学校环境相关镜头。

教师讲党课。

新农村航拍，图片文件在左边，右边是成绩字幕（具体数字突出展示）：2010年与鹤峰县结对帮扶以来投入帮扶资金××万元修建村文化广场、图书馆、卫生室、公厕、抽水站等，师生捐赠图书××万余册，开展消费扶贫，采购农副产品××万元，发挥教师教育特色，为鹤峰县培训中小学教师及校长××名。捐建恩施土家族苗族自治州首个村级小学心理咨询室，编写××

万字的专用教材——《农村中小学心理辅导活动教学设计》，××师生依托暑期"三下乡"分批开展各种形式的帮教活动。

学校航拍等相关素材。

(四)活动具体安排

根据全省统一安排和要求，倒排工期，确保高标准完成接力任务。

1. 制定实施方案和视频拍摄方案

×月×日前，制定实施方案和视频拍摄方案，报请专班组长审定。

×月×日前，沟通确定鹤峰县其他地方和校内拍摄具体行程安排，敲定讲述稿。

2. 组织拍摄

×月×日—×月×日，按计划完成鹤峰县湘鄂边苏区革命烈士陵园、龙潭村、芦坪村、贺龙希望小学和校内各拍摄点拍摄工作。

×月×日(星期六)

09:00　乘坐包车从武汉前往鹤峰县

19:00　入住太平镇民宿(学校帮扶工作队处)，晚餐

×月×日(星期日)

08:00　乘车前往鹤峰县城满山红革命烈士陵园拍摄

11:00　乘车前往太平镇龙潭村、芦坪村拍摄新农村建设成就

13:00　回太平镇，午餐

15:00　乘车前往太平镇贺英牺牲处拍摄

19:30　入住太平镇民宿(学校帮扶工作队处)，晚餐

×月×日(星期一)

08:30　乘车前往贺龙民族希望小学拍摄，参加相关活动

参加贺龙民族希望小学升旗仪式

为"心友守护"心理援助站授牌

参加支部主题党日，杨永华老师讲党史

11:30　乘车回太平镇，午餐

12:30　乘车返回学校

3. 视频后期制作和修改

×月×日前，完成视频后期制作，报请专班审核

×月×日前，根据专班审核意见完成修改

4. 作品上交

×月×日前，按照××工作中心要求将视频作品上传至指定网盘，并按要求向全国发布。×月×日，我校将向全网发布视频，并将接龙传递给下一所学校。

【案例评析】

"网上重走长征路"党史故事高校接力讲述活动是文化旅游产业的重要内容,是数字时代革命文化传承与旅游产业创新融合的成果。推进文化旅游产业的发展,就要讲好当地的文化故事。为此,案例选取了学校十年对口帮扶地点鹤峰县,进行当地先进人物(贺英)的故事讲述。

(一)革命文化的传承与弘扬

案例将革命精神的传承与弘扬融入文化旅游产业的内容中,深入挖掘全国著名红色革命教育基地恩施土家族苗族自治州鹤峰县的先进党史人物故事,借助学校十年对口精准教育帮扶的优势,通过师生讲述安葬于湘鄂边苏区革命烈士陵园的革命烈士贺英的故事。贺英的故事具有典型性,有利于革命文化精神的传承与弘扬,有利于文化旅游产业红色精神内涵发展。

贺英的故事简洁生动。她是贺龙元帅的胞姐。两支驳壳枪,一匹大白马,身着长衫,英姿勃发。贺龙元帅回忆时曾这样形容她:胆大、天分高、想象力强。20岁时,她组建地方武装;30岁,参与支持贺龙"两把菜刀闹革命";1926年12月,她就叮咛嘱咐贺龙一定要警惕蒋介石、汪精卫等人,隔年国民党便发动了两次反革命政变。1928年南昌起义失利后,贺龙回到自己的老家湘鄂西继续开展武装斗争。而此时他身边只剩下了18位同志。就在这时候,贺英带着300人的农民武装找到他,说道:"我的队伍连人带枪统统交出来,算我向共产党献的礼。以后我的人也是共产党的。"

讲述党史故事,不仅仅是为了讲述故事,更要让听众能够体会其中红色精神,传承红色基因,发展文化旅游产业的精神内涵。习近平总书记说过,共产党人坚持的初心就是对党和人民事业的永远忠诚,是激励一代代中国共产党人前赴后继、英勇奋斗的根本动力。

(二)党史教育的创造性转化

习近平总书记于2021年2月20日在党史学习教育动员大会上的讲话指出:"要在全社会广泛开展党史、新中国史、改革开放史、社会主义发展史宣传教育,普及党史知识,推动党史学习教育深入群众、深入基层、深入人心。"在全社会广泛开展"四史"宣传教育,普及党史知识,必须以习近平新时代中国特色社会主义思想为指导,引导广大群众树立正确党史观,采用群众喜闻乐见的方式方法,把红色资源作为生动教材,充分利用好网络渠道,让广大群众在有深度、接地气的党史学习教育中感悟党的初心使命。

案例从"发扬红色传统,传承红色基因"切入,与鹤峰县贺龙希望小学师生面对面讲党史,走访龙潭村、芦坪村新农村,从高校教育扶贫鹤峰县的重要贡献以及师范院校的责任和使命等方面进行讲述,并将故事讲述与自身感悟拍摄录制成微视频作品,在新媒体平台发布,进行接力传递展示,助力全省高校形成同参与、齐分享、共学习的生动局面。

案例的拍摄在鹤峰县持续了三天,从贺英烈士的长眠地湘鄂边苏区革命烈士陵园到贺英烈士的殉难处,再到贺英同志所创办的现在更名为"贺龙希望小学"的游击队子弟学校。跟随历史的脚步,在文化旅游中深入展现革命英烈脚下的土地所传承的革命精神,让人们看到贺英同志的精神似乎从未离开过这片土地,昔日学校的对口帮扶点如今已经脱贫摘帽。党史教育的创造性转化体现在革命精神的实地体验和革命故事的网络分享中,可以促使青年人更积极地参与到党史故事讲述中,从而加深青年对党的历史的了解,在潜移默化中实现文化旅游产业的教育功能。

(三)文化旅游产业的创新性发展

案例活动成立了"红色鹤峰行"项目组,以项目的形式进行文化旅游活动。拍摄视频以"红色传承、强师铸魂"为主题,由思政课上学生对支撑革命烈士精神内核的思考引出,通过实地探访学校十年对口帮扶的国家一类革命老区县——鹤峰县,深入挖掘革命烈士贺英的故事以及高校党员干部对口帮扶的故事,探寻红色精神的内涵。

案例活动创新了文化旅游产业的新形式。实地拍摄视频以"红色传承,强师铸魂"为主题,采取师生讲述的方式,由高校思政课教师和大学生共同担任主讲人,将"对党忠诚"的精神内核贯穿贺英故事、扶贫攻坚故事始终;并结合学校对口帮扶取得的成绩,体现师范院校的责任与担当。最后,通过大学生的深刻感悟,展现青年的视角、青年的话语、青年的态度。师范院校学生"发扬红色传统,传承红色基因"就是要按照习总书记要求,做"四有"好老师,为实现中华民族伟大复兴的中国梦而努力奋斗。

二、互联网+社会实践+文化旅游产业

【案例描述】

"红色湖北"大型主题采访暨社会实践活动

(一)活动组织

为深入学习宣传习近平新时代中国特色社会主义思想,贯彻落实习近平总书记关于青年工作的重要思想,引导和帮助广大青年学生学深悟透与现实相结合的大思政课,在社会课堂中受教育、长才干、做贡献,在观察实践中学党史、强信念、跟党走,努力成为担当民族复兴大任的时代新人,××学院组织开展"红色湖北"大型主题采访暨社会实践活动。

成立学院"红色湖北"大型主题采访暨社会实践活动工作专班,联合湖北省县级融媒体中心、湖北省各相关媒体、学校各相关职能部门开展活动,具体由××学院负责组织实施。

组　长:××(全面负责兼总体设计、对外联络负责人)

副组长:××(全面负责兼衣食住行、全程安全)

成　员:××、××、××(具体负责社会实践组织、指导与总结)

活动工作专班负责社会实践活动的方案审定、具体组织和宣传推广。

(二)活动主要思路

① 以"红色湖北"为主题,确定大学生社会实践活动的范围和具体地点。
② 制订活动计划,讲好湖北故事,深入挖掘湖北代表人物。
③ 确定主题采访的目的和具体形式,拍摄系列视频,发布系列微信推文及宣传稿件,做好社会实践总结工作。

(三)活动前期准备

1. 活动分组

社会实践分为采访组、视频组、报道组、服务组,确定负责人及具体人员名单,分别做好前期准备。采访组与被访对象提前对接,初步了解情况,拟定采访提纲。视频组构思文本、准备器材等。报道组配合采访团做好报道预案。服务组按行动计划进行具体落实。

2. 采访准备

① 思想准备:提前召集选题策划会,了解报道对象,收集背景资料,策划选题角度,确定采访范围,拟定采访提纲,做好详细的任务分工和实施计划。
② 路线准备:行前跟专访对象反复磋商采访路线,既有固定的工作地点采访,也有被访对象日常工作期间的流动路线采访。
③ 器材准备:自行准备采访设备,包括摄影、摄像、录音器材等。

(四)活动具体安排

1. 筹备阶段(×月×日至×月×日)

专程赴湖北省各县融媒体中心,建立业务联系(负责人:××)。
确定出征人员总人数及具体名单,下分管理团队、采访团队、短视频团队、自我报道团队(负责人:××)。
召开社会实践大型主题采访活动研讨会,确定具体采访对象(负责人:××)。
进行社会实践信息发布、媒体报道及汇总(负责人:××)。
确定团队服装赞助(赞助商:××)。
召开社会实践活动行前培训会,会议内容包括活动总体安排、大型主题采访指导性意见、社会实践指导性意见、交通安排、生活安排、安全提示与纪律要求(负责人:××)。
制作社会实践出征仪式横幅和实习实践基地牌匾(负责人:××)。

2. 实践阶段(×月×日至×月×日)

出征当天活动安排如下。

(1)×月×日上午活动安排

校内出征仪式邀请××主持,××授旗,相关部门负责人出席。
安排领导专访及出征仪式微博、微信新闻稿。
确认车队编号与排队顺序。

(2) ×月×日下午活动安排

参观××县融媒体中心;实习实践基地揭牌仪式;请××做相关专题报告。

安排专题报道微博微信新闻稿。

(3) ×月×日晚上活动安排

各采访小组采取线上线下相结合的方式,汇报采访计划;讨论具体问题。具体时间地点和会议形式当天通知。

实践采访活动安排如下。

① 报道组分头行动,由学院指导教师全面负责,做好人物专访、融媒体报道和实践总结。鼓励用快手、抖音及时报道;摄影、摄像由各组自行安排。

② 确定各短视频采访负责人,细化采访方案。

③ 鼓励各种形式的社会实践,如祭扫烈士陵园、寻访革命先烈足迹等。

3. 发表阶段(×月×日至×月×日)

① 报纸报道:包括人物专访、特写、深度报道、通讯等题材。围绕生动的典型故事或急需解决的棘手问题,寻求合适的叙事角度,从独特角度切入,抽丝剥茧、娓娓道来,放大有价值的细节,使重点突出、结构完整。

② 融媒体报道:讲究文字、图片、视频"三合一"。

③ 即时短视频:通过微博、抖音、快手等新媒体平台,发表与社会实践相关的若干短视频,传播正能量。

4. 总结阶段(×月×日至×月×日)

① 对社会实践进行完整总结。

② 编辑制作系列短视频、电子相册。通过综合运用全媒体融合报道手段和形式,形成"红色湖北"系列专题报道。

③ 构建社会实践课程。

【案例评析】

"红色湖北"大型主题采访暨社会实践活动对湖北先进人物及红色故事的实地进行考察探访,借助短视频、微信推文、抖音号等多种传播媒介,通过重走足迹、追溯记忆、访谈人物、挖掘故事,推动大学生社会实践活动与文化旅游产业的融合发展,是数字时代红色地域文化资源与旅游产业结合的创新成果。

(一)大学生社会实践与文化旅游产业融合

全国大学生社会实践活动,主要从党史学习、理论宣讲、国情观察、乡村振兴、民族团结等方面开展,是大学生响应党中央号召的传统实践项目。"红色湖北"大型主题采访暨社会实践活动,主要依托湖北省各地的红色文化旅游资源,组织大学生开展重走红色足迹、追溯红色记忆、访谈红色人物、挖掘红色故事、体悟红色文化等多种形式的活动,引导青年学生学史明理、学史增信、学史崇德、学史力行;让广大师生在思想上接受洗礼,以社会实践的方式收集红色文化旅游素材,从而更好地传承红色基因、担当时代责任,提升教育成效。

在文化旅游和社会实践的过程中,还应加强安全教育和保障工作,做好前期调研和出发准备,制定社会实践安全预案,加强管理、确保安全,守住风险底线。

(二)在文化旅游中践行马克思主义新闻观

案例所涉及的××学院通过大型主题采访的社会实践形式,践行"讲政治、懂国情、有本领、接地气"的四大特色及马克思主义新闻观。在文化旅游实践中,社会实践各小组人员深入湖北省各地市州,在文化旅游过程中掌握第一手材料,增强大学生的脚力、眼力、脑力、笔力,努力打造一支政治过硬、本领高强、求实创新、能打胜仗的宣传思想工作队伍。

在文化旅游的实地体验中,社会实践各小组分工明确,聚焦湖北地方经济、文化、生态和社会发展,感受新中国成立以来的伟大历史性成就,形成系列短视频拍摄、推文写作策划案。只有进行深度文化旅游,才能深入当地群众,挖掘红色资源,将点与面更好地结合,了解调查对象各方面情况,使红色主题的讲述更加集中、鲜明、突出,为红色资源的调查研究提供大量可靠的原始材料和事实依据。

(三)文化旅游产业的数字化发展

数字时代的文化旅游产业发展,可以利用快手、抖音、微信等多媒体平台发布旅游资讯,将社会实践与红色文化旅游结合在一起;通过纸笔和镜头,用心记录文化旅游中的所见、所闻、所思、所感,通过社会实践学习和体会,在反思中不断成长,将"小我"融入"大我",提升人生格局,传递正能量。

1. 确定文化旅游红色主题

采访小组在文化旅游地点拍摄各类旗帜标语的视频和图片等,充分利用新媒体开展宣传工作,及时发布社会实践活动情况,做好图片资料收集和宣传报道工作,将社会实践与红色文化旅游资源相结合。要确保采访拍摄的重点与社会实践活动的主题完全一致,提前熟悉所采访先进典型人物的事迹材料,所有的采访拍摄尽可能做到真实自然,努力挖掘材料背后的故事;选用切实、可靠的文化材料说明观点,采用朴素、明确、实在的文字描述;结合采访对象、采访过程、采访周边环境、沉浸式体验等,充分感受专业知识、社会实践和现实体验的结合。

2. "台、报、网"联动

针对不同的文化资料内容和不同媒体的特征,将文化旅游过程中拍摄的视频、图片等进行传播,注重各类宣传报道的传播实效、拓展渠道,扩大覆盖面和影响力。将采写内容与全媒体形式一一对应,分别提供适用于电视台、报纸、网络传播的各类采访及新闻稿件,从而实现全媒体立体传播,弘扬主旋律。

3. 注重文化旅游宣传实效

树立问题意识,进行实证研究,在文化旅游中深入学习与体验。通过发现与树立典型,宣传先进人物的先锋模范带头作用,深刻反映湖北各地党的建设和经济社会发展成就。在文化旅游的实地考察中,注重观察与描述当地现状,发现问题、寻求对策,思考如何体现优秀模范代表人物攻坚克难的精神和典型故事的表述。通过优秀典型案例在全网的传播,激励更多的人爱岗敬业、争先创优,获得社会实践类文化旅游的宣传实效。

以"红色湖北"的文化实践为主线,赴重要事件、重要人物所在地开展实践,将社会实践打造成"行走"的思政课,作为学校专业课程中可观、可感、可行的思政元素,将社会实践成果融入学校教育,弘扬社会主义核心价值观,以青春力量助力当地经济社会发展。

三、互联网+乡村振兴+文化旅游产业

【案例描述】

乡村数字化教育学堂项目实施方案

随着农村地区信息基础设施建设的持续改善,乡村群众数字思维逐渐拓展,数字技术逐步提升,数字素养不断增强,我国城乡的数字鸿沟逐渐缩小。新发展格局下的数字化乡村振兴,有赖于乡村的数字化教育,这既是对乡土文化的创新重塑,也是重构乡村网络、推动城乡融合的数字化转型实践。

(一)组建团队

广发招募通知,经过选拔确定团队成员并进行分组,大致可分为乡村文化组、视频摄制组和直播营销组三类。

乡村文化组负责项目整体的工作部署及相关工作的协调运作,联系相关文化场地,进行乡村非遗文化、乡村民俗文化、乡村红色文化的调查研究,开展相关乡村振兴文化旅游的各类实践活动。

视频摄制组负责项目的全程拍照录像,结合乡村文化组的实地调研成果,进行线上视频剪辑、乡村实践活动及实践指导课程录制。

直播营销组对项目实施的各项工作,及时进行线上宣传报道,并在网络各大学习平台同步发布更新。

(二)项目实践

1. 项目实施背景

乡村振兴战略的提出,有力地推动了乡村建设,是乡村形态空间发展的科学指导。贯彻乡村振兴战略,加快数字化乡村管理体系建设,增强乡村文化旅游资源建设,是推动美丽乡村可持续性发展,提升乡村文化旅游环境建设和提高人民幸福感的重要条件。乡村振兴离不开乡村教育,乡村教育离不开对乡村群众的"扶志"和"扶智"。21世纪信息技术的大飞跃,在教育领域掀起一股数字化教育教学方法改革的浪潮。相比传统教育,现代信息技术的

在线教育扩大了优质教育资源的受益面,突破了时空限制与体制障碍,推动了乡村教育及文化旅游产业的发展。

2.项目实施目标

(1)普及普通话知识,提升村民普通话素养

向村民普及普通话基础知识,示范讲解普通话与方言的区别,纠正村民的方言发音,让村民能够了解自己的普通话水平,能够通过模仿、跟读改善自己的语音面貌。

针对不同乡村的文化特色,围绕村民们熟悉的生活及工作场景,制定不同的语言文字学习内容,包括农产品销售、饭店迎宾、非遗文化传承表演等。

利用PPT讲解、视频观看、示范朗读、案例学习、工作情景模拟等多元化教学方式,对村民进行方言纠正、社交礼仪培训、日常生活普通话交流练习等。

(2)乡村文化旅游资源的数字化采集及整理

通过查阅文献资料,到乡村革命遗址所在地和文化博物馆调查,走访非遗传承者、亲历者等方式,全面掌握乡村民俗文化、红色文化资源、非遗文化的情况,并进行数字化资料的采集与整理工作。

数字化文化旅游资料的采集可以按照主题分类、时间顺序或使用途径进行翔实的记录、分类、组织和存储,具体包括对文化旅游相关实物、资料、物品等进行拍摄、扫描,对访谈、口述、歌曲等进行拍摄或录音,对文化遗址、遗迹现场进行数字摄影、全息拍摄等。

(3)建设乡村文化旅游数字资源库,进行数字化传播

通过乡村文化旅游数字资源库的建立,利用新兴的计算机技术进行数据模拟、文化传输,将已经搜集和修复的乡村民俗文化、非遗文化、红色文化资源的图片、音频、视频等进行归类、总结、存储,为乡村文化旅游产业提供新的空间,将各地的乡村文化旅游数据合理、有效、永久地存储整合起来,并进行系统化、科学化的管理、添加和补充。

乡村文化旅游资源的挖掘与数字化传播,具体表现在建设乡村文化传播网站、微信、微博、移动客户端等多渠道的新媒体数字化传播方式。一方面,数字化的文化传播方式让文化旅游消费者足不出户就能在互动体验中体悟各地独具特色的乡村文化;另一方面,数字化的文化传播方式让更多人关注、评论和转发乡村文化旅游数字资源,不仅"观看",还能"宣传",发挥乡村群众及文化旅游消费者对乡村地区特色文化的宣传作用,实现乡村文化的保护与传承。

3.项目实施地点

经过项目团队线上线下调研,结合各地区实际情况,共同商议确定项目具体实施地点。

4.项目实施内容

(1)非遗文化调研

寻找隐藏在乡村的非遗文化,挖掘非遗的起源,探寻非遗的制作工艺,调查非遗的文化价值、经济价值、社会价值以及摸清当下市场情况。

(2)民俗文化调研

调查挖掘当地具有特色的包括日常风俗、婚丧嫁娶、传统节日在内的风俗习惯。

(3) 红色文化调研

挖掘当地的红色历史遗迹,调查整理与之相关的历史事件、革命人物,汇编成册。

(4) 筹备文化旅游实践课程的录制

筹备"普通话与社交礼仪""我们身边的非遗""传统文化故事"等系列文化旅游实践课程的录制。聘请专家以线上线下相结合的方式授课,开展普通话基础与沟通技巧训练、社交礼仪训练、直播营销训练等文化旅游实训课程。

(5) 宣传推广

结合不同媒体公众平台的特性,分别制作图文、Vlog、短视频等进行宣传推广。

(三)预期成果

1. 系列文化旅游实训课程

以在线网络课程为主导,打破乡村教育以传统教学为主的教学环境的封闭性与限制性,为村民日常学习做课外补充。打造"普通话与社交礼仪""传统文化故事""红色青年说""我们身边的非遗"等线上线下相结合的文化传播"金课"。用村民及文化旅游消费者能够听、喜爱听、听得懂的讲述方式进行文化传播,以乡村里的人物、故事为切入点,拉近文化与村民及文化旅游消费者之间的距离,从而增强村民及文化旅游消费者的文化认同感,增强文化自信。

2. 全媒体非遗文化传播

挖掘非遗文化,寻找"乡村最美手艺人"。利用全媒体传播方式,通过挖掘—整理—录制—全媒体传播—带来社会影响力的流程,给乡村地区带来人流量与经济效益。

3. 打造乡村文化旅游新坐标

构建以文化旅游为核心的"乡村红色文化+乡村非遗文化+乡村民俗文化"三位一体的全国文化旅游调研黄金坐标点。

(四)经费预算

① 文化资料购置费:××元。

② 专家劳务费:××元。

③ 场地租赁、服装购买费:××元。

④ 摄影棚及相关设备租赁费:××元。

⑤ 宣传推广费:××元。

⑥ 人员食宿费:××元。

⑦ 交通差旅费:××元。

⑧ 总费用支出费:××元。

补充说明:在项目运行过程中,可以与相关政府机关、高校、企业进行联系与接洽,动员社会力量,寻求各类机构的人力、物力、财力的支持。

【案例评析】

教育是推动文化传播的重要路径之一。乡村地区的教育偏向传统课堂教育，知识点和时间都有局限性。乡村数字化教育学堂项目的实施将乡村振兴与文化旅游结合，借由乡村文化基因和全国数字媒体链接，通过文化特色凸显乡村特点，促进乡村群众主体参与和文化旅游消费者活动体验，推动乡村文化发展模式及乡村振兴路径的文化旅游创新。

(一)创新全媒体数字化乡村振兴的文化旅游路径

1.新媒体技术的开发和应用

全媒体时代，乡村教育教学方式发生了重大变化。村民可以借助线上语言文化课程资源进行自主学习，采取渐进式学习和兴趣式学习相结合的方法，有针对性地找出自己的薄弱环节进行强化训练，保证训练强度和学习时长，结合线下授课内容进行复习巩固，日积月累，从量变实现质的飞跃。文化旅游消费者可以借助新媒体技术的开发和使用，在线"云旅游"，在轻松愉悦的学习氛围中进行文化旅游，从正能量故事中汲取积极向上的力量，继承和传播中华民族优秀传统文化，实现文化旅游的教育功用。因此，全媒体数字化的文化旅游资源必须简单易学、易上手、好理解、有趣味、有实用价值。

2.制订村民语言培训计划，以推广普通话为路径促进文化旅游产业发展

大多数乡村不仅风景优美，有自己的特产，而且往往是非遗文化的传承基地。"扶贫先扶智，扶智先扶语"，普通话的交流能力直接帮助村民顺畅表达，走出乡村，与外界沟通、合作与交流。村民中的青壮年劳动力大部分都外出务工，留守村民的整体年龄偏大，村民构成复杂，平时说话以方言交流为主，无论是在外务工的村民，还是本地劳作的村民，都存在一定程度的普通话交流障碍。在外务工的村民，想要扩大求职与就业范围，更好地适应人才市场的需求，就必须提升普通话口语水平和语言表达能力；本地劳作的村民，以经营农产品、经济作物、宾馆服务、农家乐一条龙、非遗文化传承为主，这些也都对普通话口语水平有一定的要求。

要以提升乡村群众文化综合素质、助推乡村文化旅游产业发展、增进村民幸福感、共筑和谐社会主义新农村为目标，联合社会各界力量，组建乡村振兴推广普通话团队，制订乡村振兴推广普通话专项文化旅游计划，涵盖普通话培训测试的线上课程和线下课程。线下课程包括村民的普通话基础训练课程、社交礼仪课程、普通话日常用语训练课程、普通话模拟测试训练课程等。线上课程包括普通话线上培训测试课程、普通话相关App资源使用等。课程结束后，对村民进行普通话水平测试服务。

3.提升村民信息素养，建设乡村文化传播平台，激活乡村文化旅游产业

随着互联网和新媒体的发展，大数据和人工智能等技术普遍应用，构筑了一个数字化的信息空间，改变了乡村的生活方式，乡村振兴的方式和手段也发生了很大变化。在数字化全媒体时代，村民的新媒体阅读指数不断上升，自媒体的运用也开始走进千家万户，语言与信息技术的交融成为乡村振兴的必要条件。乡村群众越来越多地使用网络、手机媒

介、各种 App 平台与外界进行交流和沟通。学会应对数字化时代的挑战,提升村民的数字素养,运用新媒体技术力量,帮助村民提升信息素养,是服务文化旅游产业及乡村振兴的重要渠道。

同时,对社会资源进行整合,建设乡村文化传播平台,能够更好地丰富乡村文化传播内容。具体而言,挖掘乡村文化资源,利用微信、微博、移动客户端等多种渠道进行传播,搭建城市与乡村互动的平台,使乡村能够被看见,让更多的人关注、评论和转发乡村地区的特色文化,从而带动乡村文化旅游产业的发展。

(二)创新乡村数字化教育与文化旅游产业融合模式

1. 构建文化旅游产业核心坐标点,激活文化旅游产业发展

无论是乡村红色文化、非物质文化遗产,还是民俗文化,都是我们中华民族的优秀传统文化,但这些传统文化往往根植于乡村,远离大众视野,再加上乡村文化传播方式单一,文化传播渠道闭塞,文化挖掘程度浅层化,导致不同农村地区的特色文化并没有得到充分的利用,无法给当地带来社会效益和经济效益。要解决这一问题,必须利用互联网网络地图,将走访调查过的乡村文化特色地点进行标记,构建以城市为中心的"乡村红色文化+乡村非遗文化+乡村民俗文化"三位一体的全国文化采风、文化调研、文化旅游等一系列文化旅游产业坐标点。

一方面,借助社会各界丰富的社会资源储备,深入挖掘乡村非遗文化,找寻藏在乡村深处的最美手艺人,利用新时代全媒体的传播方式与手段,整理和录制传统非遗文化,大力宣传,在传播过程中扩大社会影响力,从而给乡村地区带来文化旅游产业所需要的人流量与经济效益;另一方面,为了让传统的乡村文化被看见,在全媒体时代,我们需要借助新的传播方式,让乡村文化重新焕发出生机与活力,增强村民的文化自信,实现传统乡村文化的创造性转化,激活乡村文化旅游产业发展。

2. 整合文化旅游资源,增强城乡互动

随着"三农"工作中心由扶贫脱贫转向全面乡村振兴,中国的乡村振兴探索的理论和实践为全球化和城市化的中国发展路径积累了丰富经验。乡土文化创新与传播重塑乡村发展,我们要以乡村数字化的发展,推动城乡融合转型实践,借由文化基因凸显地方特色,整合乡村文化旅游资源,打造"城市+乡村"的文化传播新路径。

发挥高校教师的知识及专业特长,打造文化类、科普类、沟通类线上"金课";将乡村地区的文化资源与地方政府、企业、高校资源进行有机结合,增强城市与乡村之间的互动;帮助村民普及文化知识和科学常识,用村民听得进、听得懂、喜欢听的讲述方式进行社会主义核心价值观教育以及文化和科学知识的传播,讲解党对于乡村振兴的各项方针政策,打造互惠互利、共同发展的文化旅游乡村振兴模式。

高校挖掘与整合乡村文化旅游资源,利用全媒体进行传播推广,以村民熟知的人物、故事为切入点,拉近与村民之间的距离,为地方带来知名度,为企业提供地方文化产业资源宣传服务。地方政府和商业集团为高校团体提供政策便利与资金支持。企业在政府的政策支

持下,运用高校的最新研究成果,带动乡村经济发展,最终形成乡村经济发展的良性循环,合力拓展文化旅游产业内容,提升村民的文化认同感,振兴乡村经济与文化。

(三)创新文化旅游振兴乡村新模式

1. 乡村普通话实训课程,助力文化旅游产业发展

语言是沟通交流的必要前提。村民普通话能力的提升是文化旅游产业发展及乡村振兴的基础。现在,我国乡村实现全面脱贫,处于脱贫攻坚迈向乡村振兴的过渡期。部分乡村地区方言表达复杂化的现象明显,其日常用语以方言为主,普通话交流运用并不普遍,不利于沟通与交流。随着乡村经济的发展,村民与外界的交流会越来越多,以普通话推广与传播为途径,促进教育教学的融合与推广,推动语言的沟通交流,有利于实现地区之间的交流,有利于优秀传统文化的传承与传播,从而带动地区之间的经济交流、物质交流、文化交流,推动地区文化旅游产业发展。

2. 保护与传承乡村非遗文化,创造文化旅游经济增长点

非物质文化遗产是中华优秀传统文化的精髓,在全媒体时代,非物质文化遗产想要获得更好的传承与发展,必须借助传统媒体与新媒体融合的新兴传播方式;让乡村文化传播更具生命力,使非遗文化传播能够古为今用、洋为中用,为提升人们的文化素养搭建更广阔的平台,发挥传统文化应有的精神引领作用,进而增强中华民族的文化自信,实现文化旅游产业中传统文化的创造性转化和创新性发展。

绝大多数乡村地区,非遗文化、民俗文化、红色文化丰富且具有独特的地区特色,但是,一方面,其文化资源知名度低,资源未被完全利用,所产生的经济效益、社会效益微乎其微;另一方面,乡村地区非遗文化传承人老龄化趋势严重,文化传承产生断层。因此,建设乡村非遗文化数字资源库,挖掘、传播与推广乡村文化旅游数字化资源,开展"红色青年说""非遗传承中有我""风俗文化我知道"等特色文化旅游研学活动,能够为乡村文化旅游产业创造新的经济增长点。将低知名度的文化资源利用现代化新形式进行推广,能够带领青少年从传统的课堂知识环境中走出来,亲身参与到社会活动中来,这不仅为当地文化的传承与推广注入了新鲜血液和青春力量,还为青少年搭建了社会学习实践的平台,推动青少年德智体美劳全方位发展,为乡村地区文化旅游产业经济注入新的发展动力。

第二节 文化旅游项目策划方案格式与写作

一、文化旅游项目策划方案写作模板

文化旅游项目策划方案一般称为项目策划书。它是某一类文化思想在项目中的具体表

现和应用,是基于对文化旅游项目的整体认识、理解和看法所做出的总体构想,其可实施的内容包罗万象,涉及范围相当广泛。策划书有一定的模板,但并非一成不变,可以根据实际需求进行调整,呈现动态性、可持续性的变更。以下是项目策划书的主要内容。

<h3 style="text-align:center">《×××》项目策划书</h3>

一、项目名称

××

(此处一般写项目的具体名称,要求简明扼要、直奔主题,如果有吸引目标客户的创新点更好。)

二、项目背景

×××××

(此处写明进行项目策划的社会背景,包括国家相关政策文件、项目实施者想要达到的目标、项目用户群体的信息及需求等。在表达的过程中,注意逻辑性,突出重点。)

三、项目实施的意义及价值

×××××

(此处承接项目背景,需要和项目背景一一对应,凸显项目的意义及价值。分层次进行表述,每个层次从不同角度进行阐述。)

四、项目实施的具体方案

×××××

(包括项目实施的时间区间、具体地点、参与的群体、具体内容、方式方法、预期成效、经费预算等。主要从政治背景、市场需求、经济效益及社会效益角度进行项目的可行性论证和实操步骤展示。)

二、文化旅游项目策划方案范文

<h3 style="text-align:center">《湖北文化科普教育行》项目策划书</h3>

一、项目名称

湖北文化科普教育行

二、项目背景

党的十八大以来,习近平总书记就中国特色社会主义文化建设提出了一系列富有时代性、原创性、民族性的重大理论观点。这些重要论述为推动社会主义文化繁荣兴盛、建设社会主义文化强国提供了根本遵循。湖北省作为中华民族远古文化的发祥地、荆楚文化的发源地和中国近现代革命的策源地,孕育了炎黄文化、三国文化、首义文化,具有较为丰富的文化资源。

三、项目实施的意义和价值

项目依托湖北第二师范学院"新闻学"国家一流专业建设平台,旨在传播、普及湖北优秀文化,讲好湖北故事。湖北省社会科学普及教育(湖北第二师范学院)基地发起湖北文化短视频科普活动,号召大学生以短视频形式对荆楚文化、炎黄文化、三国文化等文化资源进行演绎,用年轻人喜闻乐见的形式进行社会科学科普活动,为湖北文化知识的普及贡献力量。

四、项目实施的具体方案

(一)活动主题

讲好湖北故事·传播湖北文化

(二)活动对象

面向湖北第二师范学院全体师生

(三)活动时间

2021年1月—12月

(四)活动内容

对《湖北省志》展开研究,分湖北文化及名人名家、湖北红色文化、湖北文化发展和时事热点四个部分,按照重要人物、重要文献、重要组织、重要会议、重大事件等筛选100个有代表意义的词条提供科普,参与者以短视频形式对词条进行讲解。以下为四个部分的基本方向。

1. 湖北文化及名人名家

① 向中国及世界宣传荆楚文化,包括炎帝神农文化、楚国历史文化、秦汉三国文化、清江巴土文化、名山古寺文化、长江三峡文化、地方戏曲文化、民间艺术文化、江城武汉文化、现代革命文化等。

② 以荆楚各地文化特色、荆楚文化名人为创作对象,按照历史线索,讲述荆楚

名家对历史及当代的贡献,分享他们的故事,展示名家风采。

2. 湖北红色文化

① 1921—1949年中国共产党在湖北的奋斗历史和成长足迹。

② 荆楚红色旅游文化区宣传,包括红色革命博物馆、红安将军县等具有典型性和代表性的80多处红色景点。

3. 湖北文化发展

宣传荆楚文化发展的新形势、新动态。以重点城市、重点片区为核心,打造宜居宜游的文化示范点。

① 聚焦汉口"江汉朝宗"核心区,打通沿江龙王庙至武汉关等六处岸线断点,将区域内的码头、工业仓储等生产岸线置换为生活岸线,建设汉正街文化旅游滨江风景区,宣传武汉滨江旅游文化。

② 围绕汉阳龟北片"生态+文化"汇集区,主打"知音"文化牌,做强琴台文化节,依托"汉阳造"打造文创集群,宣传武汉文创产业文化。

③ 紧扣武昌革命文化聚集区,结合岸线生态功能,保护利用革命遗迹,以红色精神"浇筑"绿色岸线,宣传武汉红色文化。

④ 充分利用武钢工业历史遗址打造文化遗址主题公园,再造"青山绿水红钢城",宣传红钢城的前世今生,宣传文化工业文化。

⑤ 在长江新城等重点区域,多维开发利用沿岸生态资源,打造一批以休闲功能为主题的城市公园,宣传武汉休闲文化。

4. 时事热点

在时事热点的专家解读中,引导青年人树立正确的文化价值观。

① 宣传习近平新思想新方法新理论。

② 分享马克思主义新闻观及"十四五"发展规划中的基础知识。

(五)活动要求

各项作品须有一名负责人,采取个人或团队形式皆可,团队人员上限为5人。

① 湖北文化短视频内容应积极向上,符合社会主义核心价值观,展现湖北名人的良好风貌。

② 视频要求画面清晰、无水印、无杂音或背景噪音,比例为16∶9,MP4格式,分辨率在1280×720以上,视频时长控制在3—5分钟。

③ 视频字体统一为宋体。在视频开头展示短视频主题,并在片尾附上参赛人员基本信息。

④ 除提交视频外,还须提交一份视频文字说明(PDF格式),对视频主题、构思、制作人基本信息予以介绍,并对视频的原创性做出承诺和保证。

⑤ 作品内容须为原创,严禁剽窃、抄袭,如参赛视频出现上述情况,组委会有权取消其参赛资格。

(六)预期成效

① 系列推文:通过微信公众号、QQ群、微信群进行活动推广,制作系列推文。

② 系列短视频:视频作品由参与者完成录制、剪辑视频等工作,制作系列短视频。

③ 系列作品展播:挑选优秀作品通过学院微信公众号、抖音号、微博等同步展播。

(七)经费预算

① 前期费用:宣传推广经费××元。

② 中期费用:交通费、食宿费、场地租赁费、劳务费××元。

③ 后期费用:视频后期制作费××元。

思考练习

1. 结合案例一,谈谈互联网时代文化旅游产业如何体现文化传承。
2. 结合案例二,谈谈互联网时代文化旅游产业如何融入社会实践。
3. 结合案例三,谈谈互联网时代文化旅游产业如何推动乡村振兴。

延伸阅读

[1] 周湘鄂:《文化旅游产业的数字化建设》,《社会科学家》,2022年第2期。

[2] 马玉琴:《"十四五"时期民和县文化旅游产业高质量融合发展路径探索》,《江苏商论》,2022年第10期。

[3] 张新成、梁学成、宋晓等:《文化旅游产业高质量融合发展的空间网络结构及形成机制》,《统计与决策》,2022年第18期。

[4] 林玲:《智慧旅游背景下厦门市文化旅游产业的发展路径研究》,《全国流通经济》,2022年第21期。

[5] 王建蕊、王海瑜:《短视频赋能文化旅游产业发展研究——以抖音平台为例》,《旅游与摄影》,2022年第14期。

[6] 赵益鑫:《辽宁省冰雪运动与文化旅游产业融合可持续发展探讨》,《冰雪体育创新研究》,2022年第13期。

[7] 马红艳:《互联网时代茶文化旅游产业发展探究》,《福建茶叶》,2022年第8期。

[8] 陈思、张晓梅:《后疫情时代文化旅游产业高质量发展研究》,《农场经济管理》,2022年第5期。

[9] 王丽萍:乡村振兴下我国乡村文化旅游产业高质量发展探讨》,《文化产业》,2022年第12期。

［10］ 梁文艳:《生态文化旅游产业助力乡村振兴战略发展——以江苏省张家港市为例》,《热带农业科学》,2022 年第 9 期。

［11］ 刘彦随:《中国新时代城乡融合与乡村振兴》,《地理学报》,2018 年第 4 期。

［12］《中共中央国务院关于实施乡村振兴战略的意见》,《人民日报》,2018 年 2 月 5 日,第 1 版。

［13］《中共中央国务院印发〈乡村振兴战略规划(2018—2022 年)〉》,《人民日报》,2018 年 9 月 27 日,第 1 版。

［14］ 张海燕、王忠云:《旅游产业与文化产业融合发展研究》,《资源开发与市场》,2010 年第 4 期。

［15］ 吴必虎、余青:《中国民族文化旅游开发研究综述》,《民族研究》,2000 年第 4 期。

参考文献
References

[1] 康德. 判断力批判[M]. 彭笑远,编译. 北京:北京出版社,2008.

[2] 黎明芳. 论动漫产业链与市场模式策略[J]. 集团经济研究,2007(04Z):164-165.

[3] 厉无畏,王如忠. 创意产业——城市发展的新引擎[M]. 上海:上海社会科学院出版社,2005.

[4] 迈克·费瑟斯通. 消费文化与后现代主义[M]. 刘精明,译. 南京:译林出版社,2000.

[5] 盘剑. 影视艺术学[M]. 杭州:浙江大学出版社,2004.

[6] 奇普·希思,丹·希思. 让创意更有黏性:创意直抵人心的六条路径[M]. 姜奕晖,译. 北京:中信出版社,2014.

[7] 谭玲,殷俊. 动漫产业[M]. 成都:四川大学出版社,2006.

[8] 威廉·阿伦斯,迈克尔·维戈尔德,克里斯蒂安·阿伦斯. 广告创意与文案[M]. 11版. 丁俊杰,程坪,陈志娟等译. 北京:人民邮电出版社,2012.

[9] 沃尔夫冈·韦尔施. 重构美学[M]. 陆扬,张岩冰,译. 上海:上海译文出版社,2006.

[10] 严三九,王虎. 文化产业创意与策划[M]. 上海:复旦大学出版社,2008.

[11] 阳翼. 数字营销[M]. 3版. 北京:中国人民大学出版社,2022.

[12] 余明阳,陈先红. 广告策划创意学[M]. 3版. 上海:复旦大学出版社,2009.

[13] 袁连升,王元伦,张育齐等. 文化产业创意与策划[M]. 2版. 北京:清华大学出版社,2016.

[14] 周本存. 文化与市场营销[M]. 合肥:合肥工业大学出版社,2005.

后记
Postscript

　　本教程是为成人自考本科编写的辅导教材，其主要读者对象为文化产业的未来从业者。创意与策划是文化产业从业者必备的能力。本书的编写立足于文化产业从业者能力的培养，从方法论的角度阐述了文化产业从业者在文化创意与策划的过程中应掌握的技巧、方法和基本能力，并从实践指导的角度提供了不同领域创意实践的成功案例，适合作为文化创意与策划专业学生的基础教材。

　　本教程的编写原则、大纲由陈欣全面规划，罗政负责具体落实。教程分为理论篇与实训篇两大部分。参与本教材编写的均为对某一文化产业领域有着专门研究的高校教师，经过充分讨论确立每章的内容并各司其职，具体撰稿分工如下。

　　陈欣、胡敏负责第一章"文化产业创意与策划概述"；吴尚哲负责第二章"影视创意与策划"、第八章"影视产业创意与策划实训"；肖南负责第三章"出版产业创意与策划"、第九章"出版产业创意与策划实训"；潘君负责第四章"广告产业创意与策划"、第十章"广告产业创意与策划实训"；罗政负责第五章"动漫产业创意与策划"、第七章"文化产业创意与策划实训"、第十一章"动漫产业创意与策划实训"；陈欣负责第六章"文化旅游产业创意与策划"、第十二章"文化旅游产业创意与策划实训"。

编　者

2023 年 1 月

与本书配套的二维码资源使用说明

本书部分内容及与纸质教材配套数字资源以二维码链接的形式呈现。利用手机微信扫码成功后提示微信登录，授权后进入注册页面，填写注册信息。按照提示输入手机号码，点击获取手机验证码，稍等片刻收到 4 位数的验证码短信，在提示位置输入验证码成功，再设置密码，选择相应专业，点击"立即注册"，注册成功。（若已经注册，则在"注册"页面底部选择"已有账号？立即登录"，进入"账号绑定"页面，直接输入手机号码和密码登录。）接着提示输入学习码，需刮开教材封面防伪涂层，输入 13 位学习码（正版图书拥有的一次性使用学习码），输入正确后提示绑定成功，即可查看二维码数字资源。手机第一次登录查看资源成功以后，再次使用二维码资源时，只需在微信端扫码即可登录进入查看。

引用作品的版权声明

为了方便学校教师教授和学生学习优秀案例，促进知识传播，本书选用了一些知名网站、公司企业和个人的原创案例作为配套数字资源。这些选用的作为数字资源的案例部分已经标注出处，部分根据网上或图书资料资源信息重新改写而成。基于对这些内容所有者权利的尊重，特在此声明：本案例资源中涉及的版权、著作权等权益，均属于原作品版权人、著作权人。在此，本书作者衷心感谢所有原始作品的相关版权权益人及所属公司对高等教育事业的大力支持！